职业教育·道路运输类专业教材

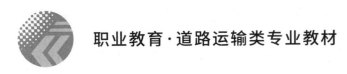

隧道工程技术

第 2 版

赵国刚　郗　锋 ◎ 主　编
韦　虎 [陕西省交通规划设计研究院] ◎ 主　审

人民交通出版社股份有限公司
北　京

内容提要

本书参照《公路隧道设计规范 第一册 土建工程》(JTG 3370.1—2018)、《公路隧道施工技术规范》(JTG/T 3660—2020)和《公路工程质量检验评定标准 第一册 土建工程》(JTG F80/1—2017)等编写,全书共分为13个模块,包括隧道概述、隧道结构组成、围岩分级及围岩压力、隧道施工方法、隧道开挖、支护与衬砌、监控量测、防排水、辅助坑道、辅助工程措施、施工辅助作业、不良地质和特殊岩土地段施工、超前地质预报。

本书既可作为高等职业院校道路与桥梁工程技术、道路工程造价、道路养护与管理及城市轨道交通工程技术、铁道工程技术等专业的教学用书,也可供相关公路、铁路领域的工程技术管理人员学习参考。

本教材配有丰富的视频资源,读者可通过扫二维码免费观看和学习;本教材配教学课件,教师可通过加入"职教路桥教学研讨群"(QQ:561416324)获取课件。

图书在版编目(CIP)数据

隧道工程技术 / 赵国刚,郗锋主编. — 2版. — 北京:人民交通出版社股份有限公司,2021.11
 ISBN 978-7-114-17323-3

Ⅰ.①隧⋯ Ⅱ.①赵⋯ ②郗⋯ Ⅲ.①铁路隧道—隧道工程—高等职业教育—教材 Ⅳ.①U459.1

中国版本图书馆 CIP 数据核字(2021)第 084263 号

职业教育·道路运输类专业教材
Suidao Gongcheng Jishu

书 名:	隧道工程技术(第2版)
著作者:	赵国刚 郗 锋
责任编辑:	卢俊丽 任雪莲
责任校对:	孙国靖 龙 雪
责任印制:	张 凯
出版发行:	人民交通出版社股份有限公司
地 址:	(100011)北京市朝阳区安定门外外馆斜街3号
网 址:	http://www.ccpcl.com.cn
销售电话:	(010)59757973
总 经 销:	人民交通出版社股份有限公司发行部
经 销:	各地新华书店
印 刷:	北京市密东印刷有限公司
开 本:	787×1092 1/16
印 张:	16.5
字 数:	404千
版 次:	2015年1月 第1版 2021年11月 第2版
印 次:	2023年12月 第2版 第3次印刷
书 号:	ISBN 978-7-114-17323-3
定 价:	48.00元

(有印刷、装订质量问题的图书由本公司负责调换)

第2版前言
—— FOREWORD ——

本教材第1版出版于2015年,书名为"隧道施工技术",书号为ISBN 978-7-313-13461-5,第2版书名变更为"隧道工程技术"。第2版教材在第1版基础上主要参照最新公路隧道设计规范、施工技术规范及公路工程质量检验评定标准等要求编写,部分参考了铁路行业的标准规范。

"隧道工程技术"作为一门综合性很强的专业课,涉及隧道设计施工、监控与量测技术、试验检测、不良地质与特殊地质、地质预报等非常多的内容,且最新公路隧道设计规范、施工技术规范分别为十八章和二十一章,高职教材不宜划分成与之一一对应的模块。故本书以公路山岭隧道施工过程为主线,在介绍隧道总体、隧道结构构成、围岩分级与围岩压力等基本内容后,在模块四中对隧道常用施工方法进行了简要介绍,新奥法作为公路山岭隧道中最常采用的施工方法,将其施工技术分为隧道开挖、支护与衬砌、监控量测三个模块,防排水、辅助坑道、辅助工程措施、施工辅助作业、不良地质和特殊岩土地段施工、超前地质预报分别单列为一个模块,便于初学者了解隧道施工的过程。围岩分级与围岩压力、超前地质预报、不良地质和特殊岩土地段施工都与地质有关,但侧重不同,故把后两者分别单列为一个模块。以上内容在教学中可以根据实际需要灵活选取。

需要指出的是,目前常有公路专业的毕业生到铁路行业就业,且公路隧道与铁路隧道结构和施工方法基本相同,仅在施工规范如围岩分级上有一定区别,铁路隧道围岩分级有亚级,公路隧道没有亚级。为此,本教材在两者均涉及的情况下,为避免同时介绍公路隧道施工和铁路隧道施工的重复与混乱,本书仅对公路隧道的围岩分级和铁路隧道的围岩分级分别作了介绍,而将隧道施工的开挖、支护、监控量测、防排水等主要环节均依公路隧道施工规范编写,未参考铁路隧道相关规范。

本书内容及学时安排(推荐)见下表。

序　号	内　容	建议学时
模块一	隧道概述	2
模块二	隧道结构组成	6
模块三	围岩分级与围岩压力	4
模块四	隧道施工方法	6

续上表

序　号	内　容	建议学时
模块五	隧道开挖	8
模块六	支护与衬砌	8
模块七	监控量测	6
模块八	防排水	6
模块九	辅助坑道	2
模块十	辅助工程措施	4
模块十一	施工辅助作业	2
模块十二	不良地质和特殊岩土地段施工	4
模块十三	超前地质预报	2
总计		60

本版教材在编写过程中力求突出以下特色：

(1)**充分反映新知识、新工艺、新技术、新方法**。新奥法是目前隧道施工中最常采用的施工方法，为此，本教材将新奥法作为主线，剔除在现场施工中已经不用的内容，如传统的矿山法等。隧道开挖、支护与衬砌、监控量测均围绕新奥法展开。教材编写过程中参考了行业最新标准：《公路隧道设计规范　第一册　土建工程》(JTG D3370.1—2018)、《公路隧道施工技术规范》(JTG/T 3660—2020)和《公路工程质量检验评定标准　第一册　土建分册》(JTG F80/1—2017)。

(2)**注重技能培养，体现职教特色**。教材整体框架打破了传统学科型教材的范式，不过分追求知识体系的完整性、系统性，体现"所学即所用"。主体部分将一条采用新奥法施工隧道的整体流程划分为若干模块呈现，便于初学者了解隧道施工的过程。每个模块中着重描述技术人员在隧道施工中应该遵循的规定、可能遇到的问题以及妥善的解决措施。教材还详细介绍了隧道施工中特色的部分，如喷射混凝土、锚杆、钢架、防水板、土工布等，引入评定标准并与施工现场的情况保持一致。

(3)**校企双元开发，促进产教融合**。主编赵国刚高工从事隧道施工多年，具有非常丰富的施工现场经验。赵国刚高工、郝锋副教授均长时间承担"隧道工程技术"课程的教学工作，对于隧道施工现场对于人才需求有较为深刻认识。教材编写过程中，主编力求将这些经验和认识融入教材中，提高教材的针对性、适用性。

(4)**数字资源丰富，实现纸数融合**。"隧道工程技术"这门课程所涉及的内容范围非常广泛，部分内容较为复杂，难以用文字完全表述清楚。主编挑选了部分内容，有针对性地配备了视频、动画等数字资源，方便老师教学和学生学习。

本书由陕西交通职业技术学院赵国刚、郝锋担任主编，由陕西省交通规划设计研究院有限公司副总工程师韦虎担任主审。具体分工如下：赵国刚编写模块一～模块八和模块十三,郗锋编写模块九~模块十二。

本书在编写过程中参考了大量文献资料,并链接陕西交通职业技术学院《隧道施工技术》资源库相关资源,在此对这些文献作者表示衷心感谢。特别感谢陕西省交通规划设计研究院韦虎提出的宝贵意见,陕西路桥集团胡平和陕西交控集团穆雪野提供宝贵的照片。

由于编者水平有限,加之时间仓促,书中难免存在疏漏和不足之处,恳请读者批评指正。

编 者
2020 年 10 月 24 日

本教材课程思政导引

为便于课程思政融入教学活动,特别归纳、整理了各类课程思政元素并对其进行了分类,如表 1 所示,以供参考。另外,还为本课程教学整理了部分思政参考资料,如表 2 所示。表 2 中所列资源将定期更新、增补。所有资源均可通过扫描右侧二维码免费阅览,仅供教学使用。

一、课程思政元素及其分类

表1

序号	分 类	思 政 元 素
1	中国特色社会主义	马克思主义基本立场、观点、方法,道路自信、理论自信、制度自信、文化自信,与时俱进
2	中国梦	国家富强、民族振兴、人民幸福、共同富裕、人民健康、中国智慧、中国方案、中国力量、可持续发展观、美丽中国
3	社会主义核心价值观	富强、民主、文明、和谐,自由、平等、公正、法治,爱国、敬业、诚信、友善
4	法治	依法治国、以德治国、德法兼修、公平正义、遵纪守法、制度现代化、社会秩序、社会风尚、权利意识、责任意识、纪律意识
5	劳动与敬业	马克思主义劳动观、劳动纪律、热爱劳动、热爱工作、热爱岗位、职业精神、职业素养、职业道德、职业责任感、爱岗敬业、热爱专业、诚信服务、权利义务统一原则、双向价值、奉献精神、务实作风、科学精神、创新精神、大国工匠精神、理论联系实践、实践检验真理、尊敬劳动人民、具体问题具体分析
6	心理健康	自我批评、价值感、自尊心、安全感、理想信念、公序良俗、政治意识、大局意识、核心意识、看齐意识、健全人格、锤炼意志、人文修养、奋斗意志、团队协作精神
7	中华优秀传统文化	国家文化软实力、民族精神、时代精神、物质文明、人文精神、爱国主义、家国情怀、热爱学校、社会责任感、时代使命、使命担当、社会公德、家庭美德、推己及人、文化素养、团结、尊重、协作、宽容、宽厚、协商、真善美、和气、以和为贵

注:本表由福州大学赵秋教授提供。

二、课程思政参考资料

表2

序 号	参考资料名称
1	贯通中国南北分界线——秦岭终南山公路隧道
2	"高原孤岛"的终结者——嘎隆拉隧道
3	亚洲最长的山岭铁路隧道——高黎贡山隧道
4	超长双线电气化铁路隧道——大瑶山隧道

本教材配套资源索引

资源编号	资源名称	对应本书页码
1	边坡锚杆格梁、锚索格梁施工	11
2	隧道洞门	11、79
3	明洞施工方法	21
4	土钉墙施工	62
5	地下连续墙维护结构明挖法施工	
6	明挖法施工（城市隧道）	
7	隧道施工全程动画	63
8	认识TBM掘进机	
9	TBM施工	
10	盾构施工技术	
11	盾构施工现场	
12	全断面隧道掘进机	
13	小孔径隧道盾构机施工	
14	盾构机刀具及更换	
15	盾构机施工	
16	沉管法施工	
17	沉管法施工工艺	
18	全断面法	68
19	隧道初期支护	69
20	支护技术	
21	分部开挖法	72
22	中隔壁法	74
23	隧道洞口施工	78

续上表

资源编号	资源名称	对应本书页码
24	浅埋暗挖法施工	81
25	隧道炮眼布置	99
26	初期支护	113
27	径向锚杆施工	129
28	二次衬砌施工	142
29	洞内、外观察	149
30	隧道监控量测施工	150
31	隧道塌方处理	196
32	超前小导管施工	197

资源使用方法：可以采用移动端(手机、平板电脑等)微信进入观看视频,也可以采用PC端(电脑)微信进入观看视频。

1. 移动端。打开微信—扫一扫下方的二维码—关注公众号—注册登录后需要再次扫描下方二维码进行激活;点击"我的"—在"我的阅读"点击本书—根据页码找到对应视频—点击观看。

2. PC端。打开微信—扫一扫下方的二维码—关注公众号—注册登录后需要再次扫描下方二维码进行激活;在浏览器输入www.yuetong.cn—第三方微信登录—点击"个人中心"—在"我的书架"点击本书—根据学习的内容找到对应编号的视频—点击观看。

目 录
CONTENTS

模块一　隧道概述 ··· 1
　　思考与练习 ·· 9
模块二　隧道结构组成 ·· 10
　　单元一　洞口及洞门 ··· 10
　　单元二　洞身衬砌 ·· 16
　　单元三　明洞 ·· 20
　　单元四　排水设施 ·· 24
　　单元五　隧道通风 ·· 29
　　单元六　认识隧道照明设施 ·· 34
　　单元七　紧急停车带、人行横洞、车行横洞等附属设施 ······················· 37
　　思考与练习 ··· 40
模块三　围岩分级与围岩压力 ··· 41
　　单元一　公路隧道围岩分级 ·· 41
　　单元二　铁路隧道围岩分级 ·· 48
　　单元三　围岩压力 ·· 56
　　思考与练习 ··· 61
模块四　隧道施工方法 ·· 62
　　单元一　新奥法 ··· 62
　　单元二　山岭隧道的开挖方法 ··· 67
　　单元三　明洞施工 ·· 77
　　单元四　浅埋暗挖法 ··· 81
　　思考与练习 ··· 82
模块五　隧道开挖 ··· 83
　　单元一　凿岩机具 ·· 83
　　单元二　爆破材料和爆破器材 ··· 85
　　单元三　起爆方法 ·· 92
　　单元四　爆破作用 ·· 94
　　单元五　炮眼 ·· 96
　　单元六　爆破设计 ·· 99
　　单元七　钻爆施工 ·· 103
　　单元八　出渣 ·· 108
　　思考与练习 ··· 112

模块六　支护与衬砌 ………………………………………………………………… 113
单元一　喷射混凝土施工 ……………………………………………………… 113
单元二　锚杆施工 ……………………………………………………………… 127
单元三　钢筋网施工 …………………………………………………………… 136
单元四　钢架施工 ……………………………………………………………… 136
单元五　二次衬砌 ……………………………………………………………… 141
思考与练习 ……………………………………………………………………… 148

模块七　监控量测 …………………………………………………………………… 149
单元一　监控量测基本内容 …………………………………………………… 149
单元二　洞内、外观察 ………………………………………………………… 154
单元三　周边位移 ……………………………………………………………… 156
单元四　拱顶下沉 ……………………………………………………………… 159
单元五　地表下沉量测及拱脚下沉量测 ……………………………………… 161
单元六　监控量测数据处理与应用 …………………………………………… 163
思考与练习 ……………………………………………………………………… 165

模块八　防排水 ……………………………………………………………………… 166
单元一　防排水结构 …………………………………………………………… 166
单元二　防排水材料 …………………………………………………………… 170
单元三　防水层施工 …………………………………………………………… 174
单元四　排水系统施工质量检查 ……………………………………………… 183
思考与练习 ……………………………………………………………………… 187

模块九　辅助坑道 …………………………………………………………………… 188
思考与练习 ……………………………………………………………………… 194

模块十　辅助工程措施 ……………………………………………………………… 195
思考与练习 ……………………………………………………………………… 207

模块十一　施工辅助作业 …………………………………………………………… 208
思考与练习 ……………………………………………………………………… 222

模块十二　不良地质和特殊岩土地段施工 ………………………………………… 223
单元一　膨胀岩土地段施工 …………………………………………………… 223
单元二　黄土地段施工 ………………………………………………………… 226
单元三　流沙地层段施工 ……………………………………………………… 229
单元四　岩爆地层段施工 ……………………………………………………… 231
单元五　岩溶地层段施工 ……………………………………………………… 233
单元六　瓦斯地层段施工 ……………………………………………………… 235
思考与练习 ……………………………………………………………………… 238

模块十三　超前地质预报 …………………………………………………………… 239
思考与练习 ……………………………………………………………………… 251

参考文献 ……………………………………………………………………………… 252

模块一 隧道概述

(1) 掌握隧道、山岭隧道、小净距隧道、连拱隧道、分岔隧道的含义;
(2) 掌握隧道按长度、跨度、断面面积大小的分类方法;
(3) 掌握隧道总体实测项目与要求、检查方法和频率;
(4) 了解公路隧道的特点及常见质量问题。

一、概述

1. 隧道简介

隧道是一种修建在地下的工程结构物。1970年经济合作与发展组织召开的隧道会议综合了各种因素,将隧道定义为:为满足某种需要,在地面下用任何方法按规定的形状和尺寸修筑的断面面积大于 $2m^2$ 的洞室。隧道被广泛地应用于交通、矿山、水利、国防等领域,现已成为土木工程的一个重要分支。交通运输类隧道与其他用途的隧道相比,不仅长度长、数量多,而且在施工中遇到的工程地质和水文地质条件也比较复杂,对其平面、纵断面、横断面及形状、尺寸要求都较严格。目前,隧道的勘测、设计和施工体系已日趋成熟。如秦岭终南山公路隧道是我国公路隧道建设的里程碑。秦岭终南山公路隧道于2001年1月8日动工建设,于2007年1月20日竣工运营,是陕西省境内一条连接西安市与商洛市的穿山通道,位于秦岭终南山,为包头—茂名高速公路组成部分。秦岭终南山公路隧道北起西安市长安区五台街道青岔村,南至商洛市柞水县营盘镇小峪口,线路全长18.02km;路面为双洞四车道、单向两车道,设计速度80km/h;项目总投资额40.27亿元。图1-1所示为秦岭终南山公路隧道。

图1-1 秦岭终南山公路隧道

2. 隧道总体要求及实测项目

公路隧道施工必须遵守国家和行业的质量验收标准,建立完善的质量保证体系,制定切实可行的质量管理制度和措施,保证工程质量。

(1)隧道总体应符合下列基本要求:
①隧道衬砌内轮廓及所有运营设施均不得侵入建筑限界。
②洞口设置应满足设计要求。
③洞内外的排水系统设置应满足设计要求。
④高速公路、一级公路和二级公路隧道的拱部、边墙、路面、设备箱洞应不渗水,有冻害地段隧道衬砌背后不积水,排水沟不冻结,车行横通道、人行横通道等服务通道拱部不滴水,边墙不淌水。
⑤三级、四级公路隧道的拱部、边墙不滴水,设备箱洞不渗水,路面不积水,有冻害地段隧道衬砌背后不积水,排水沟不冻结。

(2)隧道总体实测项目应符合表1-1的规定。

隧道总体实测项目　　　　　　　　表1-1

项次	检查项目	规定值或允许偏差	检查方法和频率
1	车行道宽度(mm)	±10	尺量或按激光断面仪检测隧道方法检查:曲线每20m、直线每40m检查1个断面
2	内轮廓宽度(mm)	不小于设计值	
3	内轮廓高度(mm)	不小于设计值	激光测距仪或按激光断面仪检测隧道方法检查:曲线每20m、直线每40m检查1个断面,每个断面测拱顶和两侧拱腰共3点
4	隧道偏位(mm)	20	全站仪:曲线每20m、直线每40m测1处
5	边坡或仰坡坡度	不大于设计值	尺量:每洞口检查10处

(3)隧道总体外观质量应符合下列规定:
①洞口边坡、仰坡应无落石。
②排水系统应不淤积、不堵塞。

3.隧道的基本分类

(1)按用途分类

隧道按用途可分为交通隧道、水工隧道、市政隧道和矿山隧道。其中,交通隧道的作用是提供交通运输和人行的通道,以满足交通线路畅通的要求,一般包括以下六种:

①公路隧道。公路隧道是指供汽车、非机动车和行人通行的地下通道,一般分为汽车专用隧道和汽车、非机动车与行人共同通行的隧道。本书所讲的隧道,一般是指公路山岭隧道。山岭隧道是指贯穿山体的隧道,是相对城市隧道和水下隧道而言的,表示修建场所的不同。

②铁路隧道。开挖隧道直接穿山而过,既可以使线路顺直,避免许多无谓的展线,使线路缩短,又可以减小坡度,使运营条件得以改善,从而提高牵引定数,多拉快跑。

③水底隧道。当交通线路需要跨越江、河、湖、海、洋时,一般可以选择的方案有架桥、轮渡和隧道。当河道通航需要较高的净空,而桥梁受两端引线高程的限制,一时无法抬起必要的高度时,可采用水底隧道。水底隧道方案的优点是不受气候影响,不影响通航,引道占地少,战时不暴露交通设施目标等,越来越受到人们的青睐。

④地下铁道。地下铁道是解决大城市中交通拥挤、车辆堵塞问题,能够大量快速地运送乘客的一种城市轨道交通设施,简称地铁。地下铁道可以使很大一部分地面客流转入地下而不占用地面面积。它没有平面交叉,而各走上下行线,因而可以高速行车,且可缩短车次间隔时间,节省了乘车时间,方便了乘客的活动。在战时,还可以起到人防的作用。

⑤航运隧道。当运河需要越过分水岭时,克服高程障碍成为十分困难的问题。如果修建航运隧道,把分水岭两边的河道沟通起来,既可以缩短船只航程,又可以省掉船闸的费用,使船迅速而顺直地驶过,航运条件就可大为改善。

⑥人行地道。为了提高交通运送能力并减少交通事故,除架设过街天桥以外,也可以修建人行地道来穿越街道或跨越铁路、高速公路等。这样可以缓解地面不同交通流的互相交叉,少占用地面空间,同时也大大减少了交通事故。

(2) 按长度分类

《公路隧道设计规范 第一册 土建工程》(JTG 3370.1—2018)将公路隧道按其长度分为四类,见表1-2。

公路隧道按长度分类　　　　表1-2

分类	特长隧道	长隧道	中隧道	短隧道
长度L(m)	$L>3000$	$1000<L\leq3000$	$500<L\leq1000$	$L\leq500$

《铁路隧道设计规范》(TB 10003—2016)将铁路隧道按其长度也分为四类,见表1-3。

铁路隧道按长度分类　　　　表1-3

分类	特长隧道	长隧道	中长隧道	短隧道
长度L(m)	$L>10000$	$3000<L\leq10000$	$500<L\leq3000$	$L\leq500$

(3) 按跨度分类

公路隧道按其跨度分为四类,见表1-4。

公路隧道按跨度分类　　　　表1-4

序次	按跨度分类	开挖宽度B(m)
1	小跨度隧道	$B<9$
2	中等跨度隧道	$9\leq B<14$
3	大跨度隧道	$14\leq B<18$
4	超大跨度隧道	$B\geq18$

注:隧道开挖跨度指隧道开挖横断面的水平最大宽度。

铁路隧道按其跨度也分为四类,与公路隧道略有不同,见表1-5。

铁路隧道按跨度分类　　　　表1-5

序次	按跨度分类	开挖宽度B(m)
1	小跨度隧道	$5<B\leq8.5$
2	中等跨度隧道	$8.5\leq B<12$
3	大跨度隧道	$12\leq B<14$
4	特大跨度隧道	$B\geq14$

(4) 按横断面面积的大小分类

国际隧道协会(ITA)定义的按隧道横断面面积大小划分的标准见表1-6。

按隧道横断面面积的大小分类　　　　表1-6

隧道类型	极小断面隧道	小断面隧道	中等断面隧道	大断面隧道	特大断面隧道
横断面面积S(m^2)	$2<S\leq3$	$3<S\leq10$	$10<S\leq50$	$50<S\leq100$	$S>100$

(5)其他分类

①按隧道埋置的深度分,可以分为浅埋隧道和深埋隧道。

②按隧道所在的位置分,可以分为山岭隧道、水底隧道和城市隧道。

③按隧道断面形状分,可以分为矩形隧道、圆形隧道、马蹄形隧道。

4.特殊形式隧道

由于地形地质条件限制、隧道周边构造物影响及路线总体设计需要,隧道可采用小净距隧道、连拱隧道、分岔隧道等特殊形式,区别于常见的分离式隧道。分离式隧道的两洞间隔较远,开挖对彼此的影响较小,如图1-2所示。

图1-2 西汉高速公路分离式隧道

(1)小净距隧道

小净距隧道是指并行的两隧道间净距较小、两洞结构彼此产生有害影响的隧道,如图1-3所示。围岩的级别不同,隧道的最小净距也不同(表1-7)。隧道净距小于表1-7规定的数值,即为小净距隧道。例如,对于双车道山岭隧道,当隧道开挖宽度为10m时,Ⅰ级围岩的最小净距约为10m,Ⅵ级围岩的最小净距约为40m,见表1-7。

图1-3 西汉高速公路小净距隧道

分离式独立双洞间的最小净距　　　　表1-7

围岩级别	Ⅰ	Ⅱ	Ⅲ	Ⅳ	Ⅴ	Ⅵ
最小净距(m)	1.0B	1.5B	2.0B	2.5B	3.5B	4.0B

注:B为隧道开挖断面的宽度。

(2)连拱隧道

连拱隧道是指并行的两拱形隧道之间无中加岩柱、隧道的人工结构连接在一起的隧道,如图 1-4 所示。

图 1-4　西汉高速公路连拱隧道

(3)分岔隧道

分岔隧道是指由双向行驶的大跨隧道或连拱隧道,经小净距逐渐过渡到分离式双洞的隧道。

二、公路隧道的特点

1. 断面大

公路隧道的断面较铁路隧道大。两车道公路隧道的断面面积可达 $80\sim96m^2$,三车道公路隧道断面面积远超 $100m^2$。公路隧道的围岩受扰动范围较大,开挖空间暴露的围岩结构面多,不利地质现象揭露更充分,围岩内的拉伸区与塑性区范围加大,导致施工难度增大。

2. 形状扁平

在确定隧道断面和开挖轮廓线时,为了尽可能降低拱顶高度,公路隧道的断面常为扁平状的马蹄形或曲墙拱形断面。扁平状断面容易在拱顶围岩内出现拉伸区。在断面面积相同的条件下,公路隧道施工较一般铁路隧道、水工隧道和矿山隧道难度要大。

3. 围岩条件的不确定性

公路隧道所面对的围岩岩性多种多样,不同岩性的围岩具有不同的物理力学特性,不同地区大地构造运动及风化侵蚀作用不同,人类活动如矿山采空区等更加剧了围岩条件的复杂程度。公路隧道作为线状构造物,不可避免地要遇到并穿越各种复杂围岩条件。在公路隧道设计前期的勘察阶段只能通过有限的钻孔、地表物探、踏勘等工作,推断隧道围岩状况,但这些工作并不能完全准确地反映实际的围岩条件,而只有在隧道开挖后才能揭露出真实的围岩情况。

4. 隧道衬砌结构的受力不确定

隧道衬砌结构受力通常是根据经验公式进行计算,围岩物理力学参数根据现场取样试验和经验取值。然而,由于隧道施工是在有原始应力场的介质内构筑结构物,隧道开挖后形成一定的临空面,围岩力学参数随着受力条件的改变而有所变化。同时,由于临空面形成,围岩会产生变形,并随时间和支护条件变化。因此,隧道衬砌结构的受力除与地质条件有直接关系外,也与隧道的开挖方式、支护时间、支护刚度有很大关系。

5. **施工环境差**

公路隧道内照明亮度不足、空气污浊、粉尘浓度高、噪声大、一些施工部位排水不良,导致隧道施工现场场地泥泞,这些施工环境条件会对隧道施工作业的效率、施工质量、质量检查与施工安全造成不良影响。

6. **隐蔽工程多**

除二次衬砌外,超前支护、喷锚网支护、钢架支护、防水层及纵向、环向排水盲沟、路面下排水暗沟、仰拱填充、预留预埋设施等都属于隐蔽工程。这些隐蔽工程需要在施工过程中进行严格的质量检查和验收,以保证隧道的整体质量。

7. 24h 不间断施工

公路隧道内一般实行24h循环施工作业,施工监理人员、施工技术人员、管理人员以及施工监控量测、超前地质预报等应配合隧道内的作业循环开展工作,人员、仪器设备配置要求高,管理难度大。

8. **防水要求高**

在高等级公路上,车辆行驶速度较快,如果隧道出现渗漏水或路面溢水,则会造成路面湿滑,不利于安全行车。特别是在严寒地区,冬季隧道内的渗漏水或在隧道上部吊挂冰柱,或在路面形成冰面,常常会诱发交通事故。此外,长期或大量的渗漏水,还会对隧道内的机电设备、动力及通信线路构成威胁。因此,公路隧道应有较高的防水要求。

9. **需要运营通风**

机动车辆通过隧道时,会不断地向隧道内排放废气。一般来说,短隧道由于受自然风和交通活塞风作用,有害气体的浓度不会积聚太高,不会对驾乘人员的身体健康和行车安全构成威胁。但是对于长及特长隧道就不同了,自然风和交通活塞风对隧道内空气的置换作用相对较小,如不采取措施,隧道内有害气体的浓度就会逐渐升高,达到一定浓度时,驾乘人员会感到不适,隧道内能见度降低。因此,必须根据隧道的具体条件,采用适当的通风方式,将新鲜空气随风流一起送入隧道,稀释有害气体,使其浓度降至安全指标以内。

10. **需要运营照明**

高速行驶的车辆在白天接近并穿过隧道时,其行车环境要经历一个"亮—暗—亮"的变化过程,驾驶员的视觉在此过程中也要发生微妙的变化以适应环境。为了减小驾驶员通过隧道时的生理和心理压力,消除车辆进洞时的黑框或黑洞效应以及出洞时的眩光现象,从有利于安全行车的角度考虑,公路隧道一般都需设置照明设施,如图1-5所示。

图 1-5 秦岭终南山公路隧道洞内特殊灯光带

三、公路隧道常见的质量问题

1. 隧道渗漏水

与其他地下工程一样,公路隧道在施工期间和建成后一直受地下水的影响。施工期间,地下水会给施工造成困难,影响工程质量;隧道建成后,隧道结构处于地下水的包围之中,当地下水量较大,防水工程构造处理不当、质量欠佳时,地下水便会通过一定的渠道渗入或流入隧道内部,使衬砌结构受到侵蚀、路面湿滑、结冰、设备锈蚀、电路短路、影响美观等,对行车安全以及衬砌结构的稳定构成威胁。特别是一些岩溶区隧道,在极端天气下由于瞬时排水能力不足,可能导致衬砌背后水压增高,引发渗漏水或导致衬砌爆裂。某隧道渗漏水病害如图 1-6 所示。

图 1-6 某隧道渗漏水病害

2. 衬砌开裂,混凝土劣化,强度不足

作用在隧道衬砌结构上的压力与隧道围岩的性质、地应力[1]的大小以及施工方法等因素有关。由于受技术和资金条件的限制,一些因素在设计前很难准确确定,所以在隧道衬砌结构设计中常带有一定的盲目性,导致结构强度不够或与围岩压力不协调,造成衬砌结构开裂、破坏。然而,工程上出现的衬砌开裂更多的是由于初期支护不到位、工艺不合理,衬砌厚度不足,

---

[1] 存在于地壳中的未受工程扰动的天然应力,也称岩体初始应力、绝对应力或原岩应力,广义上也指地球体内的应力。

混凝土强度不够,拆模时间不当等原因造成的。衬砌裂缝对结构的稳定及建成后隧道的安全运营构成了潜在的威胁。混凝土劣化、强度不足主要有喷射混凝土强度不足、模筑凝土强度不足;混凝土在腐蚀性环境作用下产生劣化。某隧道衬砌开裂如图 1-7 所示。

图 1-7　某隧道衬砌开裂

3. 限界受侵

建筑限界是保证车辆安全通过隧道的必要断面。在公路隧道施工过程中,有时会遇到松软地层。当地压较大时,围岩的变形量将很大,如果施工方法不当或支护形式欠妥、支护不及时,则容易导致塌方。为了保证施工安全,避免塌方,容易仓促施工衬砌,而忽视断面限界,使建筑限界受侵。另一种施工中的常见现象是衬砌混凝土在浇筑过程中,模板强度、刚度不足,出现走模,从而导致限界受侵。

4. 衬砌背后空洞及支护结构与围岩结合不密实

支护结构与围岩的紧密接触是地下结构区别于地面结构的主要特征。所谓"新奥法"的出发点,正是支护结构与围岩的共同作用。但是,在施工中由于超欠挖的存在,有人会通过钢筋网在作为初期支护的喷射混凝土层背后填充石块或其他异物,以取代喷射混凝土充填空间,造成围岩与初期支护之间不密实,甚至存在大的空区(洞)。在二次衬砌施工过程中,由于泵送混凝土压力不足、流动性不好、重力作用、抽拔泵送管过早过快等原因,拱顶混凝土往往难以饱满,造成二次衬砌背后形成较大空区(洞),衬砌结构受力条件变差,诱发衬砌内缘压裂、掉块的现象。某隧道初期支护背后空洞诱发塌方如图 1-8 所示。

图 1-8　某隧道初期支护背后空洞诱发塌方

5. 衬砌拱脚下沉或仰拱底鼓

隧道边墙脚和仰拱施工是隧道工程质量控制的关键部位,由于边墙脚欠挖、纵向排水盲管侵占二次衬砌空间,边墙脚衬砌厚度严重不足;边墙脚与仰拱的连接未达到设计要求的状态,引起隧道衬砌拱脚下沉。仰拱未按设计曲率开挖、深度不足,仰拱及仰拱填充采用左右分幅施工,使仰拱没有起到应有的作用,造成隧道底鼓现象。

6. 路面隆起、下沉、开裂、冒水

隧道路面隆起、下沉、开裂和冒水病害也很突出。路面结构厚度不足,隧底虚渣填筑,仰拱及仰拱填充不符合设计要求,排水盲沟构造不合理、施工不精细造成的堵塞、漏水、高程不准等,都可能引起隧道路面冒水。隧道路面的隆起、下沉、开裂、冒水会造成路面板损坏、跳车、路面湿滑,寒冷地区还可能造成路面结冰,危及行车安全。

7. 通风、照明不良

部分运营隧道有害气体浓度超限,洞内照明昏暗,行车环境不良,威胁行车安全。为了不降低隧道的使用标准并确保安全运营,应在设备安装时对设备性能指标进行检测、检查,在隧道运营中,应加强管理,定期对隧道通风、照明效果进行抽检、维护,保证风机与灯具的完好工作状态。

8. 悬挂件锈蚀、松动、脱落、缺失

隧道内风机、灯具、电缆桥架等各种预埋件、悬挂件长期在隧道内特有的环境和车辆震动作用下,锈蚀、松动与脱落现象十分普遍,有的甚至出现缺失。这也是老旧隧道主要的安全隐患之一。

9. 辅助设施损坏

隧道各种辅助设施在运营过程中出现损坏,如设备洞门老化、缺失,电缆槽壁及盖板破损,内装饰层(防火涂层、边墙瓷砖等)起皮、脱落等。

思考与练习

1. 名词解释:

隧道　公路隧道　山岭隧道　小净距隧道　连拱隧道　分岔隧道

2. 公路隧道是如何按长度分类的?
3. 国际隧道协会是如何按横断面面积的大小对隧道进行分类的?
4. 公路隧道有何特点?
5. 公路隧道常见的质量问题有哪些?

模块二　隧道结构组成

公路隧道结构由主体建筑物和附属建筑物两部分组成。行车过程中只可以看见隧道外露部分,其结构构造并不能一眼看透。认识、熟悉隧道的结构构造,了解其材料组成,是隧道设计、施工的基础。

(1) 主体建筑物

隧道的主体建筑物由洞身衬砌和洞门组成。衬砌是指支护隧道围岩的结构体。在洞口容易坍塌或有落石的危险时,还需要加筑明洞。

(2) 附属建筑物

隧道的附属建筑物是为了养护、维修工作的需要以及通风、照明、供配电、消防、通信等方面的要求而修建的。隧道内设置何种附属建筑物,应根据具体情况确定。

从设计的角度讲,隧道主体结构必须按永久性建筑设计,设计寿命为100年,要求具有规定的强度、稳定性和耐久性。所谓耐久性,一般是指所使用的建筑材料具有必要的抗渗性、抗冻性和抗侵蚀性。洞内一般要求设置衬砌。这里所说的主体结构包括隧道洞门、隧道主洞室及各附属洞室(如风道、斜井、竖井、地下风机房、配电房、横通道、避难洞室等)的支护衬砌结构、路面结构、仰拱及填充、防排水设施等土建工程。建成的隧道应能适应长期运营的需要,方便维修作业。

单元一　洞口及洞门

(1) 了解隧道洞口及洞门的作用、类型、使用条件;
(2) 确定隧道洞口最佳位置。

一、隧道洞口及洞门的一般规定

根据我国多年的工程实践,总结出隧道应遵循"早进洞,晚出洞"的原则,不得大挖大刷(坡)。这样虽然隧道修得长一些,但路堑两边的边坡和洞门上方的仰坡不会太高,比较安全可靠。当然也不是进洞越早越好,出洞越晚越好,应从多方面综合比较确定。仰坡是指隧道洞口位置周围的山坡,因在隧道上方,故名仰坡。

二、洞口工程

洞口位置应根据地形、地质条件,洞外相关工程及施工条件,结合环境保护、运营要求,通过经济、技术比较确定;应结合洞口地形、洞口防护和路基排水要求,设置排水系统;洞门结构应能防止洞口边仰坡的碎落、滚石、坍塌物等掉落路面;易产生积雪的洞口,宜考虑防止积雪危害的措施;洞口及洞门设计宜考虑便于检查和维护的条件;洞口及洞门设计应与周边自然环境相协调。

1. 洞口位置

洞口应设于山体稳定、地质条件较好的位置;隧道轴线与地形等高线呈大角度相交;跨沟或沿沟进洞时应考虑水文情况,结合防护工程、防排水工程综合分析确定;缓坡地段进洞时,应结合隧道进洞条件、洞外路堑设置条件、边仰坡防护、排水、施工和占用耕地等因素综合分析确定。

2. 洞口设计

洞口设计应减少洞口边坡及仰坡开挖,避免形成高边坡、高仰坡,最大限度地减少对原地面的扰动;洞口边坡、仰坡根据情况采取放坡、喷锚、设置支挡结构物、接长明洞等措施进行防护,宜采用绿化护坡;受暴雨、洪水、泥石流影响时,应设置防洪设施;位于陡崖下的洞口应清除危石,不宜切削山坡,宜接长明洞;附近地面建筑物及地下埋设物与洞口互相影响时,应采取防范措施。

边坡锚杆格梁、锚索格梁施工相关资源请扫描"本教材配套资源索引"中的二维码,资源编号为1。

三、洞门工程

洞门设在隧道的洞口部位,为支挡、防护隧道洞口仰坡岩土而设置的结构物,属于主体建筑物。就隧道和线路而言,如果隧道是控制工程,一般线路就得依从隧道所选定的最优位置,如不是控制工程,隧道位置就得依从线路的位置大体确定,最多在上下左右很小的范围内移动,所以隧道位置的选定与线路设计是同时考虑、分不开的。在弯曲河段修建隧道时,从大范围处理,最好"截弯取直",选用长隧道,避免造成病害;从小范围处理,则"宁里勿外",线路靠山里些,线路条件可显著改善,从而绕过不少地质灾害。

洞门附近的岩(土)体通常都比较破碎松软,易于失稳,形成崩塌或滑坡。为了保护岩(土)体的稳定性并使车辆不受崩塌、落石等威胁,确保行车安全,应该根据实际情况,选择合理的洞门形式。同时洞门是隧道两端的外露部分,在保障安全的同时,还应适当进行洞门的美化和环境的美化。

公路隧道在照明上有相当高的要求,为了处理好驾驶员在通过隧道时的一系列视觉上的变化,有时考虑在入口一侧设置减光棚等减光构造物,对洞外环境作某些减光处理。这样洞门位置上就不再设置洞门建筑物,而是用明洞和减光建筑物将衬砌接长,直至减光建筑物的端部,构成新的入口。

当岩(土)体有滚落碎石可能时,一般应接长明洞,减少对仰、边坡的扰动,使洞门墙离开仰坡底部一段距离,确保落石不会滚落在车行道上。

隧道洞门相关资源请扫描"本教材配套资源索引"中的二维码,资源编号为2。

1. 洞门的作用

修建洞门有以下四个作用:

(1)减少洞口土石方开挖量。洞门可以起到挡土墙的作用,降低洞口刷方高度,减少土石方开挖量。

(2)稳定边坡、仰坡。降低洞口刷方高度,也就增加了边坡、仰坡的稳定性。隧道洞口上方顺着隧道线路方向迎面的坡称为仰坡。

(3)引离地表水流。修建洞门可以把地表水引入洞外路基侧沟排走,确保运营安全。

(4)起装饰作用。洞门是隧道唯一外露的部分,修建洞门可以起到装饰作用,尤其在城市附近、风景区的隧道更应配合当地环境,进行美化处理。洞门形式应美观醒目,这是因为洞门的造价只占隧道总造价的较小部分,隧道的标志在洞门,洞门美观合理与否直接影响对隧道工程的评价。

2.洞门的类型

(1)公路隧道的洞门形式

公路隧道的洞门形式主要有两类,即端墙式洞门和明洞式洞门。

①端墙式洞门。端墙式洞门包括墙式洞门、翼墙式洞门、台阶式洞门、柱式洞门、拱翼式洞门。洞门一般垂直于隧道轴线设置;翼墙是隧道洞口平行于路线的路基边坡支挡结构,与洞门端墙相连。端墙式洞门见表2-1。

端 墙 式 洞 门　　　　　　　　　　表2-1

分类	名称	简图	说明
端墙式洞门	墙式洞门	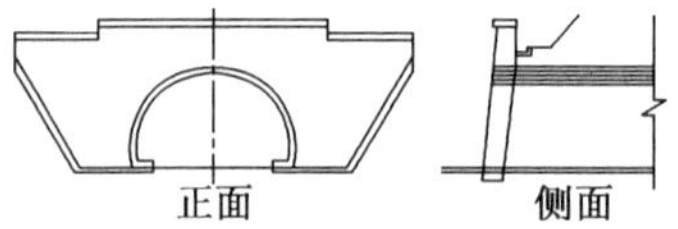 正面　侧面	
	翼墙式洞门	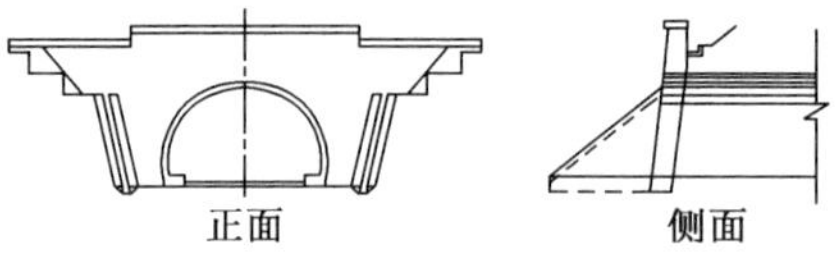 正面　侧面	
	台阶式洞门	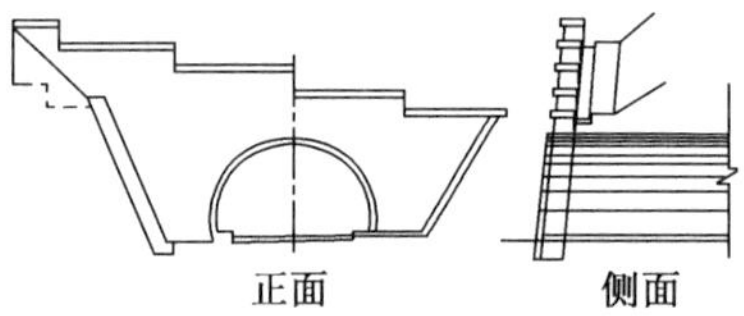 正面　侧面	适用于仰坡陡峻、山凹地形、斜交地形的狭窄地带
	柱式洞门	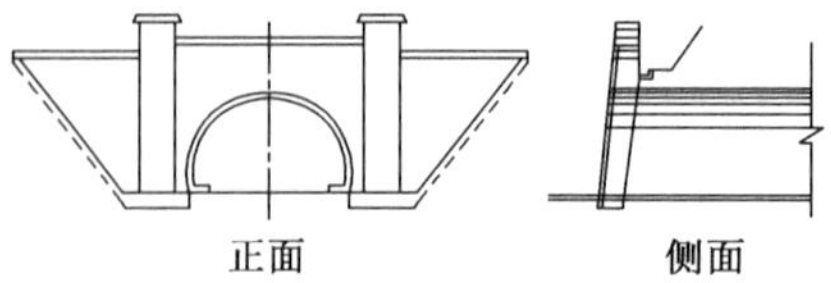 正面　侧面	
	拱翼式洞门	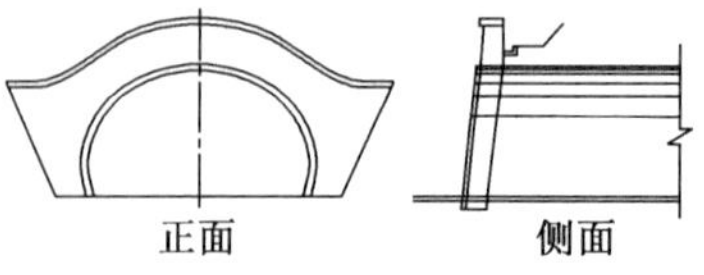 正面　侧面	

②明洞式洞门。明洞式洞门包括直削式洞门、削竹式洞门、倒削竹式洞门、喇叭口式洞门、

棚洞式洞门和框架式洞门。在仰坡、边坡较高、易发生碎落的洞口采用棚洞式洞门;在隧道上方覆盖层较薄,又有公路从上跨越或有其他建筑物在隧道上方时,采用框架式洞门。明洞式洞门(除棚洞式洞门和框架式洞门外)是隧道洞口段衬砌突出于山体坡面的结构。明洞式洞门见表2-2。

明 洞 式 洞 门　　　　　表2-2

分类	名称	简图	说明
明洞式洞门	直削式洞门	正面　侧面	适用于地形开阔、边仰坡不高、仰坡较平缓、隧道轴线与地形等高线正交或接近正交的地带
	削竹式洞门	正面　侧面	
	倒削竹式洞门	正面　侧面	
	喇叭口式洞门	正面　侧面	

(2)工程中常见的洞门形式

①墙式洞门。墙式洞门适用于岩质稳定、围岩和地形开阔的地区,岩质基本稳定的Ⅰ~Ⅲ级围岩,是最常采用的洞门形式。墙式洞门如图2-1所示。

图2-1　墙式洞门

结构特点:能有效抵抗山体纵向推力。

作用:支护洞口仰坡,保持洞口稳定,将仰坡水流汇集排出。

构造:采用等厚的直墙,直墙圬工体积比其他形式体积都小,施工方便。轴线与坡面基本正交,墙身微向后倾斜,坡度一般为1:0.3~1:0.5。

②翼墙式洞门。翼墙式洞门适用于山体纵向推力较大,洞口地质较差的Ⅳ级及以上的围岩。结构特点是洞门的抗滑动和抗倾覆能力较好。由端墙与翼墙组成,翼墙的正面端墙一般采用等厚的直墙,墙身微向后倾斜,边、仰坡坡率一般取1:0.75~1:1.5。翼墙前面与端墙垂直,其顶面坡度与仰坡坡面一致。设置翼墙是为了增加端墙的稳定性和对路堑边坡的支撑,其顶部一般需设排水沟,将端墙背面地表水通过排水沟汇集后排至路堑边沟。翼墙式洞门如图2-2所示。

图2-2 翼墙式洞门

③台阶式洞门。在傍山地区,当洞门一侧边坡较高时,为了降低仰坡的开挖高度及外露坡长,可将端墙顶部做成与地表坡度相适应的台阶状,以适应地形特点,减少土石方开挖量,称为台阶式洞门。这种洞门也有一定的美化环境的作用,如图2-3所示。其边仰坡坡率一般为1:0.5~1:1.25,可减少靠山侧仰坡开挖高度,一般与偏压衬砌配合使用。

图2-3 台阶式洞门

④柱式洞门。当地形较陡,地质条件较差,仰坡有下滑的可能性,且设置翼墙式洞门又受地形、地质条件限制时,可在端墙中设置两个断面较大的柱墩,以增加端墙的稳定性,这种洞门称为柱式洞门。它的墙面有凸出的线条,比较美观,适用于城郊、风景区或长大隧道的洞口。柱式洞门如图2-4所示。

⑤削竹式洞门。隧道洞门结构因形似削竹而得名。当洞门周围地形平缓,隧道洞口段有一节较长的明洞衬砌时,由于洞门背后一定范围内是以回填土为主,山体的推滑力不大时,可采用削竹式洞门。削竹式洞门是联系洞内衬砌与洞口外路堑的支护结构,保证了洞门附近的边坡和仰坡的稳定。洞门美观合理与否直接影响对隧道工程的评价,好的洞门将给人留下美的感受,削竹式洞门在景观上能起到修饰周围的景观的作用,真正做到洞门与周围生态环境有机结合。这种洞门在近些年公路隧道中普遍采用。削竹式洞门如图2-5所示。

图 2-4　柱式洞门

图 2-5　削竹式洞门

削竹式洞门的特点是洞口边仰坡开挖量少,有利于山体的稳定,减少对植被的破坏,有利于环境保护,适用于各种围岩,最适用于地形相对平缓的对称地区。

⑥喇叭口式洞门。喇叭口式洞门适用于洞口场地狭窄或桥隧相接以及边仰坡有落石掉块可能的地段。

⑦遮光棚式洞门。当洞外需要设置遮光棚时,通常采用遮光棚式洞门。遮光棚式洞门的入口通常外伸很远。遮光构造物有开放式和封闭式之分,前者遮光板之间是透空的,后者则在前者基础上用透光材料将透空部分封闭,但由于透光材料上面容易沾染尘垢油污,养护困难,所以很少使用后者。遮光棚式洞门形状上又有喇叭式与棚式之分。西汉高速公路的遮光棚式洞门如图 2-6 所示。最新设计规范已经取消了遮光棚式洞门。

图 2-6　西汉高速公路的遮光棚式洞门

3. 隧道洞门构造及基础设置有关规定

隧道洞门构造及基础设置应遵循下列规定：

洞口仰坡地脚至洞门墙背应有不小于 1.5m 的水平距离，以防仰坡土石掉落到路面上，危及行车安全。洞门端墙与仰坡之间水沟的沟底与衬砌拱顶外缘的高度不应小于 1.0m，以免落石破坏拱圈。洞门墙顶应高出仰坡脚 0.5m 以上，以防水流溢出墙顶，也可防止掉落土石弹出，同时作为养护维修人员在拱顶检查维护时的安全护栏。水沟底下填土应夯实，否则会使水沟变形，产生漏水，影响衬砌强度。洞门墙背顶部构造如图 2-7 所示。

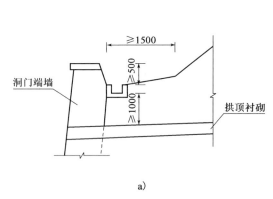

图 2-7 洞门墙背顶部构造(尺寸单位：mm)

洞门墙应根据情况设置伸缩缝、沉降缝和泄水孔，以防止洞门变形。洞门墙的厚度可按计算或结合其他工程类比确定，但墙身厚度最小不得小于 0.5m。

洞门墙基础必须置于稳固地基上，这是因为通常洞口位置的地形、地质条件比较复杂，有的全为松散堆积覆盖层，有的半软半硬，有的地面倾斜陡峻，为了保证建筑物稳固，应视地形及地质条件，将洞门墙基础埋置足够的深度，以保证洞门的稳定。基底埋入土质地基的深度不应小于 1.0m，嵌入岩石地基的深度不应小于 0.5m。当基础设置在岩石上时，应清除表面强风化层。当风化层较厚，难于全部清除时，可根据地基的风化程度及其相应的允许承载力，将基底埋在风化层中。斜坡岩基应挖台阶，以防墙体滑动，岩基的废渣均应清除干净，这样才能确保洞门稳定。在松软地基上，当地基强度偏小时，可根据情况采用扩大基础、换土、桩基、压浆加固地基等措施。

单元二 洞身衬砌

 学习目标

(1) 了解隧道洞身衬砌的材料；
(2) 初步掌握隧道洞身衬砌类型。

围岩是隧道的天然结构部分，也是主体部分；支护是人工结构部分，也是辅助部分。隧道工程中常把人工修筑的隧道支护结构称为"衬砌"，衬砌是指支护隧道围岩的结构体。

一、洞身衬砌材料

隧道衬砌承受着围岩压力、地下水压力和支护自身结构自重力,同时阻止围岩向隧道内的变形并防止隧道围岩风化和化学物质的侵蚀,因此隧道衬砌材料应有足够的强度和耐久性。隧道衬砌材料主要有以下五种:

(1)混凝土和钢筋混凝土

混凝土是目前隧道施工采用最广泛的建筑材料之一,这种材料的优点是整体性、抗渗性较好,施工方便,既能现场浇筑又能预制,机械化施工方便。混凝土还可以根据使用和施工上的需要,加入外加剂,如密实性附加剂、早强剂、速凝剂、缓凝剂、塑化剂、加气剂、减水剂等。混凝土一般不使用碱活性集料。现浇混凝土的缺点是混凝土浇筑后需要一定的养生时间,不能立即拆除模板,需要占用较多的钢拱架及模板,化学稳定性差。

钢筋混凝土适用于明洞衬砌以及地震区、偏压、断层破碎带或淤泥、流沙等不良地质地段。钢筋混凝土中混凝土强度等级不应低于C25,素混凝土强度等级不应低于C20。

(2)喷射混凝土

利用混凝土喷射机将掺有速凝剂的混凝土干拌或湿拌混合料高速喷射到清洗干净的围岩表面并充填围岩裂隙形成混凝土保护层。喷射混凝土早期强度和密实性较高,施工过程可全部采用机械化,不需拱架和模板。在较软围岩地区还可以与锚杆、钢丝网等配合使用,是一种理想的衬砌材料。混凝土用的水泥可优先选用普通硅酸盐水泥。采用连续级配集料,细集料采用坚硬耐久的中、粗砂,细度模数大于2.5,砂的含水率控制在5%~7%。粗集料采用坚硬耐久的卵石或砾石,不得使用碱活性集料。石子粒径应小于15mm,若采用喷射钢纤维混凝土,则其中石子粒径不宜大于10mm。混凝土的强度等级不得低于C20。

喷射混凝土可选用下列强度等级:C40、C30、C25、C20。

(3)片石混凝土

在围岩较好地段的边墙衬砌,为节省水泥,可采用片石混凝土(片石掺量不超过总体积的20%)。当在起拱线以上1m以外部位有超挖时,超挖部分也可用片石混凝土回填。片石材料要坚硬,抗压强度不能低于MU40,严禁使用风化严重的有裂隙的片石,以确保工程质量。

石材可选用下列强度等级:MU100、MU80、MU60、MU50、MU40。

(4)块石和混凝土块

衬砌材料选用块石和混凝土块的优点是能就地取材、降低造价、可保证衬砌厚度并能较早地承受荷载,可以大量节约水泥和模板,耐久性和耐侵蚀性能较好。其缺点是整体性和防水性差,施工进度慢,要求衬砌技术高,施工进度慢。块石强度等级不低于MU60,混凝土块强度等级不低于MU20。

混凝土砌块可选用下列强度等级:MU30、MU20。

(5)装配式材料

装配式材料适用于软土地区地铁隧道的衬砌,一般用于盾构法施工。装配式材料一般采用钢筋混凝土大型预制块、加劲肋铸铁预制块等。在衬砌内表面可以粘贴各种各样的装修材料,如照明、防水、通风、美观、视线诱导、减小噪声等各种材料。

二、洞身衬砌类型与设计

一般把洞身衬砌分为喷锚衬砌、复合式衬砌、整体式衬砌三种,可根据隧道围岩级别、施工条件和使用要求分别进行选择。高速公路、一级公路、二级公路的隧道应采用复合式衬砌;三级及以下公路的隧道洞口段、Ⅳ~Ⅵ级围岩洞身段应采用复合式衬砌或整体式衬砌,Ⅰ~Ⅲ级围岩洞身段可采用喷锚衬砌。现将衬砌种类分述如下。

1. 喷锚衬砌

喷锚衬砌是单独或组合使用喷射混凝土、锚杆、钢筋网和钢架等的隧道围岩支护结构。

喷射混凝土支护方法是利用泵或高压空气作动力,把混凝土混合料通过喷射机、输料管及喷头直接喷射到隧道围岩壁上的支护方法。隧道开挖后,及时施作喷射混凝土支护,可以起到封闭岩面、防止风化松动、填充坑凹及裂隙、维护和提高围岩的整体性、帮助围岩发挥自身的结构作用、调整围岩应力分布、防止应力集中、控制围岩变形、防止掉块、防止坍塌的作用。喷射混凝土具有不需模板、施作速度快、早期强度高、密实度好、与围岩紧密黏结、不留空隙的突出优点。

在围岩良好、完整、稳定的地段,如Ⅱ级及以上(Ⅰ、Ⅱ级)地段,只需采用喷射混凝土衬砌即可,此时喷射混凝土的作用为:局部稳定围岩表层少数已松动的岩块;保护和加固围岩表面,防止风化;与围岩形成表面较平整的整体支承结构,确保运营安全。

锚杆支护是喷锚支护的主要组成部分。锚杆是一种锚固在岩体内部的杆状钢筋。锚杆支护是通过将锚杆与岩体融为一体,从而提高围岩的力学性能,改善围岩的受力状态,实现加固围岩、维护围岩稳定的目的。大量试验和工程实践表明,锚杆对保持隧道围岩稳定、抑制围岩变形发挥着很好的作用。

喷锚衬砌作为隧道的永久衬砌,一般考虑是在Ⅲ级及以上(Ⅰ、Ⅱ、Ⅲ级)围岩中采用;在Ⅳ级及以下(Ⅳ、Ⅴ、Ⅵ级)围岩中,采用喷锚衬砌经验不足,可靠性差;按目前的施工水平,可将喷锚衬砌作为初期支护配合模注混凝土二次衬砌,形成复合式衬砌。

双车道隧道Ⅰ~Ⅴ级围岩初期支护的厚度一般在5~30cm,Ⅵ级围岩通过试验或计算确定。车道增加或受相邻小净距隧道等因素影响时,增厚3~8cm。

喷射混凝土的强度等级不应低于C20,厚度不应小于50mm。

2. 复合式衬砌

复合式衬砌是由初期支护、防水层和模筑混凝土二次衬砌构成的复合式衬砌结构。复合式衬砌结构稳定,防水及衬砌外观均能满足公路隧道使用的基本要求,适合多种地质条件,技术较成熟,是目前公路隧道最好的衬砌结构形式。

初期支护的作用是限制围岩在施工期间的变形,保持围岩的暂时稳定。隧道在开挖后,除围岩完全能够自稳而无须支护外,在围岩稳定能力不足时必须加以支护才能使其进入稳定状态,并将其作为永久承载结构的一部分。初期支护多采用喷锚支护,即由喷射混凝土、锚杆、钢筋网和钢架等支护形式单独或组合使用,其具有支护及时、柔性的特点并在一定程度上能随围岩的变形而变形,能很好地发挥围岩的自承能力。锚杆宜采用全长黏结锚杆。

二次衬砌用来提供结构的安全储备或承受后期围岩压力。二次衬砌由拱部、边墙和仰拱组成,应采用刚度大、整体性好、外观平顺的模筑混凝土或模筑钢筋混凝土结构。墙顶以上的向上拱起的弧形构造称为拱部,主要支撑洞室上面的荷载;仰拱是为改善隧道上部支护结构受力条件而设置在隧道底部的反向拱形衬砌结构,是二次衬砌的一部分,主要承受地层向上的压力;边墙介于以上两者之间,主要抵抗水平方向的围岩压力。衬砌截面应采用连接圆顺的等厚衬砌断面,仰拱厚度应与拱部、边墙厚度相同。

围岩稳定的时候可以不设仰拱。当Ⅳ级及以下围岩或可能出现偏压时,应设置仰拱。仰拱不仅是解决基础承载力不够,减少下沉,防止底鼓的隆起变形,调整衬砌应力的有效措施,更重要的是起到封闭围岩,制止围岩过大的松弛变形,将围岩塑性变形和形变压力控制在允许范围的作用;还可增加底部和墙部的支护抵抗力,防止内挤而产生剪切破坏。

初期支护应按主要承载结构设计。二次衬砌在Ⅲ级及以上围岩时按安全储备设计;在Ⅳ级及以下围岩时按承载结构设计,并均应满足构造要求。

初期支护与二次衬砌之间宜采用缓冲、隔离的防水夹层。其目的是,当初期支护产生形变及形变压力较大时,仍给予极少量形变的可能,可降低形变压力。而当初期支护的支护力不够时,可将少量形变压力均匀地传布到二次衬砌上,并依靠二次衬砌进一步制止其继续变形,且不使初期支护及二次衬砌出现裂缝。由于初期支护与二次衬砌之间有了隔离层(防水夹层),防水效果良好,且可减少二次衬砌混凝土的收缩裂缝。

某隧道Ⅴ级围岩复合式衬砌设计图如图2-8所示,主要结构由喷射混凝土和模筑混凝土组成。

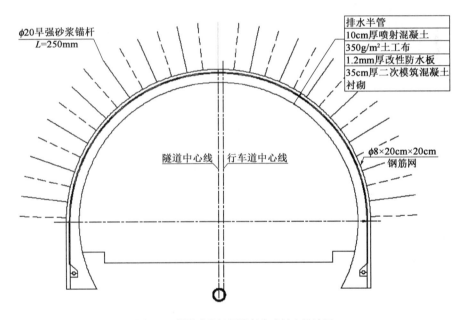

图2-8 某隧道Ⅴ级围岩复合式衬砌设计图

复合衬砌的设计,目前以工程类比为主,理论验算为辅。结合施工,通过测量、监控取得数据,不断修改和完善设计。复合衬砌设计和施工密切相关,应通过量测及时支护,并掌握好围岩和支护的形变和应力状态,以便最大限度发挥由围岩和支护组成的承载结构的自承能力。通过量测,掌握好断面的闭合时间,保证施工期安全。确定恰当的支护标准和合适的二次衬砌时间,达到作用在承载结构上的形变压力最小,且又十分安全和稳定的目的。

在确定开挖断面尺寸时,除应考虑满足隧道净空和结构尺寸外,尚应考虑围岩及初期支护的变形,预留适当的变形量。预留变形量的大小应根据围岩级别、断面大小、埋置深度、施工方法和支护情况等,通过计算分析确定或采用工程类比法预测,预测值可参照表2-3的规定选定。预留变形量还应根据现场监控量测结果进行调整。

预留变形量(mm) 表2-3

围岩级别	两车道隧道	三车道隧道	围岩级别	两车道隧道	三车道隧道
Ⅰ	—	—	Ⅳ	50~80	60~120
Ⅱ	—	10~30	Ⅴ	80~120	100~150
Ⅲ	20~50	30~80	Ⅵ	现场量测确定	

3.整体式衬砌

整体式衬砌是隧道开挖后,用模筑混凝土或砌体修建的隧道衬砌结构。

整体式衬砌采用就地整体模筑混凝土,其方法是在隧道内架立模板、拱架,然后浇灌混凝土而成。整体式衬砌是传统衬砌结构形式,在新奥法问世前,广泛地应用于隧道工程中。该方法不考虑围岩的承载作用,主要通过衬砌的结构刚度抵御地层的变形,承受围岩的压力。依据不同的地质条件,或按照不同的围岩级别,又可分为直墙式和曲墙式两种形式。目前,公路隧道及铁路隧道多采用曲墙式。

整体式衬砌截面可设计为等截面或变截面。设置仰拱时,仰拱厚度不应小于边墙厚度。

整体式衬砌应设置变形缝。明洞衬砌与洞内衬砌交界处、不设明洞的洞口段衬砌,在距洞口5~12m的隧道内应设置沉降缝;地质条件明显变化处、不同衬线类型交界处,宜设置沉降缝;在连续软弱围岩中每30~100m宜设一道沉降缝;在严寒与酷热温差变化大的地区,特别是在最冷月份平均气温低于-15℃的寒冷地区,在距洞口100~200m范围的衬砌段应根据情况增设伸缩缝;沉降缝、伸缩缝缝宽不应小于20mm;伸缩缝、沉降缝可兼作施工缝。

单元三 明 洞

(1)了解隧道明洞的类型;
(2)认识明洞的结构。

明洞是用明挖法修建的隧道。明洞是隧道的主体建筑物,一般修建在洞门和隧道暗洞之间。下列情况需要修筑明洞:洞顶覆盖层薄,不宜大开挖修建路堑,并难于用暗挖法修建隧道的地段;路基或隧道洞口受边坡坍方、岩堆、落石、泥石流等不良地质危害;修建路堑会危及附近重要建筑物安全的地段;铁路、公路、沟渠和其他人工构造物必须在隧道上方通过,不宜采用暗洞或立交桥涵跨越时;为了保护洞口的自然景观而延伸隧道长度时。但明洞造价一般较隧道为高,应当经过慎重比较后选用。

明洞具有地面、地下建筑物的双重特点,可作为地面建筑物用以抵御边坡、仰坡的坍方、落石、滑坡、泥石流等病害。明洞净空必须满足隧道建筑限界要求,洞门一般做成直立端墙式洞门。图2-9所示为隧道洞口段示意图。

明洞通常由顶部结构和边墙组成,当底部地层可能挤入洞内时,还须设置仰拱。若顶部结构做成拱形,则这种结构称为拱式明洞,按其受力情况又分为对称型和不对称型。若顶部结构为梁板,则这种结构称为棚式明洞。当陡崖或靠河一侧明洞边墙的基础无法设置时,可将顶部作为悬臂式结构而成为悬臂式棚洞。明洞结构类型的选择可根据地形、地质、经济、回填土状况、运营安全及施工难易程度而定。当明洞边墙厚度较大时,只要受力允许,可以隔一定距离开设窗洞,以节省材料。

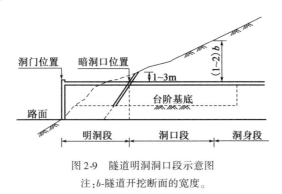

图 2-9　隧道明洞洞口段示意图

注：b-隧道开挖断面的宽度。

明洞施工方法相关资源请扫描"本教材配套资源索引"中的二维码,资源编号为3。

1. 拱式明洞

拱式明洞的内外墙身采用混凝土结构,拱顶采用钢筋混凝土结构。现浇拱式明洞结构整体性较好,结构坚固,能承受较大的垂直压力和单向侧压力,必要时加设仰拱。拱式明洞适用范围较广,在一般情况下,当预计一次塌方量较大,基础设置条件较好时,可采用拱式明洞。在隧道进出口两端的接长明洞,或在深路堑高边坡,边坡不稳定(如崩塌落石危及行车安全)地段修建的独立明洞;洞口附近埋深较浅,施工时不能保证上方覆盖层的稳定等时,多采用拱式明洞。其形式有以下四种:

(1)路堑对称型。这类形式适用于洞顶地面平缓,路堑两侧地质条件基本相同,原山坡有少量坍塌、落石以及隧道洞口岩层破碎,洞顶覆盖较薄,难以暗挖法修建隧道的地段,如图 2-10 所示。

(2)路堑偏压型。这类形式适用于两侧山坡高差较大的路堑,高侧边坡有坍塌、落石或泥石流,低侧边坡明洞墙顶以下部分为挖方,且能满足外侧边墙嵌入基岩要求的地段,如图 2-11 所示。

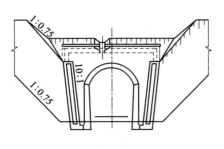

图 2-10　路堑对称型明洞

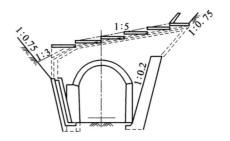

图 2-11　路堑偏压型明洞

(3)半路堑偏压型。适用于半路堑靠山侧边坡较高,有坍塌、落石或泥石流等不良地质现象,而外侧地面较为宽敞和稳定,上部填土坡面线能与地面相交以平衡山侧压力的地段,如图 2-12 所示。

(4)半路堑单压型。适用于靠山侧边坡或原山坡有坍塌、落石等情况,外侧地形陡峻无法填土的地段,如图 2-13 所示。

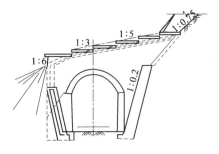 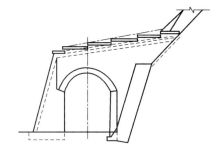

图 2-12　半路堑偏压型明洞　　　　　　图 2-13　半路堑单压型明洞

拱式明洞的边墙,一般采用直墙。当半路堑单压型明洞外墙尺寸较厚(可达 3～5m)时,为节省圬工量,通常在浆砌片石的外墙上每隔 3～4m 开设一个孔洞。

采用不对称拱式明洞时,要特别注意处理好外墙基础,以防止因外墙下沉而引起拱圈开裂。故外墙必须设置于稳固地基上,如有困难,可用桩基(或加深基础)及加固地基等方法进行处理。花架式半路堑单压型明洞如图 2-14 所示。

图 2-14　花架式半路堑单压型明洞

2. 棚式明洞

当路线外侧地形狭窄或外侧基岩埋藏较深,设置稳固的基础工程量大时,或者当山坡坍方、落石数量较少,山体侧向压力不大,或因受地质、地形条件的限制,难以修建拱式明洞时,可采用棚式明洞。

棚式明洞顶板为梁式结构。内侧边墙一般采用重力式挡墙,当岩层完整,山体坡面较陡采用重力式挡墙开挖量较大时,也可采用钢筋混凝土锚杆挡墙。但在地下水发育地段不宜采用。

棚式明洞的类型主要取决于外侧边墙的结构形式,通常有墙式、刚架式、柱式和悬臂式(不修建外墙时)等。

(1)墙式棚洞。适用于边坡存在坍塌、落石的地段,横向断面类似桥跨结构,内墙除起挡墙作用外,还承受顶板下传垂直荷载;外墙只承受顶板下传垂直荷载。墙式棚洞如图 2-15 所示。

(2)刚架式棚洞。适用于边坡小量落石的地段,或在连接两座隧道间需建明洞时,为改善隧道通风条件下而被采用。外墙结构为连续框架,因此对地基承载力要求较高。刚架式棚洞如图 2-16 所示。

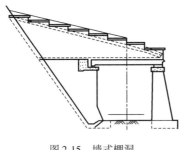
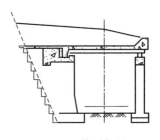

图 2-15　墙式棚洞　　　　　　　图 2-16　刚架式棚洞

(3) 柱式棚洞。这类形式适用于少量落石,地基承载力高,或基岩埋藏浅的地段。外墙采用独立柱和纵梁方式,结构简单,预制吊装方便,但整体稳定性较差。柱式棚洞如图 2-17 所示。

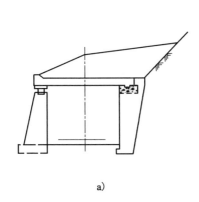

a)　　　　　　　　　　　　　　b)

图 2-17　柱式棚洞

(4) 悬臂式棚洞。当山坡较陡,坡面有少量落石,且外侧地基不良或不宜设基础时,可采用悬臂式棚洞。悬臂式棚洞如图 2-18 所示。根据山侧岩层的具体条件,内侧可选用重力式边墙或锚杆挡墙等形式。悬臂式棚洞由于结构不对称,抗震性能差,施工要求较高,选用时应慎重考虑。

3. 箱式明洞

箱形结构适用于建筑高度较小,对地基要求较低的地段。所以在明洞净高、建筑高度受到限制,地基软弱的地方,可采用箱式明洞。图 2-19 所示为一方形明洞,其全部用钢筋混凝土制成。若右侧岩层顺层滑动,利用上部回填土的压力及底层的弹性抗力,平衡侧向岩层滑动的推力,并传递于左侧岩层上。

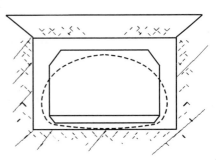

图 2-18　悬臂式棚洞　　　　　　　图 2-19　方形明洞

单元四　排水设施

📖 **学习目标**

(1) 了解隧道排水设施构造;
(2) 了解隧道排水盲管的作用、常见类型;
(3) 掌握隧道的水是如何沿着防排水设施排出洞外的。

隧道排水系统可以简单地分为洞外排水系统和洞内排水系统。

《公路隧道设计规范　第一册　土建分册》(JTG 3370.1—2018)规定,隧道防排水应遵循"防、排、截、堵结合,因地制宜,综合治理"的原则,妥善处理地表水、地下水,洞内外防排水系统应完整畅通。

一、隧道洞外排水系统

隧道、辅助坑道的洞口及明洞边坡、仰坡开挖线 3～5m 以外应根据实际情况和要求设置截水沟。截水沟的布置应避免影响边坡、仰坡景观效果。

隧道洞口出洞方向是上坡时,可在洞口外路基两侧设置反向排水边沟,或采取引排措施,洞外水不应流入隧道。

洞外排水应根据地形、地质、气象情况,结合农田水利情况全面规划,综合治理,因地制宜地设置疏水、截水、引水设施。洞口边坡、仰坡应采取防护措施,防止地表水的下渗和冲刷。图 2-20 所示是排水沟、截水沟形式。图 2-21 所示是已经完工的洞口排水沟。

a) 排水沟　　　b) 截水沟

图 2-20　排水沟、截水沟形式

图 2-21　西汉高速公路八宝坪隧道排水沟

二、隧道内排水系统

隧道围岩内的水,可以透过喷射混凝土,遇到土工布防水板后,向下渗流到墙角纵向排水盲管中,或者直接用环(竖)向排水盲管引排到墙角纵向排水盲管中,再通过横向导水管,排到中心水沟中,沿着中心水沟排出洞外。运营清洗水、消防水和其他废水,可通过路侧边沟排出洞外,防止这些废水沿路面横向漫流。隧道衬砌排水系统示意图如图 2-22 所示。隧道衬砌排水系统横断面图如图 2-23 所示。

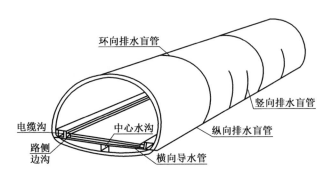

图 2-22　隧道衬砌排水系统示意图

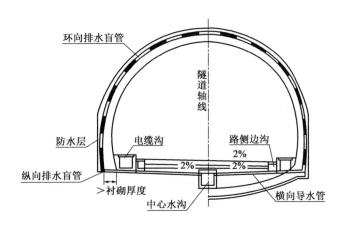

图 2-23　隧道衬砌排水系统横断面图

隧道建成后,围岩内的地下水一般情况下是洁净的,而运营过程中的清洗水和消防水是污水,分离排放有利于地下水的利用。因此,隧道洞内宜按地下水与运营清洗污水、消防污水分离排放的原则设置纵向排水系统,即围岩内的水沿着中心水沟排出洞外,运营过程中的清洗水、消防水等废水通过路侧边沟排出洞外。但对于地下水较少的短隧道,不受此限制,可不设中心水沟,直接将围岩内的地下水排入路侧边沟。

路侧边沟、中央排水管、排水盲管、横向导水管等即为排水设施。另外,排水设施还包括防寒泄水洞。

1. 路侧边沟

隧道路面两侧应设路侧边沟;路侧边沟的排水坡度宜与隧道纵坡一致;路侧边沟宜采用矩形断面;路侧边沟为暗沟时,应按 25～30m 间距设置滤水箅和沉砂池。

路侧边沟常用开口式明沟和暗沟两种形式,如图 2-24、图 2-25 所示。开口式明沟不需要设沉砂池,采用预制拼装方法,施工速度快。其缺点是预制块间的接缝不易保证不漏水,开口尺寸和过水断面较小,沟深度较浅,路面垃圾容易掉进边沟,不便清理、易淤积和堵塞,容易被车辆压坏,可维修性差。《公路隧道设计规范 第一册 土建工程》(JTG 3370.1—2018)中已经取消了"开口式明沟"的相关条款,矩形盖板式路侧边沟过水断面较大,排水能力强,路面垃圾不易进入边沟,便于路面清扫和边沟清理。暗沟沟身可以现浇,也可以预制。边沟盖板有活动盖板和固定盖板两种。活动盖板施工简单,清洗方便,可以不设滤水箅,由盖板接缝滤水,宜设沉砂池,缺点是对行车不利;固定盖板对行车有利,但边沟易淤积,不利疏通,为此应设沉砂池和滤水箅。

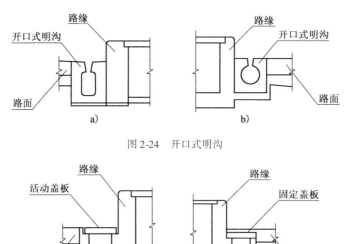

图 2-24 开口式明沟

图 2-25 暗沟

路侧边沟的主要作用是排走道路清洁冲洗后的废水、消防废水以及下雨时汽车带进来的雨水,因此,路侧边沟一般设于靠行车道一侧,而电缆沟设于靠衬砌一侧,如图 2-26、图 2-27 所示。对于地下水较少的短隧道,视具体情况可直接将围岩内的地下水由排水暗管排入路侧边沟。

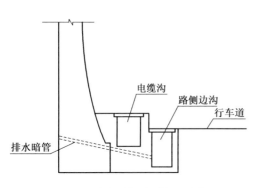

图 2-26 公路隧道电缆沟与路侧边沟位置图

图 2-27 公路隧道电缆沟位置图

电缆沟积水将对设备运行产生影响,需采取措施防止电缆沟积水。在电缆沟底部设

50mm×50mm~80mm×80mm 的纵向凹槽,能将电缆沟积水汇集槽内,在电缆沟与路侧边沟之间沿隧道纵向间隔 10~20m 距离设排水孔,将电缆沟内的积水引入路侧边沟。

2. 中心水沟(深埋水沟)

除常年干燥无水的隧道以外,一般的隧道都应设置中心水沟,以便排出衬砌背后积水,同时疏导隧道底部渗水、冒水。中心水沟如图 2-28 所示。

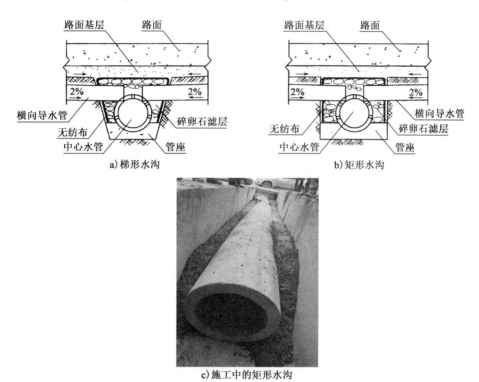

图 2-28 中心水沟

中心水沟可以设置在隧道中央,也可以设置在隧道两侧。布置在隧道中央的中心水沟通常是"单沟",布置在路基两侧的中心水沟是两侧各一个,是"双沟"。对于两车道隧道,由于仰拱的限制和排水能力的要求,通常是"单沟"。采用单沟时,为避免中心水沟维修养护时同时占用两个车道,采用偏离行车道中线设置。对三车道、四车道大断面隧道,仰拱中央深度较大,中心水沟设在仰拱填充层中央时,施工定位困难,加之横向导水管从边墙接入中心水沟距离较长。因此,对断面较大的三车道、四车道隧道,中心水沟可双侧设置。

中心水沟断面宜采用矩形。断面尺寸按排水量计算确定,但一般沟底宽不应小于 40cm,沟深不应小于 35cm。水沟边墙上应预留足够的泄水孔。

中心水沟的坡度与线路坡度基本一致,一般排水坡度不应小于 0.5%,困难地段不应小于 0.3%,路面横坡排水坡度不应小于 1%,横向导水管坡度不应小于 2%。

中心水沟宜按 50~200m 间距设沉砂池,并根据需要设检查井。

3. 环(竖)向排水盲管、纵向排水盲管、横向导水管

环(竖)向排水盲管的主要作用是将隧道衬砌背后渗水引排到隧道边墙角的纵向排水盲管,通过横向导水管或泄水孔排出,减少衬砌背后积水。纵向排水盲管设置于隧道模筑混凝土

衬砌两侧墙角背后,其作用一是收集环(竖)向排水盲管排至墙脚的水,二是收集被防水卷材阻挡经无纺布导流或自重流淌至边墙的水,最后将衬砌背后汇入边墙角的地下水通过横向导水管、泄水孔引入深埋水沟或路侧边沟。横向导水管起点位于衬砌背后的边墙角,通过三通管与纵向排水管相连(图2-29),垂直于隧道轴线布设,先穿过边墙衬砌,在有深埋水沟的隧道,一部分横向导水管横向埋设在路面结构层以下与深埋水沟连通,无深埋水沟地段,可直接接入路侧边沟。横向导水管通常为硬质塑料管。

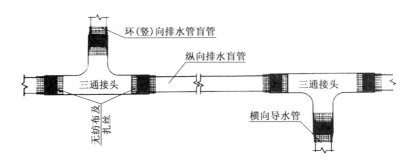

图2-29 三通连接示意图

4. 深埋水沟检查井

排水沟在一定长度上应设检查井,以便随时清理淤渣。检查井间距不宜大于200m。检查井与中心水沟位置关系图如图2-30所示。隧道外有时设检查井,如图2-31所示。

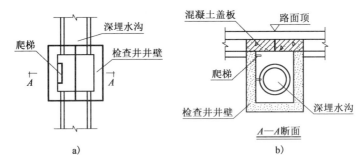

图2-30 检查井与中心水沟位置关系图

图2-31 隧道外检查井与边沟位置关系图

5. 防寒泄水洞

在严寒地区,为了不使流水冻结而堵死水沟,应采取防寒措施。一般可修筑浅埋保温水沟,即将水沟加深,用轻质混凝土做成上、下两层,各自设钢筋混凝土盖板。两层盖板之间用保温材料充填密实,其厚度不小于70cm。但当浅埋保温水沟不足以防止冻害时,可考虑设置中心深埋渗水沟,即利用地温本身的作用,达到保温防冻害之目的。防寒泄水洞布设横断面示意图如图2-32所示。

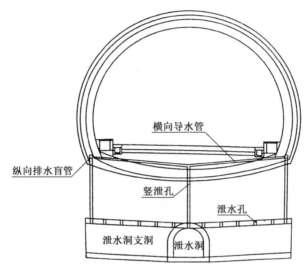

图2-32　防寒泄水洞布设横断面示意图

防寒泄水洞是隧道排除地下水的主要措施之一,其形状类似一个带孔的小隧道,位于隧道正下方的冻结线以下。防寒泄水洞能够在很大程度上减少或消除隧道内部冒水、挂冰、积冰、冻胀等病害。

单元五　隧道通风

学习目标

(1) 了解隧道通风设施;
(2) 掌握隧道的通风方式。

隧道施工和运营时,都需要进行隧道通风。公路隧道通风设计的卫生标准,应以稀释机动车排放的烟尘为主,必要时可考虑隧道内机动车带来的粉尘污染。公路隧道通风设计的安全标准,应以稀释机动车排放的一氧化碳为主,必要时可考虑稀释二氧化碳。公路隧道通风设计的舒适性标准,应以稀释机动车带来的异味为主,必要时可考虑稀释富余热量。即隧道通风要防止一氧化碳中毒及硅肺病,同时为施工人员及乘客提供良好的空气,保证一定的舒适性。

汽车排出的废气含有多种有害物质,如一氧化碳、氮氧化合物、碳氢化合物、亚硫酸气体和烟雾粉尘,造成隧道内空气的污染,同时影响行车安全。当一氧化碳浓度很大时,人体会产生

不同程度的中毒症状,甚至危及生命。另外,烟雾会影响能见度,如果烟(尘)含量达到一定程度,可能使能见度降低到妨碍车辆安全行驶的程度。公路隧道空气污染造成危害的主要原因是一氧化碳,用通风的方法从洞外引进新鲜空气冲淡一氧化碳、烟雾、异味的浓度至卫生标准,即可使之处于安全浓度。

公路隧道对运营通风的要求很高,可供选择的通风方式也较多,选择时主要考虑的因素有隧道的长度和交通量。此外,还应适当考虑当地气象、环境、地形等条件,在充分考虑了各种条件之后,才可能确定出既有效又经济的通风方式。

运营通风的任务就是向隧道内部供给新鲜空气,排除有害气体、蒸汽、粉尘和炮烟等有害物质,使隧道内部空气的温度、相对湿度和流速达到规定标准。因此,在进行通风规划和设计时,应对交通量、气象、环境进行调查。交通量的调查内容包括车辆类型、数量、历时变化等,以及汽车发动机的种类和汽车实载情况。气象调查包括隧道进出口气压、风向、风速、温度、湿度、冻害以及相关地区气象资料,根据需要做实地观测。环境调查包括地形、地物、地质、洞口及竖(斜)井口附近的建筑物分布、居民分布、重要设施等。同时还要对通风噪声、废气排放及竖(斜)井施工可能对周围环境和居民生活造成的影响进行调查。

1. 通风方式选择

隧道通风方式的种类很多,按送风形态、空气流动状态、送风原理等划分,如图 2-33 所示。

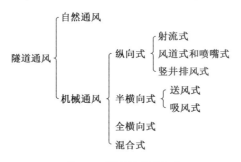

图 2-33 隧道的通风方式

2. 自然通风

这种通风方式不设置专门的通风设备,是利用存在于洞口间的自然压力差或汽车行驶时活塞作用产生的交通风力,达到通风目的。但在双向交通的隧道,交通风力有相互抵消的情形,适用的隧道长度受到限制。由于交通风的作用较自然风大,因此,对于单向交通隧道,即使隧道相当长,也有足够的通风能力。

在选择通风方式时,首先应确定隧道内所需的通风量,首选自然通风,在自然通风满足不了通风要求时,采用机械通风。从世界各国隧道实例来看,长度在 200m 以下,甚至 200 ~ 500m 的双向交通隧道,在一定的交通量下,可以考虑采用自然通风。

3. 机械通风

当自然通风不能满足需风量时,可以选择机械通风。隧道是否设置机械通风,应根据牵引种类、隧道长度、隧道平面与纵断面、道床类型、行车速度和密度、气象条件及两端洞口地形条件、高差等因素经过分析计算、试验综合考虑确定。

我国《公路隧道通风设计细则》(JTG/T D70/2-02—2014)规定,宜设置机械通风的条件是:

| 双向交通隧道 | $L \times N \geq 6 \times 10^5$ | (2-1) |
| 单向交通隧道 | $L \times N \geq 3 \times 10^6$ | (2-2) |

式中：L——隧道长度(m)；

N——设计交通量(辆/h)。

机械通风的形式有纵向式、全横向式、半横向式、混合式四种。

(1) 纵向式通风

纵向式通风是从一个洞口直接引进新鲜空气，由另一洞口排出污染空气的通风方式。可以认为隧道内沿纵向流动的气流从入口至出口都是匀速的。这种通风方式使得空气中的污染物含量由入口向出口方向呈直线增加。对于单向交通隧道，如果自然风从出口吹入隧道，洞内空气污染浓度会增加。对于双向交通隧道，交通风自然抵消，如有自然风吹入隧道，在下风方向空气污染浓度会增加。

纵向式通风的类型有射流式通风、风道式通风和竖井排气式通风等。根据交通方式不同又可以有不同的具体设计。

①射流式纵向通风。射流式纵向通风是从一个洞口直接引进新鲜空气，由另一洞口排出污染空气的方式。将射流式风机设置于车道的吊顶部，吸入隧道内的部分空气，并以25～30m/s的速度喷射吹出，用以升压，使空气加速，达到通风的目的。射流式通风经济，设备费少，但噪声较大，如图2-34所示。射流式通风，在双向交通时，一般可用于长度在1km以下的隧道；在单向交通时，可用于2km左右的隧道。当然，具体还要看所需的通风量和车道上所允许的最大风速。规范要求，隧道行车道内由于机械通风产生的最大风速不宜超过8m/s，否则会令驾乘人员不适，并影响行车的稳定。如果交通量小，即使隧道再长一些，也可采用射流式通风。

a) 射流式纵向通风横断面示意图

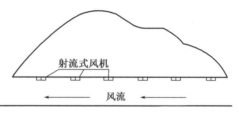
b) 射流式纵向通风纵断面示意图

c) 射流式纵向通风实景

图 2-34 射流式纵向通风

射流式通风机的安装位置在限界以外，吊设于拱顶，并且喷出的气流对交通无不良影响。一般根据需要沿隧道纵向以适当间隔吊设数组，在同一个断面上设置一至数台风机，考虑到射流的能量和气流的搅动状况，风机的纵向间距为70m左右，风机距洞口的距离可长些，可取100m。当隧道断面为圆形或马蹄形时,将风机吊挂于拱顶;当断面为矩形时,将风机分别置于顶板两角。

②竖井、斜井排气式纵向通风。机械通风所需动力与隧道长度的立方成正比,因此在长隧道中,特别是长隧道纵剖面为人字坡时,污浊空气常积聚在坡顶,通风效果不好,常常设置竖井进行分段通风,如图2-35a)和b)所示。竖井用于排气,有烟囱作用,效果良好。对于双向交通的隧道,因新风是从两侧洞口进入,竖井宜设于中间。对于单向交通的隧道,由于新风主要自入口一侧进入,竖井应靠近出口侧设置。这样可以保证竖井正好位于空气污染浓度最大的地点,从而发挥最佳通风效果。当然,竖井的位置也还要结合施工需要来综合考虑。

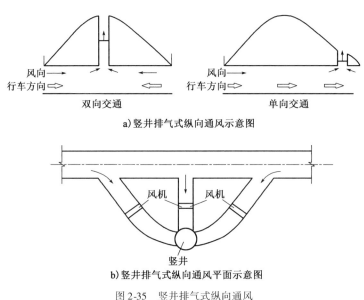

图2-35 竖井排气式纵向通风

竖井用于排气时,起到了烟囱的作用,能收到很好的效果,但为了达到稳定的通风效果,仍需安装风机。

(2)全横向式通风

全横向式通风是在通风机的作用下,风流的方向与隧道轴线方向呈正交的通风方式,如图2-36所示。其工作原理是隔出隧道部分面积作为沿洞身轴线的通风渠,根据计算确定风量和风压,合理选择通风机,新鲜空气首先进入通风渠,沿通风渠流到隧道全长范围内。压入通风渠设有系列出风口,把新鲜空气在均匀的间隔上吹到隧道中,隧道内的污浊空气从吸出风渠的系列进风口吸出洞外,风在隧道的横断面方向流动,一般不发生纵向流动,因此有害气体的浓度在隧道轴线方向均匀分布。该通风方式有利于防止火灾蔓延和处理烟雾,克服了纵向通风在纵向风速较大和发生火灾时对下风侧不利的问题。但需设置送风道和排风道,增加建设费用和运营费用。所以,在长大隧道、重要隧道和水底隧道中,最好采用全横向式通风。

在双向交通时,车道的纵向风速大致为零,空气污染浓度分布沿全隧道大体均匀。但是,在单向交通时,因为交通风的影响,纵向能产生一定风速。空气污染浓度由入口至出口有逐渐增加的趋势,一部分污染空气会直接由出口排向洞外,这种排风量有时占很大比例。但通常情况下,可以认为送风量与吸风量是相等的,因而设计时也把送风管道和吸风管道的断面积设计成一样的。

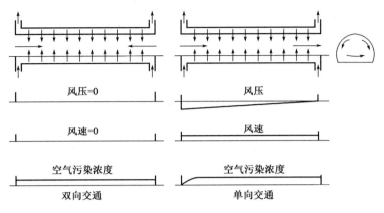

图 2-36　全横向式通风示意图

(3) 半横向式通风

半横向式通风是在隧道顶部设置进风管,在进风管的下部,沿隧道长度方向每隔一定距离开一通风口,气流沿通风口流向隧道内,隧道内的污浊空气在新鲜空气气流的推动下,沿隧道纵向排出洞外,如图 2-37 所示。半横向式通风,因仅设置排风道,所以较为经济。

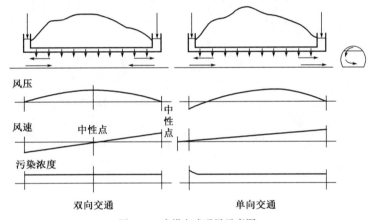

图 2-37　半横向式通风示意图

纵向式通风的空气污染浓度不均匀,进风口处最低,出风口处最高。为使出口处的污染浓度保持在容许限度以下,只好加大通风量,但此时其他地方的污染浓度却相当低,这样既不经济,又使隧道内风速过大。而半横向式通风,可使隧道内的空气污染浓度大体上接近一致。送风式半横向通风是半横向通风的标准形式,新鲜空气经送风管吹向汽车的排气孔高度附近,直接稀释汽车排放的废气。如果洞内有行人,则可以呼吸到最新鲜的空气。污染空气在隧道上部扩散,经过两端洞口排出洞外。

从图 2-37 中可以看出,在双向交通时,不论是送风方式还是吸风方式,如果双方的交通流量相等,两洞口的气象条件也相同,则隧道内的风压分布为中间最大,两洞口排出或送入的空气为等量。因此,在隧道的中点,空气是静止的,风速为零,这一点称为中性点。除这一点以外,风速向两洞口呈直线增加。空气污染浓度在送风方式中各处是相同的,而在吸风方式中是中性点处最大。如果双向的交通流量不等,或两洞口的气象条件发生变化,则中性点的位置也随之变动。在单向交通时,送风方式的中性点多半移至进口之外。吸风方式的中性点,则靠近出口,空气污染浓度和双向交通时一样,中性点附近空气污染浓度最高。

鉴于吸风方式的通风效率较低,且空气污染浓度非常不均匀,故一般不采用,而普遍采用送风方式。半横向式通风比横向式通风造价低,但通风效果和控制火灾蔓延不如横向式,半横向式通风适用于1~3km的公路隧道。

(4)组合式通风

组合式通风没有固定的格局,可以由上述几种基本通风形式组合而成,一般用于公路隧道。国外采用组合式通风的隧道不乏先例,其组合方式有多种,也必须符合一般性的设计原则,力求既经济又实用。

根据隧道的具体条件和特殊需要,由竖井与上述各种通风方式组合成为最合理的通风系统。例如,有纵式式和半横向式的组合,以及横向式与半横向式的组合等各种方式。图2-38为秦岭终南山隧道通风竖井示意图。

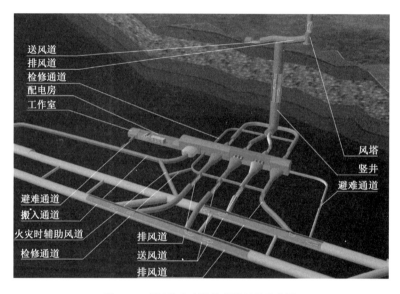

图2-38 秦岭终南山隧道通风竖井示意图

单元六 认识隧道照明设施

 学习目标

(1)了解隧道照明设施;
(2)初步掌握隧道照明的分段;
(3)了解明适应及暗适应。

隧道施工和运营时,都需要进行隧道照明。公路隧道照明设计应满足路面平均亮度、路面亮度总均匀度、路面中线亮度纵向均匀度、闪烁和诱导性要求。机动车驾驶员行车时,视觉感受到的是路面亮度,因此以路面亮度作为照明指标,较为科学合理,大多数国家均以亮度指标为依据制定照明标准。照明闪烁问题与照明亮度、灯具布置和行车速度等因素有关,合理确定闪烁频率,可避免视觉上的不舒适与心理干扰,以达到行车安全的目的。诱导性是指照明设施

具有的给机动车驾驶员提供有关道路前方走向、线形、坡度等视觉诱导的特性。

1. 隧道照明的必要性

当机动车驾驶员在白天从明亮环境接近、进入和通过隧道时,会产生以下视觉问题:

(1)白天进入隧道前的视觉问题。由于隧道内外的亮度差别极大,当汽车驶近洞口时,如果隧道照明不很充分,影响驾驶员辨别洞口附近的情况,特别是从洞外进入洞内时,视觉会一下变得很黑,对于长隧道会看到"黑洞",对于短隧道会看到"黑框",这就是所谓的"黑洞效应"。

(2)白天进入隧道立即出现的视觉问题。汽车由明亮的外部进入即使是不太暗的隧道以后,要经过一定时间才能看清洞内的情况,称为"适应的滞后现象"。这是因为急剧的亮度变化使人的视觉不能迅速适应环境所致。

(3)隧道内部的视觉问题。无论白天还是黑夜,隧道内部由于汽车排放的废气很难迅速消散,形成烟雾,可将汽车头灯和道路照明器发出的光吸收和散射,从而降低能见度。

(4)隧道出口处的视觉问题。白天当车辆从亮度低的洞内接近出口处时,由于外部亮度极高,出口看上去是个"白洞",这就是所谓的"白洞效应"。白洞效应会产生极强的眩光,驾驶员在这种极强的眩光效应下会感到十分不舒服,夜间与白天正好相反,驾驶员会看到"黑洞",这就看不出外部道路的线形及路上的障碍物。图 2-39 是隧道的出口"白洞",图 2-40 是隧道的进口照明不足呈现"黑洞"。

图 2-39　隧道的出口"白洞"

图 2-40　隧道的进口照明不足呈现"黑洞"

驾驶员由亮到暗(暗适应)和由暗到亮(明适应)均需要一定时间,暗适应时间约为 10s,明适应的时间为 1~3s。驾驶员在开车接近、进入和开出隧道过程中的这些问题必须解决,否则会导致严重的交通事故。想解决上述问题,就要设置合理的灯光照明,以利行车安全。目前,高等级公路上的隧道照明设施就是根据车速和驾驶员视觉的适应能力而设计的。

公路隧道照明的目的是把必要的视觉信息传递给驾驶员,防止驾驶员因视觉信息不足而引发交通事故,提高驾驶员驾驶时的安全性和舒适感。隧道照明的显著特点是白天也需要照明,而且白天照明问题比夜间更复杂。隧道照明应保证白天习惯于外界明亮宽阔的驾驶员进入隧道后仍能认清行车方向,正常驾驶。

高速公路和一、二级公路长度超过 100m 的隧道,应设置昼夜不断的照明,而对于能通视、交通量较小、行人密度不大的短隧道可不设白天的照明。

各级公路隧道照明设置条件应符合下列要求:长度 $L > 200$m 的高速公路隧道、一级公路隧道应设置照明。$100\text{m} < L \leq 200\text{m}$ 的高速公路长隧道、一级公路长隧道应设置照明。$L >$

1000m 的二级公路隧道应设置照明;500m＜L≤1000m 的二级公路隧道宜设置照明。三、四级公路隧道,应根据实际情况确定。有人行需求的隧道,应根据隧道长度和环境条件设置,满足行人通过需求的照明设施。不设置照明的隧道,应设置视线诱导设施。

2. 照明区段的划分

长隧道照明系统可以分为洞口接近段、入口段照明、过渡段照明、中间段照明、出口段照明、应急照明、洞外引道照明。

3. 洞口接近段的减光措施与减光建筑物

(1)洞口接近段可采取以下洞外减光措施:
①从接近段起点起,在路基两侧种植常青树。
②采用削竹式洞门形式。
③大幅坡面绿化。
④当洞口采用端墙形式时,墙面采用冷色调,其反射率应小于 0.17。

(2)遮阳棚。遮阳棚设置在洞口外,是为减弱自然光亮度而建筑的拱棚状构造物。其顶棚为透光构造,形如网状结构,网孔大多为透空的,称为开放式构造;也有用玻璃封闭的,称为封闭式构造。网孔应设计成不准阳光直接投射到路面上。设计遮阳棚应以当地日照图为依据,由太阳的高度角和方位角计算出遮阳棚的尺寸、间隔和倾斜角度。

在接近段起点处的 20°视场中,天空面积小于 50% 时,不宜设置遮光棚。

(3)遮光格栅。遮光格栅也是一种棚状减光建筑物,但构造较简单。其主要特点是允许阳光直接投射到路面上,这是与遮阳棚的根本区别。减光建筑物可以设置得很长,长度可达百米以上,给工程增加了很多费用,长度过短时又起不到作用,所以除非是重要的大交通量公路隧道,一般不予设置。虽然减光建筑在白天能十分有效地缓和洞内外的亮度,但鉴于我国经济的实际情况,规范中没有规定必须设置这类建筑。两个隧道间的遮阳棚如图 2-41 所示。

图 2-41 两个隧道间的遮阳棚

(4)常绿植被。种植常绿植被进行减光是一种较为简便、经济的降低洞外亮度的方法,人类对植被的反光有舒适感,植被反射光比裸露的岩石、土坡、建筑物墙面等的反射光柔和,植被可以是草地、农作物、树木等。

单元七 紧急停车带、人行横洞、车行横洞等附属设施

学习目标

(1) 了解隧道紧急停车带等辅助设施;
(2) 了解隧道人行横洞、车行横洞等预留洞室;
(3) 了解隧道装饰设施。

在隧道运营中发生车辆故障,或火灾等事故时,都需要一定的空间修理车辆或疏散人员。运营管理人员也要有一定的空间,方便隧道管理。这些也是隧道的附属设施。

一、隧道其他附属设施

公路隧道的附属设施较多,除了通风设施、照明设施、防排水设施,还有紧急停车带,行人、行车横洞和预留洞室等其他设施等,下面分别予以介绍。

1. 紧急停车带

当隧道中行驶的车辆发生故障时,应及时离开干道进行避让,以免发生交通事故,紧急停车带就是专供紧急停车使用的停车位置。尤其在长大隧道中,故障车必须尽快离开干道,否则必然引起交通阻塞,甚至导致交通事故。因此,高速公路、一级公路的特长隧道和长隧道,应根据需要在行车方向的右侧设置紧急停车带。双向行车隧道的紧急停车带应在双侧交错设置;不设检修道、人行道的隧道,可不设紧急停车带,但应按500m距离交错设置行人避车洞。为使车辆能在发生火灾时避难和退避,对于10km以上的特长隧道还应考虑设置方向转换场地(或称回车道设施)。

紧急停车带的间隔主要根据故障车的可能滑行距离和人力可能推动的距离而定。一般很难断言其距离的大小,如小轿车较载货汽车滑行的距离长,人力推动也较省力;下坡较上坡时滑行的距离长,推动时也省力,依据经验,隧道内紧急停车带的间距一般可取为500~800m。根据《公路工程技术标准》(JTG B01—2014)的规定,紧急停车带的宽为3.5m、长度为50m,有效长度不小于40m的紧急停车带,间隔约为750m,如图2-42、图2-43所示。

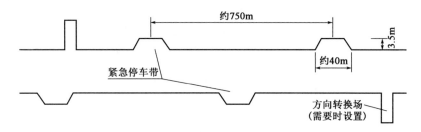

图2-42 紧急停车带及方向转换场设置平面示意图

2. 行人、行车横洞和预留洞室

《公路隧道设计规范 第一册 土建分册》(JTG 3370.1—2018)规定,上、下行分离式独立双洞的公路隧道之间应设置横向通道,以供巡查、维修、救援及车辆转换方向用。

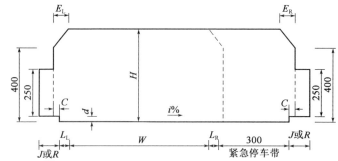

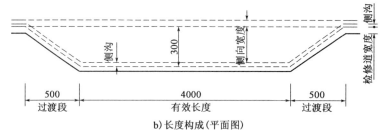

a) 宽度构成及建筑限界(立面图)

H-建筑限界高度；W-行车道宽度；L_L-左侧侧向宽度；L_R-右侧侧向宽度；C-余宽；J-检修道宽度；R-人行道宽度；d-检修道或人行道的高度；E_L-建筑限界左顶角宽度，包含余宽C；E_R-建筑限界右顶角宽度，包含余宽C

注：当$L_L \leqslant 1m$时，$E_L = L_L$；当$L_L > 1m$时，$E_L = 1m$。
当$L_R \leqslant 1m$时，$E_R = L_R$；当$L_R > 1m$时，$E_R = 1m$。

b) 长度构成(平面图)

c) 双车道隧道紧急停车带

图 2-43 紧急停车带的建筑限界、宽度和长度(尺寸单位：cm)

横通道的断面建筑限界如图 2-44 所示。图 2-45 所示为终南山隧道车行横通道。

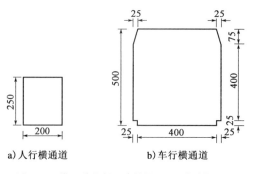

a) 人行横通道　　b) 车行横通道

图 2-44 横通道的断面建筑限界(尺寸单位：cm)

人行横通道的设置间距可取 250m，且不大于 350m。车行横通道的设置间距可取 750m，且不得大于 1000m；长为 1000～1500m 的隧道宜设 1 处人行横通道，中、短隧道可不设。施工用横通道的间距应根据施工需要和工程进度确定,不宜小于120m。

图2-45 终南山隧道车行横通道(设有自动门)

横通道和预留洞的位置应尽量避免通过断层、破碎带等不良地质地段,宜设置在地质条件良好的地段内。

横洞的衬砌类型一般应和隧道相应部位衬砌类型相同,行人横洞的底面应与人行道或边沟盖板顶面平齐。行车横洞两端应与路缘顺坡,并设半径不小于5m的转弯喇叭口。

另外,500m以上的高速公路隧道和一级公路隧道,宜单独设置存放专用消防器材的洞室,并做出明显标志。

3. 装饰设施

公路隧道内壁装饰应结合隧道位置、使用要求进行,力求安全、经济、美观、实用,且内壁装饰不得侵入建筑限界;内壁装饰材料应具有无毒、耐火、吸水膨胀率低、反光率高、便于清洗、耐磨和耐用的特点,并符合室外建筑材料相关规范的要求;内壁装饰高度不宜低于路面以上2m。

公路隧道可根据需要设置消音设施,消音设施不得侵入建筑限界。

隧道内各类设施的悬挂及安装配件应根据其承重和耐久性要求,进行强度和防腐设计。

由于公路隧道的照明与通风标准比铁路隧道要求高,因此公路隧道的电缆槽所需空间通常比较大,并且应按动力电缆(又称"强电")和通信电缆(又称"弱电")分别放置在隧道两侧。

此外,公路隧道还需留有设置消防水管的位置,在城市地区的交通隧道,还需留有通过其他市政管道(如自来水管、排污管等)的位置,这类管道通常与通信电缆一起放置在隧道一侧,因此,在名称上,称之为其他设施预留槽更确切。

二、公路隧道设计的有关规定

公路隧道的纵坡形式一般宜采用单向坡;地下水发育的长隧道、特长隧道可采用双向坡。隧道纵坡不应小于0.3%,一般情况下不应大于3%;短于100m的隧道可不受此限制。高速公路、一级公路的中短隧道受地形限制时,经技术经济论证、交通安全评价后,隧道最大纵坡可适当加大,但不宜大于4%。

隧道的限界高度,高速公路和一、二级公路取5m;三、四级公路取4.5m。高速公路、一级公路隧道应在两侧设置检修道,二、三级公路隧道应在两侧设置人行道兼作检修道,四级公路隧道可不设置检修道或人行道。

隧道路面横坡,隧道为单向交通时,应设置为单面坡;为双向交通时,可设置为双面坡;横坡坡率可采用1.5%~2%,宜与路面横坡坡率一致。路面采用单向坡时,建筑限界底边线与路面重合;采用双面坡时,建筑限界底边线应水平置于路面最高处。单车道四级公路的隧道应按双车道四级公路标准修建。

特长、长隧道内不设硬路肩或硬路肩宽度小于 2.50m 时,单洞两车道隧道应设置紧急停车带,单洞三车道隧道宜设置紧急停车带,单洞四车道隧道可不设置紧急停车。紧急停车带宽度应为 3.50m,长度不应小于 50m,其中有效长度不应小于 40m,间距不宜大于 750m。

隧道及其洞口两端路线的平纵横技术指标应符合以下规定:隧道洞口内侧不小于 3s 设计速度行程长度与洞口外侧不小于 3s 设计速度行程长度范围内的平、纵面线形应一致;洞口外与之相连接的路段应设置距洞口不小于 3s 设计速度行程长度且不小于 50m 的过渡段,以保持横断面过渡的顺适;超高不宜大于 4%。

四车道高速公路上的短隧道与城市出入口的中、短隧道,宜与路基等宽。图 2-46 为按旧的设计规范修建的短隧道,隧道宽度与路基宽度不一致。

图 2-46 短隧道宽度与路基宽度不一致

特长隧道和高速公路、一级公路的长隧道必须配置报警设施、消防设施、救助设施等;二、三级公路的长隧道可根据需要设置报警设施、消防设施、救助设施等。

 思考与练习

1. 名词解释:
整体式衬砌 喷锚衬砌 复合式衬砌 拼装衬砌 仰拱 仰坡
2. 隧道洞身常用的材料有哪些?
3. 简述洞门的类型,并试着说明其适用条件。
4. 简述照明段的划分。
5. 隧道有哪几类附属设施?

模块三　围岩分级与围岩压力

单元一　公路隧道围岩分级

学习目标

(1) 了解公路隧道围岩分级的目的和方法；
(2) 能够初步判定围岩级别。

一、围岩及围岩分级

1. 围岩的概念

围岩是指隧道开挖后其周围产生应力重分布的岩体，或指隧道开挖后对其稳定性产生影响的那部分岩体或土体。洞身周围的地层，不管是岩体还是土体统称为隧道围岩。这里的土体是指广义的土，可以理解为从岩体上剥离的或原地堆积的风化物质，包括坡积物、洪积物、冲积物、风积物等，如卵砾石土、黄土、红土、软土等。

2. 围岩分级

围岩分级是根据岩体坚硬程度和岩石强度等指标，按稳定性对围岩进行分级。围岩分级应采用定性划分和定量结合的方法综合判断。公路隧道围岩分级是评定围岩性质、判断隧道围岩稳定性，作为选择隧道位置、支护类型的依据。

围岩稳定性，是指在隧道开挖后不加支护的情况下其自身的稳定程度，可分为充分稳定、基本稳定、暂时稳定、不稳定。不同的围岩在修建隧道时会有不同的地质现象。在不同的围岩中开挖坑道，围岩会表现出不同的稳定性。

对于隧道工程而言，为了解隧道地质条件，已经在设计阶段先后进行了踏勘、初步勘察和详细勘察，但是由于地质条件、勘探工艺、勘察手段及经费等的限制，设计阶段勘察所获取的地质信息一般是有限的、不完整的。因此，设计阶段的围岩分级只能是预分级，是否与实际地质相符，必须通过施工阶段地质工作进行修正，这就是施工阶段围岩分级。施工阶段的围岩分级是修正设计阶段围岩分级的基础，也是使隧道结构设计和施工方法更加符合工程实际的基础。在隧道施工过程中，结合开挖工作面对围岩级别进行重新评判是极为重要和客观真实的，通过现场重新评判围岩级别以指导施工、反馈设计，是现代隧道工程设计施工中的重要环节，也是信息化施工的精髓。因此，施工阶段的围岩分级非常重要。

隧道围岩分级是隧道设计与施工的基础。为了满足隧道设计、施工等的需要，针对各种不同工程项目的具体要求，例如施工开挖、支护、支撑与衬砌，以及编制隧道施工组织设计等，把围岩按这些不同要求进行相应的地质条件归类，这就是围岩分级。正确的、符合工程实际的围岩分级对于准确进行隧道设计计算及支护设计有很重要的意义。

二、公路隧道围岩分级方法

这里按照《公路隧道设计规范 第一册 土建分册》(JTG 3370.1—2018)规定的方法对其进行介绍。

(1)围岩分级的综合评判宜采用下列两步分级:

①根据岩石的坚硬程度和岩体完整程度两个基本因素的定性特征和定量的岩体基本质量指标 BQ,进行初步分级。

②在岩体基本质量分级基础上,考虑修正因素的影响,修正岩体基本质量指标值,得出岩体基本质量指标修正值 $[BQ]$,再结合岩体的定性特征进行综合评判,确定围岩的详细分级。

(2)岩质围岩基本质量指标。

①岩体基本质量指标以围岩的坚硬程度及完整程度为基本参数确定。岩质围岩基本质量指标 BQ 应根据分级因素的定量指标 R_c 值和 K_v 值按式(3-1)计算。

$$BQ = 100 + 3R_c + 250K_v \tag{3-1}$$

式中:BQ——围岩基本质量指标;

R_c——岩石单轴饱和抗压强度(MPa);

K_v——岩体完整性系数。

使用式(3-1)时应遵守下列限制条件:

a. 当 $R_c > 90K_v + 30$ 时,应以 $R_c = 90K_v + 30$ 和 K_v 代入计算 BQ 值;

b. 当 $K_v > 0.04R_c + 0.4$ 时,应以 $K_v = 0.04R_c + 0.4$ 和 R_c 代入计算 BQ 值。

R_c 值可按实测值或式(3-2)计算;K_v 值宜用弹性波探测值或查表3-1得到。

②岩石坚硬程度定量指标用岩石单轴饱和抗压强度 R_c 表达。宜采用实测值,若无实测值时,可采用实测的岩石点荷载强度指数 $I_{s(50)}$ 的换算值,即按式(3-2)计算。

$$R_c = 22.82 I_{s(50)}^{0.75} \tag{3-2}$$

③岩体完整程度的定量指标用岩体完整性系数 K_v 表达。K_v 宜用弹性波探测值;若无探测值时,可用岩体体积节理数 J_v,按表3-1确定对应的 K_v 值。岩体体积节理数 J_v 可根据《公路隧道设计规范 第一册 土建工程》(JTG 3370.1—2018)附录A的A.0.2条确定。

J_v 与 K_v 对照表   表3-1

J_v(条/m³)	<3	3~10	10~20	20~35	≥35
K_v	>0.75	0.75~0.55	0.55~0.35	0.35~0.15	≤0.15

(3)岩质围岩详细定级时,应根据地下水、主要软弱结构面、初始应力状态的影响程度,对岩体基本质量指标 BQ 进行修正。岩体修正质量指标是根据地下水、主要软弱结构面、初始应力状态等因素,对岩体基本质量指标进行修正后的岩体质量指标,按式(3-3)计算:

$$[BQ] = BQ - 100(K_1 + K_2 + K_3) \tag{3-3}$$

式中:$[BQ]$——岩体修正质量指标;

BQ——岩质围岩基本质量指标;

K_1——地下水影响修正系数;

K_2——主要软弱结构面产状影响修正系数;

K_3——初始应力状态影响修正系数。

K_1、K_2、K_3 值可分别按表3-2~表3-4确定。围岩极高应力及高初始应力状态的评估,可按

表 3-5 的规定进行。

地下水影响修正系数 K_1　　　　　　　　　　　　　　　　　表 3-2

地下水出水状态	BQ				
	>550	550~451	450~351	350~251	<250
潮湿或点滴状出水,$p \leq 0.1$ 或 $Q \leq 25$	0	0	0~0.1	0.2~0.3	0.2~0.3
淋雨状或涌流状出水,$0.1 < p \leq 0.5$ 或 $25 < Q \leq 125$	0~0.1	0.1~0.2	0.2~0.3	0.4~0.6	0.7~0.9
淋雨状或涌流状出水,$p > 0.5$ 或 $Q > 125$	0.1~0.2	0.2~0.3	0.4~0.6	0.7~0.9	1.0

注:1. 在同一地下水状态下,岩体基本质量指标 BQ 越小,修正系数 K_1 取值越大;同一岩体,地下水量水压越大,修正系数 K_1 取值越大。
　　2. p 为地下工程围岩裂隙水压(MPa);Q 为每 10m 洞长出水量[L/(min·10m)]。

主要软弱结构面产状影响修正系数 K_2　　　　　　　　　　　表 3-3

结构面产状及其与洞轴线的组合关系	结构面走向与洞轴线夹角 <30°,结构面倾角为 30°~75°	结构面走向与洞轴线夹角 >60°,结构面倾角 >75°	其他组合
K_2	0.4~0.6	0~0.2	0.2~0.4

注:1. 一般情况下,结构面走向与洞轴线夹角越大,结构面倾角越大,修正系数 K_2 取值越小;结构面走向与洞轴线夹角越小,结构面倾角越小,修正系数 K_2 取值越大。
　　2. 本表特指存在一组起控制作用结构面的情况,不适用于有两组或两组以上起控制作用结构面的情况。

初始应力状态影响修正系数 K_3　　　　　　　　　　　　　　表 3-4

初始应力状态	BQ				
	>550	550~451	450~351	350~251	≤250
极高应力区	1.0	1.0	1.0~1.5	1.0~1.5	1.0
高应力区	0.5	0.5	0.5	0.5~1.0	0.5~1.0

注:1. BQ 值越小,修正系数 K_3 取值越大。
　　2. 围岩极高及高初始应力状态的评估,按表 3-5 的规定进行。

高初始应力地区围岩在开挖过程中出现的主要现象　　　　　　表 3-5

应力情况	主要现象	R_c/σ_{max}
极高应力	(1)硬质岩:开挖过程中有岩爆发生,有岩块弹出,洞壁岩体发生剥离,新生裂缝多,成洞性差; (2)软质岩:岩芯常有饼化现象,开挖过程中洞壁岩体有剥离,位移极为显著,甚至发生大位移,持续时间长,不易成洞	<4
高应力	(1)硬质岩:开挖过程中可能出现岩爆,洞壁岩体有剥离和掉块现象,新生裂缝较多,成洞性差; (2)软质岩:岩芯时有饼化现象,开挖过程中洞壁岩体位移显著,持续时间较长,成洞性差	4~7

注:σ_{max} 为垂直洞轴线方向的最大初始应力。

(4)围岩级别划分。

可根据调查、勘探、试验等资料,隧道岩质围岩定性特征、岩体基本质量指标 BQ 或岩体修正质量指标 [BQ],土质围岩中的土体类型、密实状态等定性特征按表 3-6 确定围岩级别,并应符合下列规定:

围岩分级中岩石坚硬程度、岩体完整程度两个基本因素的定性划分,可按规程《公路隧道设计规范　第一册　土建分册》(JTG 3370.1—2018)的规定确定;当根据岩体主要特征定性

划分与根据 BQ 或 $[BQ]$ 值确定的级别不一致时,应重新审查定性特征和定量指标计算参数的可靠性,并对它们重新观察、测试;在工程可行性研究和初步勘察阶段,可采用定性划分的方法或工程类比的方法进行围岩级别划分。

公路隧道围岩分级 表3-6

围岩级别	围岩岩体或土体主要定性特征	岩体基本质量指标 BQ 或修正的岩体基本质量指标 $[BQ]$
Ⅰ	坚硬岩,岩体完整	>550
Ⅱ	坚硬岩,岩体较完整; 较坚硬岩,岩体完整	550~451
Ⅲ	坚硬岩,岩体较破碎; 较坚硬岩,岩体较完整; 较软岩,岩体完整,整体状或巨厚层状结构	450~351
Ⅳ	坚硬岩,岩体破碎; 较坚硬岩,岩体较破碎~破碎; 较软岩,岩体较完整~较破碎; 软岩,岩体完整~较完整	350~251
Ⅳ	土体:(1)压密或成岩作用的黏性土及砂性土; (2)黄土(Q_1、Q_2); (3)一般钙质、铁质胶结的碎石土、卵石土、大块石土	
Ⅴ	较软岩,岩体破碎; 软岩,岩体较破碎~破碎; 全部极软岩和全部极破碎岩	≤250
Ⅴ	一般第四系的半干硬至硬塑的黏性土及稍湿至潮湿的碎石土、卵石土、圆砾、角砾土及黄土(Q_3、Q_4)。非黏性土呈松散结构,黏性土及黄土呈松软结构	
Ⅵ	软塑状黏性土及潮湿、饱和粉细砂层、软土等	

注:本表不适用于特殊条件下的围岩分级,如膨胀性围岩、多年冻土等。

①围岩分级中岩石坚硬程度的定性划分。

a. 岩石坚硬程度可按表3-7定性划分。

岩石坚硬程度的定性划分 表3-7

名 称		定性鉴定	代表性岩石
硬质岩	坚硬岩	锤击声清脆,有回弹,振手,难击碎;浸水后大多无吸水反应	未风化~微风化的花岗岩、正长岩、闪长岩、辉绿岩、玄武岩、安山岩、片麻岩、石英片岩、硅质板岩、石英岩、硅质胶结的砾岩、石英砂岩、硅质石灰岩等
硬质岩	较坚硬岩	锤击声较清脆,有轻微回弹,稍振手,较难击碎;浸水后有轻微吸水反应	(1)中等(弱)风化的坚硬岩; (2)未风化~微风化的熔结凝灰岩、大理岩、板岩、白云岩、石灰岩、钙质胶结的砂页岩等

续上表

名　　称		定性鉴定	代表性岩石
软质岩	较软岩	锤击声不清脆,无回弹,较易击碎;浸水后指甲可刻出印痕	(1)强风化的坚硬岩; (2)中等(弱)风化的较坚硬岩; (3)未风化~微风化的凝灰岩、千枚岩、砂质泥岩、泥灰岩、泥质砂岩、粉砂岩、页岩等
	软岩	锤击声哑,无回弹,有凹痕,易击碎;浸水后手可掰开	(1)强风化的坚硬岩; (2)中等(弱)风化~强风化的较坚硬岩; (3)中等(弱)风化的较软岩; (4)未风化的泥岩、泥质页岩、绿泥石片岩、绢云母片岩等
	极软岩	锤击声哑,无回弹,有较深凹痕,手可捏碎;浸水后可捏成团	(1)全风化的各种岩石; (2)强风化的软岩; (3)各种半成岩

b. 岩石风化程度的划分。

岩石风化程度的划分可按表3-8确定。当波速比、风化系数及野外特征与列表不对应时,岩石风化程度宜综合判断。

岩石风化程度的划分　　　　　　　　　　　表3-8

名　称	野外特征	风化程度参数指标	
		波速比 k_v	风化系数 k_f
未风化	岩石结构构造未变,岩质新鲜	0.9~1.0	0.9~1.0
微风化	岩石结构构造、矿物基本未变,部分裂隙面有铁锰质渲染或略有变色	0.8~0.9	0.8~0.9
中等(弱)风化	岩石结构构造部分破坏,矿物成分和色泽较明显变化,裂隙面风化较剧烈	0.6~0.8	0.4~0.8
强风化	岩石结构构造大部分破坏,矿物成分和色泽已明显变化,长石、云母和铁锰矿物已风化蚀变	0.4~0.6	<0.4
全风化	岩石结构构造完全破坏,已崩解和分解成松散土状或砂状,矿物全部变色,光泽消失,除石英颗粒外的矿物大部分风化蚀变为次生矿物	0.2~0.4	—

注:1. 波速比k_v为风化岩石弹性纵波速度与新鲜岩石弹性纵波速度之比。
　　2. 风化系数k_f为风化岩石单轴饱和抗压强度与新鲜岩石单轴饱和抗压强度之比。

c. 岩石节理发育程度可按表3-9确定。

岩石节理发育程度划分　　　　　　　　　　表3-9

节理间距d(mm)	$d>400$	$200<d\leq400$	$20<d\leq200$	$d\leq20$
节理发育程度	不发育	发育	很发育	极发育

d. R_c与岩石坚硬程度定性划分的关系可按表3-10确定。

R_c与岩石坚硬程度定性划分的关系　　　　表3-10

R_c(MPa)	>60	60~30	30~15	15~5	<5
坚硬程度	坚硬岩	较坚硬岩	较软岩	软岩	极软岩

②围岩分级中岩体完整程度的定性划分。

a. 岩体完整程度可按表3-11定性划分。

岩体完整程度的定性划分 表3-11

名称	结构面发育程度		主要结构面的结合程度	主要结构面类型	相应结构面类型
	组数	平均距离(m)			
完整	1～2	>1.0	好或一般	节理、裂隙、层面	整体状或巨厚层结构
较完整	1～2	>1.0	差	节理、裂隙、层面	块状或厚层状结构
	2～3	1.0～0.4	好或一般		块状结构
较破碎	2～3	1.0～0.4	差	节理、裂隙、层面、小断层	裂隙块状或中厚层结构
	>3	0.4～0.2	好		镶嵌破碎结构
			一般		中、薄层状结构
破碎	>3	0.4～0.2	差	各种类型结构面	裂隙块状结构
		0.2	一般或差		碎裂结构
极破碎	无序		很差		散体状结构

注：平均间距指主要结构面(1～2组)间距的平均值。

b.结构面结合程度可按表3-12划分。

结构面结合程度划分 表3-12

结合程度	结构面特征
好	张开度小于1mm，为硅质、铁质或钙质胶结，或结构面粗糙，无充填物； 张开度1～3mm，为硅质、铁质胶结； 张开度大于3mm，结构面粗糙，为硅质胶结
一般	张开度小于1mm，结构面平直，钙泥质胶结或无充填物； 张开度1～3mm，为钙质胶结； 张开度大于3mm，结构面粗糙，为铁质或钙质胶结
差	张开度1～3mm，结构面平直，为泥质胶结或钙泥质胶结； 张开度大于3mm，多为泥质或岩屑胶结
很差	泥质充填或泥加岩屑充填，充填物厚度大于起伏差

c.岩层厚度分类可按表3-13确定。

岩层厚度分类 表3-13

单层厚度 $h(m)$	$h>1.0$	$0.5<h\leq1.0$	$0.1<h\leq0.5$	$h\leq0.1$
岩层厚度分类	巨厚层	厚层	中厚层	薄层

d.K_v与定性划分的岩体完整程度的对应关系可按表3-14确定。

K_v与定性划分的岩体完整程度的对应关系 表3-14

K_v	>0.75	0.75～0.55	0.55～0.35	0.35～0.15	≤0.15
完整程度	完整	较完整	较破碎	破碎	极破碎

（5）各级围岩物理力学参数和抗剪强度。

各级围岩的物理力学参数及结构面抗剪强度，应通过室内或现场试验获得，如无试验数据时，可按表3-15的规定选用；岩体结构面抗剪断峰值强度参数可按表3-16选用。

各级围岩的物理力学指标标准值　　　　　　　　　　　　　　　　表 3-15

围岩级别	重度 γ (kN/m³)	弹性抗力系数 k(MPa/m)	变形模量 E (GPa)	泊松比 μ	内摩擦角 φ (°)	黏聚力 c (MPa)	计算摩擦角 φ_c (°)
Ⅰ	>26.5	1800~2800	>33	<0.2	>60	>2.1	>78
Ⅱ	>26.5	1200~1800	20~33	0.20~0.25	50~60	1.5~2.1	70~78
Ⅲ	26.5~24.5	500~1200	6~20	0.25~0.3	39~50	0.7~1.5	60~70
Ⅳ	24.5~22.5	200~500	1.3~6	0.3~0.35	27~39	0.2~0.7	50~60
Ⅴ	17~22.5	100~200	<1.3	0.35~0.45	20~27	0.05~0.2	40~50
Ⅵ	15~17	<100	<1	0.4~0.5	<20	<0.2	30~40

注：1. 本表值不包括黄土地层。
　　2. 选用计算摩擦角时，不再计内摩擦角和黏聚力。

岩体结构面抗剪断峰值强度参数　　　　　　　　　　　　　　　　表 3-16

序号	两侧岩体的坚硬程度及结构面的结合程度	内摩擦角 φ (°)	黏聚力 c (MPa)
1	坚硬岩，结合好	>37	>0.22
2	坚硬~较坚硬岩，结合一般； 较软岩，结合好	37~29	0.22~0.12
3	坚硬~较坚硬岩，结合差； 较软弱~软岩，结合一般	29~19	0.12~0.22
4	较坚硬~较软岩，结合差、结合很差； 软岩，结合差； 软质岩的泥化面	19~13	0.08~0.05
5	较坚硬岩及全部软质岩，结合很差； 软质岩泥化层本身	<13	<0.05

(6) 各级围岩的自稳能力宜根据围岩变形量测和理论计算分析来评定，各级围岩自稳能力也可按表 3-17 作出判断。

公路隧道各级围岩稳定能力判断　　　　　　　　　　　　　　　　表 3-17

围岩级别	自稳能力
Ⅰ	跨度≤20m，可长期稳定，偶有掉块，无塌方
Ⅱ	跨度 10~20m，可基本稳定，局部可发生掉块或小塌方； 跨度<10m，可长期稳定，偶有掉块
Ⅲ	跨度 10~20m，可稳定数日至 1 个月，可发生小~中塌方； 跨度 5~10m，可稳定数月，可发生局部块体位移及小~中塌方； 跨度<5m，可基本稳定
Ⅳ	跨度>5m，一般无自稳能力，数日至数月内可发生松动变形、小塌方，进而发展为中~大塌方；埋深小时，以拱部松动破坏为主；埋深大时，有明显塑性流动变形和挤压破坏； 跨度<5m，可稳定数日至 1 个月
Ⅴ	无自稳能力，跨度 5m 或更小时，可稳定数日
Ⅵ	无自稳能力

注：1. 小塌方：塌方高度<3m，或塌方体积<30m³。
　　2. 中塌方：塌方高度为 3~6m，或塌方体积为 30~100m³。
　　3. 大塌方：塌方高度>6m，或塌方体积>100m³。

单元二 铁路隧道围岩分级

学习目标

(1) 了解铁路隧道围岩分级的方法;
(2) 了解铁路隧道施工阶段围岩亚分级;
(3) 了解铁路隧道围岩分级与公路隧道围岩分级的区别;
(4) 能够初步判定围岩级别。

铁路隧道围岩分级就是评定围岩性质、判断隧道围岩稳定性,作为选择隧道位置、支护类型的依据。围岩分级应采用定性划分和定量结合的方法综合判断。

1. 铁路隧道围岩分级

《铁路隧道设计规范》(TB 10003—2016)依据围岩的稳定性由好到差把围岩分为6级,为Ⅰ、Ⅱ、Ⅲ、Ⅳ、Ⅴ、Ⅵ级,见表 3-18。

铁路隧道围岩分级　　　　表 3-18

围岩分级	围岩主要工程地质条件		围岩挖开后的稳定状态(小跨度)	围岩基本质量指标 BQ	围岩弹性纵坡速度 v_p (km/s)
	主要工程地质特征	结构特征和完整状态			
Ⅰ	硬质岩石(单轴饱和抗压极限强度 R_c > 60MPa):受地质构造影响轻微,节理不发育,无软弱面(或夹层);层状岩层为厚层,层间结合良好,岩体完整	呈巨块状整体结构	围岩稳定、无坍塌,可能产生岩爆	>550	A:>5.3
Ⅱ	硬质岩石(R_c > 30MPa):受地质构造影响较重,节理较发育,有少量软弱面(或夹层)和贯通微张节理,但其产状及其组合关系不致产生滑动;层状岩层为中层或厚层,层间结合一般,很少有分离现象;或为硬质岩石偶夹软质岩石	呈巨块状或大块状结构	暴露时间长,可能会出现局部小坍塌,侧壁稳定;层间结合差的平缓岩层,顶板易塌落	550~451	A:4.5~5.3 B:>5.3 C:>5.0
Ⅲ	硬质岩石(R_c > 30MPa):受地质构造影响严重,节理发育,有层状软弱面(或夹层),但其产状及组合关系尚不致产生滑动;层状岩层为薄层、中层,层间结合差,多有分离现象;或为硬、软质岩石互层	呈块(石)碎(石)状镶嵌结构	拱部无支护时可产生小坍塌,侧壁基本稳定,爆破震动过大易坍塌	450~351	A:4.0~4.5 B:4.3~5.3 C:3.5~5.0 D:>4.0
	软质岩石(R_c = 15~30MPa):受地质构造影响轻微,节理不发育;层状岩石为厚层,层间结合良好或一般	呈大块状结构			

续上表

围岩分级	围岩主要工程地质条件		围岩挖开后的稳定状态（小跨度）	围岩基本质量指标 BQ	围岩弹性纵坡速度 v_p（km/s）
	主要工程地质特征	结构特征和完整状态			
Ⅳ	硬质岩石（$R_c > 30$ MPa）：受地质构造影响极严重，节理很发育；层状软弱面（或夹层）已基本被破坏	呈碎石状压碎结构	拱部无支护时可产生较大的坍塌，侧壁有时失去稳定	350～251	A：3.0～4.0 B：3.3～4.3 C：3.0～3.5 D：3.0～4.0 E：2.0～3.0
Ⅳ	软质岩石（$R_c \approx 5 \sim 30$ MPa）：受地质构造影响较严重或严重，节理较发育或发育	呈块（石）碎（石）状镶嵌结构			
Ⅳ	土体：(1)具压密或成岩作用的黏性土、粉土及砂类土； (2)黄土（Q_1、Q_2）； (3)一般钙质、铁质胶结的碎石土、卵石土、大块石土	(1)和(2)呈大块状压密结构，(3)呈巨块状整体结构			
Ⅴ	岩体：较软岩，岩体破碎；软岩，岩体较破碎至破碎；全部极软岩及全部极破碎岩（包括受构造影响严重的破碎带）	呈角砾碎石状松散结构	围岩易坍塌，处理不当会出现大坍塌，侧壁经常出现小坍塌；浅埋时易出现地表下沉（陷）或塌至地表	≤250	A：2.0～3.0 B：2.0～3.3 C：2.0～3.0 D：1.5～3.0 E：1.0～2.0
Ⅴ	土体：一般第四系坚硬、硬塑黏性土，稍密及以上，稍湿或潮湿的碎石土、卵石土、圆砾土、角砾土及黄土（Q_3、Q_4）	非黏性土呈松散结构，黏性土及黄土呈松软结构			
Ⅵ	岩体：受构造影响严重，呈碎石、角砾及粉末、泥土状的富水断层带，富水破碎的绿泥石或炭质千枚岩	黏性土呈易蠕动的松软结构，砂性土呈潮湿松散结构	围岩极易坍塌变形，有水时土砂常与水一齐涌出，浅埋时易坍至地表	—	<1.0 （饱和状态的土<1.5）
Ⅵ	土体：软塑状黏性土、饱和的粉土、砂类土等、风积沙，严重湿陷性黄土				

注：1. 围岩弹性纵波速度中 A、B、C、D、E 是指岩石类型，详见表 3-20。
2. 关于隧道围岩分级的基本因素和围岩基本分级及其修正，可参考本单元随后内容。
3. 围岩分级宜采用定性分级与定量分级相结合的方法，综合分析确定围岩级别。
4. 强膨胀性岩（土）、第三系富水弱胶结砂岩、岩体强度应力比小于 0.15 的极高地应力软岩等，属于特殊围岩（T），相应工程措施应进行针对性的特殊设计。

2. 围岩分级的基本因素和围岩基本分级

围岩基本分级应由岩石坚硬程度和岩体完整程度两个因素确定；岩石坚硬程度和岩体完整程应采用定性划分和定量指标两种方法综合确定。

(1) 岩石坚硬程度

围岩岩石强度是围岩体抵抗外力的一个重要方面，在结构特征和完整状态相同的情况下，围岩的稳定性主要取决于围岩岩石的强度。一般来说，无裂隙或少裂隙的围岩具有整体结构，其强度可用岩石试件的抗压强度或抗剪强度来表示，对于多裂隙的围岩体，其强度可用工程类比法判断。

根据单轴饱和抗压强度 R_c 的大小可将岩石分为硬质岩和软质岩两类，见表 3-19，表中岩性类型的划分见表 3-20，岩石风化程度的划分见表 3-21。

岩石坚硬程度的划分　　　　　　　　　　　　　　　　　　　　　　　　　　　　表 3-19

岩石类别		单轴饱和抗压强度 R_c(MPa)	定 性 鉴 定	代表性岩石
硬质岩	极硬岩	$R_c > 60$	锤击声清脆,有回弹,振手,难击碎;浸水后大多无吸水反应	风化~微风化 A 类岩石
	硬岩	$30 < R_c \leq 60$	锤击声较清脆,有轻微回弹,稍振手,较难击碎;浸水后有轻微吸水反应	微风化 A 类岩石;未风化~微风化 B、C 类岩石
软质岩	较软岩	$15 < R_c \leq 30$	锤击声不清脆,无回弹,较易击碎;浸水后指甲可刻出印痕	强风化的 A 类岩石;弱风化的 B、C 类岩石;未风化~微风化 D 类岩石
	软岩	$5 < R_c \leq 15$	锤击声哑,无回弹,易击碎;浸水后手可掰开	强风化的 A 类岩石;弱风化~强风化的 B、C 类岩石;弱风化的 D 类岩石;未风化~微风化 E 类岩石
	极软岩	$R_c \leq 5$	锤击声哑,无回弹,有较深凹痕,手可捏碎;浸水后可捏成团	全风化的各类岩石和成岩作用差的岩石

岩性类型的划分　　　　　　　　　　　　　　　　　　　　　　　　　　　　　　表 3-20

岩性类型	代 表 岩 性
A	岩浆岩(花岗岩、闪长岩、正长岩、辉绿岩、安山岩、玄武岩、石英粗面岩、石英斑岩等); 变质岩(片麻岩、石英岩、片岩、蛇纹岩等); 沉积岩(熔结凝灰岩、硅质砾岩、硅质石灰岩)
B	沉积岩(石灰岩、白云岩等碳酸岩类)
C	变质岩(大理岩、板岩等); 沉积岩(钙质砂岩、铁质胶结的砾岩及砂岩等)
D	第四纪沉积岩类(页岩、砂岩、砾岩、砂质泥岩、凝灰岩等);
E	晚第三纪~第四纪沉积岩类(泥岩、页岩、砂岩、砾岩、凝灰岩等),且岩石单轴饱和抗压强度 $R_c \leq 15$MPa

岩石风化程度的划分　　　　　　　　　　　　　　　　　　　　　　　　　　　　表 3-21

名 　 称	风 化 特 征
未风化	岩石结构构造未变,岩质新鲜
微风化	岩石结构构造、矿物成分和色泽基本未变,部分裂隙面有铁锰质渲染或略有变色
弱风化	岩石结构构造部分破坏,矿物成分和色泽明显变化,裂隙面风化较剧烈
强风化	岩石结构构造大部分破坏,矿物成分和色泽明显变化,长石、云母和铁镁矿物已风化蚀变
全风化	岩石结构构造完全破坏,已崩解和分解成松散土状或砂状,矿物全部变色,光泽消失,除石英颗粒外的矿物大部分已风化蚀变为次生矿物

(2)岩体完整程度

岩体完整程度可按表 3-22 确定,表中结构面结合程度可按表 3-23 确定,层状岩层厚度划分可按表 3-24 确定。

岩体完整程度的定性划分 表3-22

名称	结构面发育程度 定性描述	结构面发育程度 组数	结构面发育程度 平均距离（m）	主要结构面类型	相应结构面类型	主要结构面的结合程度	岩体完整性指数 K_v	岩体体积节理数（条/m³）
完整	不发育	1~2	>1.0	结合好或一般	节理、裂隙、层面	整体状或巨厚层状结构	$K_v > 0.75$	$J_v < 3$
较完整	不发育	1~2	>1.0	结合差	节理、裂隙、层面	块状或厚层状结构	$0.55 < K_v \leq 0.75$	$3 \leq J_v < 10$
较完整	较发育	2~3	1.0~0.4	结合好或一般		块状结构		
较破碎	较发育	2~3	1.0~0.4	结合差	节理、裂隙、劈理、层面、小断层	裂隙块状或中厚层状结构	$0.35 < K_v \leq 0.55$	$10 \leq J_v < 20$
较破碎	发育	≥3	0.4~0.2	结合好		镶嵌破碎结构		
较破碎	发育	≥3	0.4~0.2	结合一般		薄层状结构		
破碎	发育	≥3	0.4~0.2	结合差	各种类型结构面	裂隙块状结构	$0.15 < K_v \leq 0.35$	$20 \leq J_v < 35$
破碎	很发育	≥3	≤0.2	结合一般或差		碎裂状结构		
极破碎	无序	—	—	结合很差		散体状结构	$K_v \leq 0.15$	$J_v \geq 35$

注：平均间距指主要结构面间距的平均值。

结构面结合程度划分 表3-23

结合程度	结构面特征
好	张开度小于1mm，为硅质、铁质或钙质胶结，或结构面粗糙，无充填物； 张开度1~3mm，为硅质、铁质胶结； 张开度大于3mm，结构面粗糙，为硅质胶结
一般	张开度小于1mm，结构面平直，钙泥质胶结或无充填物； 张开度1~3mm，为钙质胶结； 张开度大于3mm，结构面粗糙，为铁质或钙质胶结
差	张开度1~3mm，结构面平直，为泥质胶结或钙泥质胶结； 张开度大于3mm，多为泥质或岩屑胶结
很差	泥质充填或泥加岩屑充填，充填物厚度大于起伏差

层状岩层厚度的划分 表3-24

层状岩层厚度分类	单层厚度
巨厚层	大于1.0m
厚层	大于0.5m，且小于或等于1.0m
中厚层	大于0.1m，且小于或等于0.5m
薄层	小于或等于0.1m

(3) 围岩基本分级

按照以上两个因素，将围岩分为6级，依其坚硬程度和完整程度由好到差依次为Ⅰ、Ⅱ、Ⅲ、Ⅳ、Ⅴ、Ⅵ级，见表3-25。

围岩基本分级 表 3-25

级别	岩体特征	土体特征	围岩弹性纵波速度 v_p（km/s）
Ⅰ	极硬岩，岩体完整	—	A：>5.3
Ⅱ	极硬岩，岩体较完整； 硬岩，岩体完整	—	A：4.5~5.3 B：>5.3 C：>5.0
Ⅲ	极硬岩，岩体较破碎； 硬岩或软硬岩互层，岩体较完整； 较软岩，岩体完整	—	A：4.0~4.5 B：4.3~5.3 C：3.5~5.0 D：>4.0
Ⅳ	极硬岩，岩体破碎； 硬岩，岩体较破碎或破碎； 较软岩或软硬岩互层，且以软岩为主，岩体较完整或较破碎； 软岩，岩体较完整	具压密或成岩作用的黏性土、粉土及砂性土，一般钙质、铁质胶结的粗角砾土、粗圆砾土、碎石土、卵石土、大块石土、黄土（Q_1、Q_2）	A：3.0~4.0 B：3.3~4.3 C：3.0~3.5 D：3.0~4.0 E：2.0~3.0
Ⅴ	较软岩，岩体破碎； 软岩，岩体破碎至极破碎； 全部极软岩及全部极破碎岩（包括受构造影响严重的破碎带）	一般第四系坚硬、硬塑的黏性土；稍湿、潮湿的碎（卵）石土、粗圆砾土、细角砾土、粉土及黄土（Q_3、Q_4）	A：2.0~3.0 B：2.0~3.3 C：2.0~3.0 D：1.5~3.0 E：1.0~2.0
Ⅵ	受构造影响很严重呈碎石、角砾及粉末、泥土状的断层带，富水破碎的绿泥石或炭质千枚岩	软塑状黏性土、饱和的粉土、砂类土等，风积沙，严重湿陷性黄土	<1.0 （饱和状态的土 <1.5）

3. 围岩分级修正

围岩级别应在围岩基本分级的基础上，结合隧道工程的特点，考虑地下水出水状态、初始地应力状态、主要结构面产状状态等因素进行修正；围岩级别修正宜采用定性修正与定量修正相结合的方法，综合分析确定围岩级别。

（1）定性修正

①地下水出水状态分级。

地下水出水状态的分级见表 3-26。

地下水出水状态的分级 表 3-26

地下水状态	渗水量[L/(min·10m)]
潮湿或点滴状出水	≤25
淋雨状或线流状出水	25~125
涌流状出水	>125

②地下水影响对围岩级别的修正。

地下水影响的修正见表 3-27。

地下水影响的修正 表 3-27

地下水出水状态	围岩级别				
	Ⅰ	Ⅱ	Ⅲ	Ⅳ	Ⅴ
潮湿或点滴状出水	Ⅰ	Ⅱ	Ⅲ	Ⅳ	Ⅴ
淋雨状或线流状出水	Ⅰ	Ⅱ	Ⅲ 或 Ⅳ	Ⅴ	Ⅵ
涌流状出水	Ⅱ	Ⅲ	Ⅳ	Ⅴ	Ⅵ

注：围岩岩体为较完整的硬岩时定为Ⅲ级；其他情况定为Ⅳ级。

③围岩初始地应力状态。

当无实测资料时,围岩的初始地应力状态可根据隧道工程埋深、地貌、地形、地质、构造运动史、主要构造线与开挖过程中出现的岩爆、岩芯饼化等特殊地质现象,按表3-28评估。

初始地应力场评估基准　　　　　　　　　　　　　　　　　　　　　表3-28

初始地应力状态	主 要 现 象	评估基准(R_c/σ_{max})
一般地应力	硬质岩:开挖过程中不会出现岩爆,新生裂缝少,成洞性一般较好	>7
	软质岩石:岩芯无或少有饼化现象,开挖过程中洞壁岩体有一定的位移,成洞性一般较好	
高应力	硬质岩:开挖过程中可能出现岩爆,洞壁岩体有剥离和掉块现象,新生裂缝较多,成洞性较差	4~7
	软质岩石:岩芯时有饼化现象,开挖过程中洞壁岩体位移显著,持续时间较长,成洞性差	
极高应力	硬质岩:开挖过程中有岩爆发生,有岩块弹出,洞壁岩体发生剥离,新生裂缝多,成洞性差	<4
	软质岩:岩芯常有饼化现象,开挖过程中洞壁岩体有剥离,位移极为显著,甚至发生大位移,持续时间长,不易成洞	

注:R_c为岩石单轴饱和抗压强度(MPa);σ_{max}为垂直洞轴线方向的最大初始地应力值(MPa)。

④初始地应力对围岩级别的修正。

初始地应力影响的修正见表3-29。

初始地应力影响的修正　　　　　　　　　　　　　　　　　　　　　表3-29

初始地应力状态	围 岩 级 别				
	Ⅰ	Ⅱ	Ⅲ	Ⅳ	Ⅴ
极高应力	Ⅰ	Ⅱ	Ⅲ或Ⅳ①	Ⅴ	Ⅵ
高应力	Ⅰ	Ⅱ	Ⅲ	Ⅳ或Ⅴ②	Ⅵ

注:本表不适用于特殊围岩。
①围岩岩体为较破碎的极硬岩、较完整的硬岩时定为Ⅲ级;其他情况定为Ⅳ级。
②围岩岩体为破碎的极硬岩、较破碎及破碎的硬岩时定为Ⅳ级;其他情况定为Ⅴ级。

⑤主要结构面产状状态对围岩级别的修正。

应考虑主要结构面产状与洞轴线的组合关系,并结合结构面工程特性、富水情况等因素综合分析确定。主要结构面是指对围岩稳定性起主要影响的结构面,如层状岩体的泥化层面,一组很发育的裂隙,次生泥化夹层,含断层泥、糜棱岩的小断层等。

(2)定量修正

围岩级别定量修正与式(3-3)相同。K_1、K_2、K_3值可分别按表3-2~表3-4确定。铁路隧道与公路隧道设计规范在定量修正上一致。

4. 围岩亚分级

铁路隧道围岩分级与公路隧道围岩分级最主要的区别,就是铁路隧道Ⅲ级、Ⅳ级和Ⅴ级围岩分了亚级,且这三个级别都分了两个亚级。

(1)围岩亚分级可按表3-30确定。

围岩亚分级 表3-30

围岩级别		围岩主要工程地质条件		围岩基本质量指标 BQ
级别	亚级	主要工程地质特征	结构特征和完整状态	
Ⅲ	Ⅲ₁	极硬岩（$R_c>60$MPa），岩体较破碎，结构面发育、结合差	裂隙块状或中厚层状结构	450～391
		硬岩（$R_c=30\sim60$MPa）或软硬岩互层以硬岩为主，岩面较完整，结构面不发育、结合差	块状或厚层状结构	
	Ⅲ₂	硬质岩（$R_c>60$MPa）：岩体较破碎，结构面发育、结合良好	镶嵌碎裂状或薄层状结构	390～351
		硬岩（$R_c=30\sim60$MPa）或软硬岩互层以硬岩为主，岩体较完整，结构面较发育、结合良好	块状结构	
		较软岩（$R_c=15\sim30$MPa），岩体完整，结构面不发育、结合良好	整体状或巨厚层状结构	
Ⅳ	Ⅳ₁	极硬岩（$R_c>60$MPa），岩体破碎，结构面发育、结合差	裂隙块状结构	350～311
		硬岩（$R_c=30\sim60$MPa），岩体较破碎，结构面较发育、结合差或结构面较发育、结合良好	块状结构镶嵌结构	
		软质岩石（$R_c\approx5\sim30$MPa）：受地质构造影响较严重或严重，节理较发育或发育	裂隙块状或镶嵌碎裂结构	
		较软岩（$R_c=15\sim30$MPa）或软硬岩互层以软岩为主，岩体较完整，结构面较发育、结合良好	块状结构	
		软岩（$R_c=5\sim15$MPa），岩体完整，结构面不发育、结合良好	整体状或巨厚层状结构	
	Ⅳ₂	极硬岩（$R_c>60$MPa），岩体破碎，结构面很发育、结合差	碎裂结构	310～251
		硬岩（$R_c=30\sim60$MPa），岩体破碎，结构面发育或很发育、结合差	裂隙块状或碎裂状结构	
		较软岩（$R_c=15\sim30$MPa）或软硬岩互层以软岩为主，岩体较破碎，结构面发育、结合良好	镶嵌碎裂或薄层状结构	
		软岩（$R_c=5\sim15$MPa），岩体较完整，结构面较发育、结合良好	块状结构	
		土体：(1) 具压密或成岩作用的黏性土、粉土及砂类土； (2) 黄土（Q_1、Q_2）； (3) 一般钙质、铁质胶结的碎石土、卵石土、大块石土	(1)和(2)呈大块状压密结构，(3)呈巨块状整体结构	

续上表

围岩级别		围岩主要工程地质条件		围岩基本质量指标BQ
级别	亚级	主要工程地质特征	结构特征和完整状态	
V	V_1	较软岩（$R_c=15\sim30$MPa），岩体破碎，结构面很发育	裂隙块状或碎裂结构	250～211
		软岩（$R_c=5\sim15$MPa），岩体较完整，结构面较发育，结合良好	裂隙块状或镶嵌碎裂结构	
		一般坚硬黏性土、较大天然密度硬塑状黏质土及一般硬塑状黏质土；压密状态稍湿至潮湿或胶结程度较好的砂类土；稍湿或潮湿的碎石土、卵石土、圆砾土、角砾土及黄土（Q_3，Q_4）	非黏性土呈松散结构、黏性土及黄土呈松软结构	
	V_2	较软岩，岩体破碎；软岩，岩体较破碎至破碎；全部极软岩及全部极破碎岩（包括受构造影响严重的破碎带）	呈角砾状松散结构	≤210
		一般硬塑状黏质土及可塑状黏性土；密实以下但胶结程度较好的砂类土；稍湿或潮湿且较松散的碎石土、卵石土、圆砾土、角砾土；一般及坚硬松散结构的新及黄土	非黏性土呈松散结构、黏性土及黄土呈松软结构	

（2）隧道围岩亚分级修正。

围岩亚分级应在围岩基本分级的基础上，结合隧道工程的特点，考虑地下水出水状态、初始地应力状态、主要结构面产状状态等因素进行修正；围岩级别修正宜采用定性修正与定量修正相结合的方法，综合分析确定围岩级别。

①地下水出水状态分级宜按表3-26确定，影响的修正见表3-31。

地下水影响的修正　　　　　　　　　　　　　　　　　　表3-31

地下水出水状态	围岩级别					
	Ⅲ		Ⅳ		Ⅴ	
	Ⅲ$_1$	Ⅲ$_2$	Ⅳ$_1$	Ⅳ$_2$	Ⅴ$_1$	Ⅴ$_2$
潮湿或点滴状出水	Ⅲ$_1$	Ⅲ$_2$	Ⅳ$_1$	Ⅳ$_2$	Ⅴ$_1$	Ⅴ$_2$
淋雨状或线流状出水	Ⅲ$_2$	Ⅳ$_1$	Ⅴ$_1$	Ⅴ$_2$	Ⅵ	Ⅵ
涌流状出水	Ⅳ$_1$	Ⅳ$_2$	Ⅴ$_1$	Ⅴ$_2$	Ⅵ	Ⅵ

②初始地应力对围岩级别的修正。

初始地应力影响的修正见表3-32。

初始地应力影响的修正　　　　　　　　　　　　　　　　表3-32

初始地应力状态	围岩级别					
	Ⅲ		Ⅳ		Ⅴ	
	Ⅲ$_1$	Ⅲ$_2$	Ⅳ$_1$	Ⅳ$_2$	Ⅴ$_1$	Ⅴ$_2$
极高应力	Ⅲ$_2$	Ⅳ$_1$	Ⅴ$_1$	Ⅴ$_2$	Ⅵ	Ⅵ
高应力	Ⅲ$_1$	Ⅲ$_2$	Ⅳ$_2$	Ⅴ$_1$	Ⅵ	Ⅵ

注：本表不适用于特殊围岩。

③主要结构面产状状态对围岩亚级别的修正。

应考虑主要结构面产状与洞轴线的组合关系,并结合结构面工程特性、富水情况等因素综合分析确定。主要结构面是指对围岩稳定性起主要影响的结构面,如层状岩体的泥化层面,一组很发育的裂隙,次生泥化夹层,含断层泥、糜棱岩的小断层等。

单元三　围岩压力

(1) 熟悉隧道围岩压力的概念;
(2) 掌握隧道压力的种类及对隧道工程可能的影响;
(3) 判别浅埋隧道与深埋隧道。

一、围岩压力基础知识

围岩压力是周围岩体作用于隧道和地下洞室衬砌或支护上的荷载,也称地层压力。广义地讲,围岩压力是开挖隧道后围岩变形和应力重新分布的一种物理现象。隧道开挖后,因围岩变形或松动等原因,作用于衬砌或支护结构上的压力即为围岩压力。

人们从开挖隧道后围岩变形和坍塌、衬砌或支护产生变形和开裂等现象,逐步认识到围岩压力的存在。影响围岩压力的因素有隧道形状或大小、地质构造、支护形式和刚度、隧道埋深以及时间因素和施工方法等。

围岩压力的性质、大小和分布规律是正确进行隧道支护、结构设计和选择施工方案的重要依据。在隧道开挖前,岩体处在相对静止状态,其中任何一点的岩土都受到周围地层的挤压,这种状态称为原始应力状态或一次应力状态。它是由上覆地层自重、地壳运动的构造应力以及地下水流动等因素决定的。隧道开挖以后,解除了部分围岩的约束,原始的应力平衡和稳定状态被破坏,围岩中出现了应力的重分布,岩体进入二次应力状态。围岩向隧道内部空间变形,并试图达到新的平衡状态。

1. 围岩压力类型

围岩压力按作用力发生的形态,一般可分为如下四种类型。

(1) 松动压力

由于开挖而松动或坍塌的岩体以重力形式直接作用在衬砌或支护结构上的压力称为松动压力。松动压力按作用在衬砌或支护上力的位置不同,分为竖向压力、侧向压力和底压力。松动压力常发生在下列三种情况下:

①在整体稳定的岩体中,可能出现个别松动掉块的岩石;
②在松散软弱的岩体中,坑道顶部和两侧片帮冒落;
③在节理发育的裂隙岩体中,围岩某些部位沿软弱面发生剪切破坏或拉坏等局部塌落。

(2) 形变压力

形变压力是由于围岩变形受到与之密贴的支护如喷锚支护等的抑制,在与衬砌或支护结构共同变形的过程中,围岩对衬砌或支护结构施加的接触压力。所以形变压力除与围岩应力状态有关外,还与支护时间和支护刚度有关。

(3)膨胀压力

当岩体具有吸水膨胀崩解的特征时,由于围岩吸水而膨胀崩解所引起的压力称为膨胀压力。它与形变压力的基本区别在于它是由吸水膨胀引起的。

(4)冲击压力

冲击压力是在围岩中积累了大量的弹性变形能之后,由于隧道的开挖,围岩的约束被解除,能量突然释放所产生的压力。

由于冲击压力是岩体能量的积累与释放问题,所以它与弹性模量直接相关。弹性模量较大的岩体,在高地应力作用下,易于积累大量的弹性变形能,一旦遇到适宜条件,它就会突然猛烈地大量释放。

2. 坑道开挖前后围岩的应力状态

(1)隧道开挖前围岩应力状态

坑道在开挖前,地层是处于相对静止的状态。因为地层中任何一处的土石都受到上、下、左、右、前、后土石的挤压,保持着相对的平衡,称为原始应力状态。它是由上覆地层自重、地壳运动的残余应力以及地下水活动等因素所决定的。

为了研究方便,仅考虑由上覆地层自重所形成的原始应力,并取深度 H 上的一个单元体来做应力分析,如图 3-1 所示。该单元体受到三对大小相等、方向相反的压力作用,因此该单元体处于力的平衡状态和变形运动的相对静止状态。

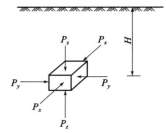

图 3-1 隧道开挖前任一处围岩的受力状态

在上覆地层自重作用下,竖直压力 P_z 为:

$$P_z = \gamma H \quad (3-4)$$

式中:γ——地层的重度;

H——从地面到单元体所处的深度。

由于单元体的侧向变形受到周围地形的限制,便产生了侧向压力 P_x 和 P_y,其由上覆地层自重和地层的物理力学性质所决定:

$$P_x = P_y = \lambda P_z = \lambda H \gamma \quad (3-5)$$

式中:λ——侧压力系数。

根据侧向应变($\varepsilon_x, \varepsilon_y$)为零的条件,并把地层看成各向同性的弹性体,可推导出 λ。

$$\lambda = \mu/(1-\mu) \quad (3-6)$$

式中:μ——岩石的泊松比,视地层性质不同,μ 值在 $0.14 \sim 0.5$ 之间变化。

(2)坑道开挖后围岩应力状态

坑道开挖之后,围岩原来保持的平衡状态受到破坏,由相对的静止状态变成显著的变动状态,于是围岩在应力和变形方面开始了一个新的变化运动,出现了围岩应力的重分布和围岩向开挖坑道空间的变形,力图达到新的平衡。

由上述可知,坑道开挖以后,地层的一侧丧失了约束,平衡状态受到破坏,引起应力集中,围岩就可能向坑道内变形。变形的大小取决于应力变化的大小和围岩抵抗这些变形的能力。对于不同的岩质,则有不同的情况。在坚硬且完整的围岩中,围岩体本身强度足以承受坑道周边应力,这时围岩是自承的,不需要支撑或衬砌提供外加平衡力。在松软或有裂隙的围岩中,由于围岩体破碎,再加上在开挖坑道时受到爆破震动,因而在坑道周边一定范围内的岩体将遭到严重的分割与破坏。同时围岩体本身强度低,不足以抵抗围岩的周边应力,因此这一部分岩体在坑道开挖之后,开始时产生向内的变形运动,其后则出现松动或坍塌。

3. 围岩成拱作用

在工程实践中,人们发现,当隧道在多裂隙围岩(包括一般土层)中埋置较深时,作用在支护结构上的围岩压力远远小于其上覆层自重所造成的压力。这是什么缘故呢?这可以用围岩的"成拱作用"来解释。在上述条件下,当坑道开挖后,如果任意让其变形、松动和坍塌,最后将会看到在坑道上方形成一个相对稳定的拱形洞穴,如图3-2所示。人们常称之为"天然拱"或"平衡拱"。它上方的一部分岩体承受着上覆地层的全部重力,如同一个承载环一样,并将荷载重力向两侧传递下去,这就是所谓的围岩成拱作用。图3-3是南泥湾窑洞自然坍塌形成的黄土坍落拱。

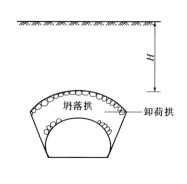
图3-2 围岩的成拱作用

图3-3 黄土坍落拱

4. 影响围岩压力的因素

影响围岩压力的因素很多,一类是围岩的工程地质因素,主要包括围岩的原始应力状态、岩石的力学性质、岩体的结构面等;另一类是工程结构因素,包括施工方法、支护设置时间、支护本身的刚度、坑道的形状和尺寸、隧道的埋置深度等。其中起决定作用的是围岩的工程地质因素,是内因。这里就对影响的围岩压力外因(工程结构因素)做简略的分析。

(1) 时间因素

无论何种围岩,在坑道开挖后的暴露时间越短越好。采用喷射混凝土技术来支护围岩,可使围岩的暴露时间较短,能及时阻止围岩的变形,防止围岩过大变形而产生较大的松动压力,充分利用围岩自身的承载能力;若按着一般模筑混凝土衬砌的修筑方法,不采用喷射混凝土,从开挖到做完衬砌并使之形成一定的强度,往往需要较长的时间,衬砌一开始就要受到很大的松动围岩压力,衬砌结构就要做得相对厚些。要修筑永久性衬砌并使之提供所需的支护力的时间不宜过迟。

时间因素对围岩压力的发展有着十分重要的意义。一般来说,当其他因素不变时,压力的变化表现为时间的函数,其关系曲线如图3-4所示。围岩的坚硬与稳定程度,以及是否设置支护、支护质量,对围岩压力的增长速度和最终稳定数值的大小都有较大影响。因此,不论何种围岩,开挖坑道后的暴露时间越短越好。在施工过程中,采用一般的模筑混凝土衬砌是很不利的,也是不经济的。而采用喷射混凝土衬砌这种新工艺、新技术是十分有效的,也是比较经济的。

(2)坑道的形状和尺寸

在同样的围岩条件下,坑道跨度越大,围岩越不稳定,围岩压力也越大。对中等跨度的坑道而言,压力与跨度之间呈线性关系。当坑道有会引起围岩应力集中的形状,即有明显的拐角时,围岩压力相对较大。

公路隧道的横断面设计形状为扁平,这是由于公路隧道的建筑限界基本上是一个宽度大于高度的截角矩形断面,常为形状扁平的马蹄形,双车道公路隧道的断面面积可达 80m² 以上。扁平的断面导致容易在拱顶围岩内出现拉伸区,而岩土等天然

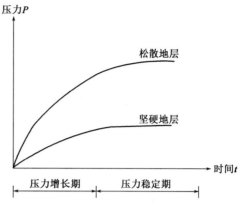

图 3-4 围岩的时间-压力曲线

材料抗拉强度低,在施工中隧道顶部容易崩落,威胁人身安全。在断面面积相同的条件下,山岭公路隧道比铁路单线隧道、水工隧道和矿山巷道的施工难度大。

(3)隧道的埋深因素

当上覆层较薄,不能形成天然拱时,这时坑道上方的土石重量将全部作用在支护结构物上,在此范围内,围岩压力一般是随着隧道埋深的增大而增大。但当埋深超过一定深度(临界深度)时才能形成"天然拱"。此时作用在支护结构物上的围岩压力仅是"坍落拱"范围内的土石重量,比前者小得多。当坑道埋深超过此范围时,则围岩压力的大小基本不受埋深变化的影响。前者称为浅埋式隧道,后者称为深埋式隧道。

(4)支护因素

在相同的围岩条件下,有支护的坑道围岩压力要比无支护的坑道小;支护及时的坑道围岩要比支护晚的坑道围岩压力小;支护与围岩密贴得越好,围岩压力越小;当支护的刚度较小,即为柔性支护时,坑道的围岩压力相对较小。

(5)爆破因素

采用爆破法开挖对围岩的稳定极为不利,尤其是对地质条件较差的围岩,爆破的扰动很大,会造成围岩压力过大、岩体松动甚至塌方。因此在隧道中,能用机械开挖的尽量不要爆破;若必须要爆破,尽量采用控制爆破技术,严格控制爆破用药量,采用光面爆破、预裂爆破等先进爆破技术。

(6)超挖回填因素

衬砌背后的超挖部分在施工时回填不密实,使得围岩得不到很好的支护而继续松动,严重时会造成围岩坍塌,引起衬砌开裂甚至破坏。

综上所述,施工方法对围岩压力的影响大致可分为爆破的影响、支护的影响、坑道开挖暴露时间的影响三种。对于地质较差的围岩,爆破的扰动很大,常常是造成过大的围岩压力,引起坍方的重要原因之一。一般来说,支护可以防止围岩松动往深处发展,所以有支护比无支护的围岩变形要小,支护及时比支护过晚的围岩压力要小。坑道暴露的时间越长,围岩越容易失稳、压力越大,对于易风化围岩更是如此。

二、围岩压力的确定

隧道围岩压力的确定,目前有三种方法:第一种是直接测量法,第二种是工程类比法,第三

种方法是理论计算法。限于测试设备及技术水平,目前仍较少采用直接量测法,理论计算法则由于地质条件千变万化,难以达到准确性的要求,因此采用工程类比法估算围岩压力较为普遍。

当隧道为深埋时,作用在支护结构上的围岩压力,从松动压力的概念看,实际为坑道周围某一破坏范围内岩体的重量,故解决这一破坏范围的大小就成为问题的关键。经验告诉我们:围岩越好则坑道就越稳定,坑道开挖所影响区域就越小,围岩压力值也较小;相反,围岩越差则压力值相应就大,说明围岩压力大小与围岩级别成正比;在围岩类别相同的条件下,跨度越大,坑道的稳定性就越差,压力值也就越大,说明围岩压力的大小与坑道跨度成正比。

1. 浅埋隧道围岩压力的计算方法

浅埋隧道是指采用暗挖法施工、埋深较浅的隧道。在隧道埋深不大时,往往会使整个覆盖层产生扰动,较易发生洞顶坍塌,有时会使地表开裂下沉,因此会产生较大的围岩压力。

对公路隧道来说,浅埋隧道多出现在洞口段。深埋和浅埋隧道的分界有很多判定标准,一般是以坑道上方能否形成稳定的深埋隧道压力值来区分的,并且结合具体的地质、施工条件等因素综合确定。

要形成稳定的深埋围岩压力值,显然除了需要前述的松动范围之外,还需要有足够厚度的岩(土)体,否则松动范围会一直扩展到地表。也就是说,深、浅埋隧道的分界深度要比荷载等效高度大,所谓的荷载等效高度(h_q)可用式(3-7)计算得到。

$$h_q = \frac{q}{\gamma} \tag{3-7}$$

式中:q——垂直均布围岩压力(kPa);

γ——围岩天然重度(kN/m^3)。

深埋隧道、浅埋隧道分界深度H_p可用下述经验公式计算:

$$H_p = (2 \sim 2.5)h_q \tag{3-8}$$

式中:H_p——深埋隧道、浅埋隧道分界深度(m);

h_q——荷载等效高度(m),按式(3-7)计算。

在矿山法施工条件下,Ⅳ~Ⅵ级围岩取:

$$H_p = 2.5h_q$$

Ⅰ~Ⅲ级围岩取:

$$H_p = 2h_q$$

2. 深埋隧道围岩垂直均布压力

围岩压力值受到许多因素影响,但主要取决于岩体构造和结构面的组合等地质因素,并且压力分布很不均匀(对径向压力而言),岩质多裂隙岩体比土质岩体中的压力分布更不均匀。在某些围岩中,可见到呈拱形的暂时稳定的平衡拱。除黏性土及某些塑性岩石外,荷载的时间效应不显著,压力增长很快,在较短时间内就趋于稳定。

(1)Ⅰ~Ⅴ级围岩中的深埋隧道,围岩压力为主要变形压力,其值可按释放荷载计算。可参考设计规范,此处不再叙述。

(2)Ⅳ~Ⅵ级围岩中的深埋隧道的围岩压力为松散荷载时,其垂直均布压力及水平均布压力可按下列公式计算:

①垂直均布压力。

$$q = \gamma \cdot h \qquad (3\text{-}9)$$
$$h = 0.45 \times 2^{S-1} \omega \qquad (3\text{-}10)$$
$$\omega = 1 + i \cdot (B - 5) \qquad (3\text{-}11)$$

式中：q——垂直均布围岩压力(kPa)；

γ——围岩重度(kN/m^3)，按表 3-33 取值；

S——坑道围岩级别，按 1、2、3、4、5、6 整数取值；

ω——宽度影响系数；

B——隧道宽度(m)；

i——B 每增减 1m 时的围岩压力增减率，以 $B = 5m$ 的垂直均布压力为准，当 $B < 5m$ 时，取 $i = 0.2$；当 $5m \leqslant B < 14m$ 时，取 $i = 0.1$；当 $14m \leqslant B < 25m$ 时，按表 3-34 取值。

各级围岩重度　　　　　　　　　　　　表 3-33

围岩级别	Ⅰ	Ⅱ	Ⅲ	Ⅳ	Ⅴ	Ⅵ
$\gamma(kN/m^3)$	26～28	25～27	23～25	19～22	17～20	15～16

围岩压力增减率取值表　　　　　　　　　　表 3-34

隧道宽度 $B(m)$	$B < 5$	$5 \leqslant B < 14$	$14 \leqslant B < 25$	
围岩压力增减率 i	0.2	0.1	考虑施工过程分导洞施工	0.07
			上下台阶法或一次开挖	0.12

② 深埋隧道围岩水平均布压力。

水平均布压力按表 3-35 的规定确定。

围岩压力的均布水平分力　　　　　　　　表 3-35

围岩级别	Ⅰ、Ⅱ	Ⅲ	Ⅳ	Ⅴ	Ⅵ
水平均布压力 e	0	$<0.15q$	$(0.15\sim0.3)q$	$(0.3\sim0.5)q$	$(0.5\sim1)q$

注：应用式(3-10)及本表时，必须同时具备下列条件：

(1) $H/B < 1.7$，其中 H 为隧道开挖高度(m)，B 为隧道开挖宽度(m)。

(2) 围岩为不产生显著偏压及膨胀力的一般围岩。

思考与练习

1. 名词解释：

围岩　围岩压力　浅埋隧道　深埋隧道

2. 什么是围岩的成拱作用？

3. 如何判别隧道是深埋还是浅埋？

4. 围岩压力量测的目的是什么？

5. 隧道围岩压力是随着隧道埋深的增加而增大的吗？为什么？

模块四 隧道施工方法

单元一 新 奥 法

学习目标

(1) 了解新奥法；
(2) 掌握新奥法施工程序；
(3) 掌握新奥法施工的基本原则。

一、隧道工程

1. 隧道工程施工的特点

隧道工程施工概括起来有如下特点：
(1) 隐蔽性大。
(2) 作业的循环性强。
(3) 作业空间有限。
(4) 作业的综合性强。
(5) 施工是动态的。
(6) 作业环境恶劣。
(7) 作业的风险性大。
(8) 气候影响小。

隧道施工由多种作业构成,开挖、支护、出渣运输、通风及除尘、防水及排水、供电、供风、供水等作业缺一不可。任何一项作业做得不好都会影响全局。隧道施工的综合性很强,要求工程技术人员及工程管理者必须有良好的施工管理和施工组织经验,才能使工程有序、快速地进展。各种施工技术必须考虑这些特性,才能够发挥作用。

2. 隧道施工方法分类

隧道施工是指修建隧道及地下硐室的施工方法、施工技术和施工管理的总称。

隧道施工方法通常按图 4-1 分类。

隧道施工既有一般土建工程施工的特点,又有地下工程施工的特点。浅埋隧道往往采用先将地面开挖,修筑完成支护结构以后再回填土石的明挖法施工；深埋隧道则采用不开挖地面的暗挖法施工,即在地下开挖及修筑支护结构。土钉墙施工、地下连续墙维护结构明挖法施工、明挖法施工相关资源请扫描"本教材配套资源索引"中的二维码,资源编号分别为 4～6。

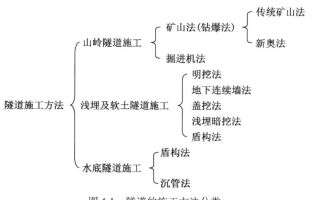

图 4-1 隧道的施工方法分类

矿山法因最早应用于矿石开采而得名,它包括上面已经提到的传统矿山法和新奥法。由于在这种方法中,多数情况下都需要采用钻眼爆破进行开挖,故又称为钻爆法。有时候为了强调新奥法与传统矿山法的区别,而将新奥法从矿山法中分出并另立系统。目前,山岭公路隧道施工多采用新奥法。**相关资源请扫描"本教材配套资源索引"中的二维码,资源编号为7。**

掘进机法包括隧道掘进机(Tunnel Boring Machine,TBM)法和盾构掘进机法。前者应用于岩石地层,后者则主要应用于土质围岩,尤其适用于软土、流沙、淤泥等特殊地层。沉管法、明挖法等则是用来修建水底隧道、地下铁道、城市市政隧道以及埋深很浅的山岭隧道。**相关资源请扫描"本教材配套资源索引"中的二维码,资源编号为 8~17。**

目前经常采用的矿山法大致有全断面法、台阶法和分部开挖法三大类,是按开挖隧道的横断面分部情况来分的,是指隧道开挖成型的方法。

3. 隧道施工的基本理念

根据有关工程的总结和学者的归纳,针对目前隧道施工存在的问题,将隧道施工的基本理念归纳如下:

(1)爱护围岩。不损伤或少损伤遗留围岩的固有支护能力,通过机械开挖和控制爆破技术实现;通过支护技术、围岩的加固或预加固技术及辅助施工技术增强围岩的自承能力。

(2)"内实外美"。"内实外美"的关键是"内实",即模筑混凝土密实、喷射混凝土密实、喷射混凝土与围岩密实、二次衬砌与初期支护密实。其次,还要重视外部的美观,避免模筑混凝土出现蜂窝麻面,避免喷射混凝土不平整。

(3)重视环境。隧道施工对内部环境、外部环境的影响都要重视。

(4)动态施工。隧道施工过程中的地质条件是不断变化的,其力学状态也是不断变化的。在实施过程中采用的施工方法和技术也在变化。隧道施工的各种决策都要在施工阶段的地质技术、量测技术和质量控制技术的基础上进行管理。

4. 隧道洞身掘进的施工方法

隧道洞身掘进的施工方法是指对坑道设计断面内岩体、土体的破碎及挖除的方法。目前,常见的掘进方式有钻眼爆破掘进、掘进机掘进和人工掘进三种方式。

(1)钻眼爆破掘进

钻眼爆破掘进是山岭隧道工程中最常见的掘进方式,它是用钻眼装炸药爆破场地范围内的岩体。钻眼爆破掘进前,首先应进行钻爆设计,应根据地质条件、水文条件、开挖断面、开挖方式、钻眼机具、循环进尺、爆破材料和出渣能力等因素综合考虑。

由于钻眼爆破掘进法对围岩的扰动破坏较大,有时可能由于爆破的震动致使围岩产生坍塌,故一般只适用于石质隧道。硬岩一般采用光面爆破,软岩宜采用预留光面层光面爆破。

钻眼爆破掘进的顺序是按照钻眼爆破的设计进行钻眼、装药、连线和引爆。山岭隧道工程中常用的凿岩机有风动凿岩机、液压凿岩机、内燃凿岩机和电动凿岩机等,但后两者应用较少。将多台凿岩机安装在一个专门的移动设备上,实现多机同时作业,集中控制,这种组合设备称为多臂凿岩台车。

(2)掘进机掘进

掘进机掘进是采用装在可移动式机械臂上的切削头来破碎岩体,并挖除坑道范围内的岩体,可连续掘进,但只适用于软岩及土质隧道。单臂掘进机可以连续掘进,挖掘任意形状和大小跨度的隧道,并且对围岩的稳定性影响较小,扰动破坏较少。常用的单臂掘进机是铁盘式采矿机,挖斗式挖掘机和铲斗式装渣机也可以用于隧道掘进,其机动灵活,适应能力较强。

(3)人工掘进

人工掘进是采用十字镐、风镐等简易工具来挖除岩土体。人工掘进速度较慢,劳动强度很大。一般在不能采用爆破掘进的软弱破碎围岩和土质隧道中,若隧道工程量不太大,工期要求不太紧,又无机械或不宜采用机械掘进,或长大隧道机械掘进中的局部小工作面,则可以采用人工掘进。人工掘进施工中应做好安全防护措施,并应安排专人负责工作面的安全观察。

综上所述,钻眼爆破掘进较为经济实用,但对围岩的扰动较大,尤其是对软弱破碎围岩的稳定性不利;掘进机法掘进速度快,对围岩的扰动较小,但机械和设备的投资较大;人工掘进对围岩的扰动最小,但掘进速度很慢且工人的劳动强度太大。

5.隧道工程的划分

隧道单位、分部、分项工程的划分(表4-1)如下。

一般建设项目的工程划分(隧道工程) 表4-1

单位工程	分部工程	分项工程
隧道工程	总体	隧道总体*等
	明洞	明洞浇筑、明洞防水层、明洞回填*等
	洞口工程	洞口开挖,洞口边仰坡防护,洞门和翼墙的浇(砌)筑、截水沟、洞口排水沟等
	洞身开挖	洞身开挖*(分段)等
	洞身衬砌	(钢纤维)喷射混凝土支护、锚杆支护、钢筋网支护、仰拱、混凝土衬砌*、钢支撑、衬砌钢筋等
	防排水	防水层、止水带、排水沟等
	隧道路面	基层*、面层*等
	装饰	装饰工程
	辅助施工措施	超前锚杆、超前钢管等

注:1.表内标注*为主要工程,评分时给以2的权值;不带*者为一般工程,权值为1。
  2.按路线长度划分的分部工程,高速公路、一级公路宜取低值,二级及二级以下公路可取高值。

(1)单位工程:在建设项目中,根据签订的合同,具有独立施工条件的工程。

(2)分部工程:在单位工程中,应按结构部位、路段长度及施工特点或施工任务划分为若干个分部工程。

(3)分项工程:在分部工程中,应按不同的施工方法、材料、工序及路段长度等划分为若干个分项工程。

二、新奥法

1. 新奥法的发展过程

新奥法即新奥地利隧道施工方法的简称,原文是 New Austrian Tunnelling Method,简写为 NATM。它是以控制爆破(光面爆破和预留光面层光面爆破等)作为开挖方法,喷射混凝土、锚杆作为主要支护手段,通过监测控制围岩的变形,动态修正设计参数和变动施工方法,以充分发挥围岩自承能力的施工方法。新奥法可以概括为控制爆破、喷锚支护、监控量测三个方面的内容,其核心是保护岩体,充分发挥围岩的自承能力。

由于新奥法的应用和发展,导致隧道及地下工程理论步入现代理论的新领域和高水平,从而使隧道及地下工程的设计和施工更符合地下工程实际,即设计理论—施工方法—结构(体系)工作状态(结果)的一致,因此,新奥法已在全世界范围内得到广泛的应用。

目前,山岭公路隧道主要是用新奥法施工,在新奥法施工困难的地段,使用辅助工程措施如稳定地层的措施和处理涌水的措施,同时新奥法也吸收了传统矿山法中改良过的钢架支撑等。

2. 新奥法的理论基础

新奥法的理论基础是最大限度地发挥围岩的自承作用。以控制爆破、喷锚支护和量测技术为三大支柱的新奥法,有一套尽可能保护隧道围岩原有强度、容许围岩变形但又不致出现强烈松弛破坏、及时掌握围岩和支护变形动态的隧道开挖与支护原则,使隧道围岩变形与限制变形的结构支护抗力保持动态平衡,使施工方法具有很好的适用性和经济性。

新奥法的原理如下:

(1)围岩是隧道结构的主要承载部分,隧道开挖应减小对围岩的扰动,爆破设计要遵循最小能量(耗能)原则,实现对围岩的最小扰动,保护围岩的原始强度。

(2)开挖后需对围岩进行加固,以使围岩在开挖卸载后不失去原有的强度,在隧道围岩支护过程中应尽量减少围岩卸载位移的程度。应特别注意施工过程中工程荷载对隧道受力的影响,为了尽量限制开挖后隧道围岩二次应力重分布程度和松动圈形成的范围,应尽可能减少开挖次数,或至少在拱部采用一次开挖方案。

(3)在隧道围岩支护过程中,一方面允许围岩有一定的位移,从而产生受力环区;另一方面,又必须限制围岩位移的程度,以避免围岩变形过大而产生严重松弛卸载,即容许围岩有可控制的变形。

(4)初期支护的主要作用不是承担隧道围岩所失去的承载力,而是保持围岩的自承状态,防止严重的松弛和卸载。初期支护应是及时的,延时支护可能使围岩在开挖后形成有害变形,围岩局部破坏,不利于形成承力保护区。初期支护只要没有被破坏,即可视为整体承重结构的一部分。

(5)围岩自稳时间的评定,一方面可通过对围岩地质条件地初步调查来评定,另一方面可通过在建造过程中量测隧道洞周的位移来评定。

(6)喷射混凝土具有可填平凸凹面、与围岩密贴等特点,使围岩的受力条件不发生严重的应力重分布,常被用来作为初期支护,必要时还使用锚杆、钢筋网和钢拱架。喷混凝土本身具有强度高和可变形的特点,其整体的结构效应通常可视为薄壳,具有可塑性和可收缩性的能力。

(7)隧道开挖后应及时闭合隧道断面,在破碎和软弱围岩中需及时建造仰拱,以形成封闭结构。为了提高隧道结构的安全度及达到密封的效果,可建造内薄层衬砌,使结构内不产生过大的弯曲应力,内层与外层相互之间只传递压力。为了增加衬砌的强度,一般不增加其厚度而增加钢筋含量(即钢拱),增大整个结构的刚度可通过增加锚杆的根数或增大锚杆的长度以形成围岩受力环区来实现。

(8)对整体结构系统的稳定性、安全度评价和设计结构需要加强的必要性以及设计结构刚度的减小,均应根据建造过程中的应力及变形状态的测量结果来确定。在隧道施工过程中,必须建立设计—施工检验—地质预报—量测反馈—修正设计的一体化的施工管理系统,以不断地提高和完善隧道施工技术。

(9)控制外源水压和静水压力的手段是通过在外壳(必要时也在内壳)上设置软管及足够的密封排水装置来实现。

3. 新奥法施工程序

采用新奥法施工的公路隧道,应视其规模、地质条件以及安全要求、施工方法,严格控制施工程序,不得有任何省略。新奥法的施工程序如图4-2所示。

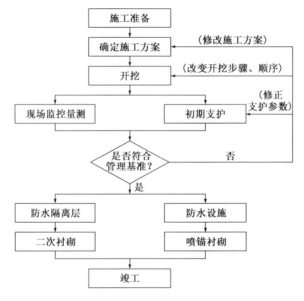

图 4-2 新奥法的施工程序

4. 新奥法施工基本原则

新奥法施工的基本原则可以归纳为少扰动、早喷锚、勤量测、紧封闭。

(1)少扰动:是指在进行隧道开挖时,要尽量减少对围岩的扰动次数、强度、范围和持续时间。即要求能用机械开挖的就不用钻爆法开挖;采用钻爆法开挖时,要严格地进行控制爆破;尽量采用大断面开挖;根据围岩类别、开挖方法、支护条件,选择合理的循环掘进尺寸,对自稳性差的围岩,循环掘进进尺应短一些;支护要尽量紧跟开挖断面,缩短围岩应力松弛时间。

(2)早喷锚:是指开挖后及时施作初期喷锚支护,使围岩的变形进入受控制状态。这样一方面是为了使围岩不致因变形过度而产生坍塌失稳;另一方面是为了使围岩变形适度发展,以充分发挥围岩的自承能力,必要时可采取超前预支护措施。

(3)勤量测:是指以直观、可靠的量测方法和量测数据来准确评价围岩(或围岩和支护)的稳定状态,或判断其动态发展趋势,以便及时调整开挖方法、支护形式,确保施工安全和顺利进行。量测是现代隧道及地下工程理论的重要标志之一,也是掌握围岩动态变化过程的手段和进行工程设计、施工的依据。

(4)紧封闭:一方面是指采取喷射混凝土等防护措施,避免围岩因长时间暴露而导致强度和稳定性的衰减(尤其是对易风化的软弱围岩);另一方面是指要适时对围岩施作封闭形支护,这样做不仅可以及时阻止围岩变形,而且可以使支护和围岩进入良好的共同工作状态。

5. 岩承理论

岩承理论是20世纪50年代提出的现代支护理论。其核心内容是:围岩稳定显然是岩体自身有承载自稳能力;不稳定围岩丧失稳定是具有一个过程的,如果在这个过程中提供必要的支护或限制,则围岩仍然能够保持稳定状态。这种理论体系的代表人物有腊布希维兹(K. V. Rabcewicz)等学者。这是一种比较现代的理论,它已脱离了地面工程建筑考虑问题的思路,而更加接近于地下工程建设实际,近半个世纪以来已被广泛认可、接受及推广应用,并且表现出了十分广阔的发展前景。"岩承理论"则更加注意过程和对过程的控制,即对围岩自承载能力的充分利用。

岩承理论要点:

(1)围岩是主要承载部分,故在施工中尽可能地保护围岩,减少扰动。

(2)初期支护和永久衬砌仅对围岩起约束作用,它应既允许围岩产生有限变形,以发挥其承载能力,又阻止围岩变形过度而产生失稳,故初期支护宜采用薄壁柔性结构。

(3)围岩的应力-应变动态预示着它是否能进入稳定状态,因此,应以量测作为手段掌握围岩动态,从而进行施工监控和修改设计,以便适时提供适当支护,并先柔后刚,按需提供。

(4)整体失稳通常是由局部破坏发展所致,故支护结构应尽早封闭,全面约束围岩,尤其是当围岩破碎软弱时,应及时修建仰拱,使支护和围岩共同构成一个封闭的承载环。

岩承理论认为,围岩虽然可能产生松弛破坏而导致失稳,但在松弛的过程中围岩仍有一定的承载能力,对其承载能力不仅要尽可能地利用,而且应当保护和增强,即视围岩为承载的主体,具有三位一体特性。围岩的三位一体特性是指围岩既是产生围岩压力的原因,又是承受这个压力的承载结构,且是构成这个结构的天然材料。

岩体力学视围岩为应力岩体,分析计算应力-应变状态及变化过程,并视支护为应力岩体的边界条件,起控制围岩的应力-应变作用,检验作用的效果并使之优化;建立的是"围岩-支护"力学体系,以实际的应力-应变状态作为支护的设计状态考虑。

对于隧道支护,需要时,用锚杆和喷射混凝土等柔性构件组合起来进行初期支护,以控制围岩松弛变形的过程,维护和增强围岩的自承能力;初期支护作为承载结构的一部分,与二次衬砌(也包括围岩)共同构成复合式承载体系。

在修建隧道和地下工程的实践中,人们已普遍认识到,隧道及地下工程的核心问题是开挖和支护两个关键工序。即应如何开挖,才能更有利于围岩的稳定和便于支护;若需要支护,又如何支护才能更有效地保证坑道稳定和便于开挖。这是隧道及地下工程设计与施工中两个相互促进又相互制约的问题。

单元二　山岭隧道的开挖方法

学习目标

(1)掌握隧道常用开挖方法——暗挖法;

(2)掌握全断面法、台阶法、分部开挖法施工顺序;

(3)尝试根据不同地质条件选择适宜的开挖方法。

隧道开挖方法实际上是指隧道开挖成型的方法。公路山岭隧道洞身开挖施工有明挖法和暗挖法两种。

明挖法适用于浅埋隧道,即是先开挖地表土石层,然后在开挖的基坑中修筑衬砌,最后进行回填;暗挖法是施工时全部在地面以下进行,即在地面以下开挖坑道、支护和修筑衬砌的方法。暗挖法施工开挖方法包括全断面法、台阶法、分部开挖法(单侧壁导坑法、双侧壁导坑法、中隔壁法、交叉中隔壁法等)。应根据隧道长度、断面大小、结构形式、工期要求、机械设备、地质条件等,选择适宜的开挖方案,并且具有很大的适应性。当改变开挖方法时,应有过渡措施。

隧道开挖的基本原则是:在保证围岩稳定或减少对围岩扰动的前提下,选择恰当的开挖方法和掘进方式,并应尽量提高掘进速度。即在选择开挖方法和掘进方式时,一方面应考虑隧道围岩地质条件及其变化情况,选择能很好地适应地质条件及其变化,并能保持围岩的稳定;另一方面应考虑坑道范围内岩体的坚硬程度,选择快速掘进,并能减少对围岩的扰动。不同围岩条件和开挖断面适用的开挖方法见表4-2。

不同围岩和断面适用的开挖方法 表4-2

序号	开挖方法		围岩级别	
			双车道隧道	三车道隧道
1	全断面法		Ⅰ~Ⅲ	Ⅰ~Ⅱ
2	台阶法	长台阶法	Ⅲ~Ⅳ	Ⅱ~Ⅲ
		短台阶法	Ⅳ~Ⅴ	Ⅲ~Ⅳ
		超短台阶法	Ⅴ	Ⅳ
3	分部开挖法	环形开挖留核心土法	Ⅴ~Ⅵ	Ⅲ~Ⅳ
		中隔壁法	Ⅴ~Ⅵ	Ⅳ~Ⅴ
		交叉中隔壁法	Ⅴ~Ⅵ	Ⅳ~Ⅵ
		双侧壁导坑法	—	Ⅴ~Ⅵ

以下主要介绍暗挖法修筑山岭公路隧道的施工方法。

公路隧道是指贯穿山岭或丘陵的隧道。隧道施工就是要挖除坑道范围内的岩体,并尽量保持坑道围岩的稳定。本书所指的隧道,是按《公路工程技术标准》(JTG B01—2014)及《公路隧道设计规范 第一册 土建工程》(JTG 3370.1—2018)设计,按《公路隧道施工技术规范》(JTG/T 3660—2020)及《公路工程质量检验评定标准 第一册 土建工程》(JTG F80/1—2017)进行隧道施工质量检验评定。

一、全断面法

1. 全断面法施工顺序

全断面法是隧道设计开挖断面一次开挖成型的方法,也称全断面一次开挖法,即按照设计轮廓将断面一次爆破成型,然后支护,再修筑衬砌的施工方法(图4-3、图4-4)。**全断面法相关资源请扫描"本教材配套资源索引"中的二维码,资源编号为18**。它的施工顺序如下:

(1)施工准备完成后,使用钻孔台车全断面一次钻眼,并进行装药,连接起爆网路。

(2)将钻孔台车后退到安全地点,引爆炸药,开挖出整个隧道断面。

(3)进行通风、洒水、排烟、降尘。

(4)排除危石后,安设拱部锚杆和喷第一层混凝土。**相关资源请扫描"本教材配套资源索引"中的二维码,资源编号为19、20。**

(5)用装渣机将石渣装入矿车或运输机,运出洞外。

(6)安设边墙锚杆和喷混凝土,必要时可喷拱部第二层混凝土和隧道底部混凝土。

(7)将钻孔台车再推进到下一个开挖断面就位,开始下一个循环的钻爆作业,开始下一轮循环。

图4-3 全断面一次开挖法

(8)隧道底部开挖(捡底),底板(仰拱及充填)浇筑。

(9)在初期支护变形稳定后,按施工组织中规定日期浇筑二次衬砌。根据围岩稳定程度及施工设计,也可以不设锚杆或设短锚杆。也可先出渣,然后再施作初期支护,但一般仍先进行拱部初期支护,以防止局部应力集中而造成的围岩松动剥落。

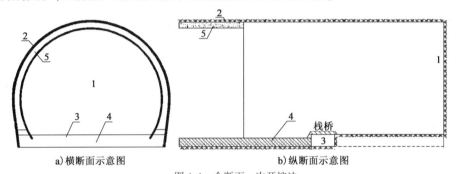

a)横断面示意图   b)纵断面示意图

图4-4 全断面一次开挖法

1-全断面开挖;2-初期支护;3-隧道底部开挖(捡底);4-底板(仰拱及充填)浇筑;5-拱墙二次衬砌

2.全断面法的适用条件

《公路隧道施工技术规范》(JTG/T 3360—2020)规定全断面法适用于Ⅰ~Ⅲ级围岩双车道隧道、Ⅰ~Ⅱ级围岩三车道隧道(表4-2)。

全断面法一般适用于Ⅰ~Ⅲ级围岩的中小跨度隧道,Ⅳ级围岩中跨度隧道和Ⅲ级围岩大跨度隧道在采用了有效的预加固措施后,也可采用全断面开挖。

3.全断面法施工的规定

(1)宜采用机械化作业,各种机械应合理配套。

(2)应控制一次同时起爆的单段爆破最大药量。

(3)应根据掌子面围岩稳定情况、爆破震动、钻孔和出渣效率、超挖控制等确定循环进尺;Ⅲ级围岩宜控制在3m左右,Ⅰ、Ⅱ级围岩,使用气腿式凿岩机时可控制在4m左右,使用凿岩台车可根据围岩稳定情况适当际调整。使用特殊设计的其他情况,每循环进尺应符合设计规定。

4.全断面法的优点

(1)开挖断面大,钻爆施工效率高,可以采用深眼爆破的方法,掘进速度快。

(2)施工工序少,互相干扰小,便于施工组织和施工管理。

(3)坑道空间大,便于组织大型机械化施工,减轻工人的劳动强度,提高劳动生产率,降低工程造价,施工速度快,质量好。

(4)坑道开挖一次形成,对围岩扰动少,有利于围岩的稳定。

5.采用全断面法应注意的事项

目前,全断面法是隧道工程施工技术的一个发展方向,但是在推广使用这种方法时,要注意以下几个问题:

(1)摸清开挖前方的地质情况,加强对工程地质和水文地质的调查,对不良地质情况要及时预报、量测,分析研究,随时做好应急措施(包括改变施工方法等),以确保施工安全和工程进度。

(2)施工机械设备要配套,如钻眼、装渣等主要机械和相应的配套机具在型号、规格尺寸、性能和生产能力上都要相互配合,施工工作才能环环相扣,不致发生相互受到牵制而影响掘进,并注意经常检查维修机械设备,应备有足够的易损零部件,充分发挥机械设备的效率,以保证各项施工工作顺利进行。

(3)加强各种辅助作业和设备的管理,如三管两线(高压风管、高压水管、通风管、电力线和运输路线)要保持良好的技术状态。

(4)在选择支护形式时,应根据围岩类别和具体的工程地质条件、水文地质条件、使用要求、埋置位置及施工条件等,通过工程类比和结构计算综合分析确定,必要时,可通过试验、论证来确定。

(5)应加强和重视施工操作人员的技术培训,使其能熟练掌握各种机械设备和推广新技术,不断提高工效,改进施工管理,这些直接关系到施工的效果。

二、台阶法

台阶法的全称是台阶开挖法,是将设计开挖断面分成上、下断面(或上、中、下断面),先上后下,分次开挖成型的施工方法,如图4-5所示。

图4-5 台阶开挖法

1.台阶开挖法的施工顺序

台阶开挖法一般将设计断面分为上半断面和下半断面两次开挖成型,如图4-6所示。

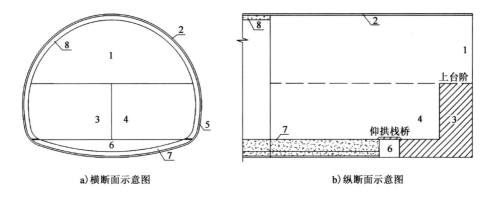

a) 横断面示意图 b) 纵断面示意图

图 4-6　两台阶法施工工序示意图

1-上台阶开挖;2-上台阶初期支护;3、4-下台阶错开开挖;5-下台阶初期支护;6-底部开挖(捡底);7-仰拱及充填(底板)浇筑;8-二次衬砌

台阶法包括长台阶法、短台阶法和超短台阶法(也称为微台阶法)三种。由于双车道公路隧道开挖宽度为10m左右,习惯上长台阶法开挖长度大于5b即大于50m,短台阶法开挖长度为(1~1.5)b,即10~15m,超短台阶法开挖长度小于b,即小于10m(通常,公路规范上习惯规定、长台阶的台阶长度为50m以上,短台阶的台阶长度为5~50m,超短台阶的台阶长度为3~5m),如图4-7所示。其划分依据是台阶长度,至于施工中究竟采用何种台阶法,要根据以下两个条件来决定:

(1)初期支护形成闭合断面的时间要求,围岩越差,闭合时间要求越短。

(2)上断面施工所用的开挖、支护、出渣等机械设备施工场地大小的要求。

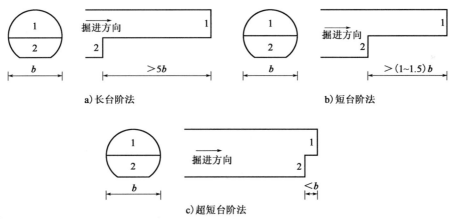

a)长台阶法　　　　　　b)短台阶法

c)超短台阶法

图 4-7　台阶法(左为横断面示意图,右为纵断面示意图)

在软弱围岩中应以前一条件为主,兼顾后者,确保施工安全。当围岩条件较好时,主要考虑是更好地发挥机械效率,保证施工的经济性,故只要考虑后一条件。

台阶法开挖便于使用轻型凿岩机打眼,而不必使用大型凿岩台车。在装渣运输和衬砌修筑等方面,则与全断面法基本相同。

2. 台阶法的适用条件

《公路隧道施工技术规范》(JTG/T 3360—2020)规定长台阶法适用于Ⅲ~Ⅳ级围岩双车道隧道、Ⅱ~Ⅲ级围岩三车道隧道;短台阶法适用于Ⅳ~Ⅴ级围岩双车道隧道、Ⅲ~Ⅳ级围岩三车道隧道;超短台阶法适用于Ⅴ级围岩双车道隧道、Ⅳ级围岩三车道隧道(表4-2)。

一般情况下台阶法适用于Ⅲ～Ⅳ级围岩的中小跨度隧道,Ⅴ级围岩的中小跨度隧道在采用了有效的预加固措施后亦可采用台阶法开挖。当然,Ⅰ、Ⅱ级围岩也可以用台阶法。

相对于全断面法来说,长台阶法一次开挖的断面和高度都比较小,只需配备中型钻孔台车即可施工,而且对维持开挖面的稳定也十分有利。长台阶法的适用范围较全断面法广泛,在全断面法中,凡是遇到开挖面不能自稳,但岩性坚硬,不需要用仰拱封闭断面的情况,都可以采用长台阶法。

短台阶法可缩短支护结构闭合的时间,改善初期支护的受力条件,有利于控制隧道收敛速度和量值,短台阶法的适用范围很广,Ⅰ～Ⅴ级围岩都能采用,尤其适用于Ⅳ、Ⅴ级围岩。

超短台阶法初期支护较全断面法闭合时间更短,更有利于控制围岩变形,尤其是上部开挖支护后,下部作业较为安全。在城市隧道施工中,超短台阶法能更有效地控制地表沉陷。所以,超短台阶法适用于膨胀性围岩和土质围岩,要求及早闭合断面的场合。当然,其也适用于机械化程度不高的各级围岩地段。

3. 台阶开挖法的优缺点

(1)台阶开挖法具有较大的工作空间和较快的施工速度,但上下部作业会相互干扰。

(2)台阶开挖法有利于开挖面的稳定,尤其是上部开挖支护后,下部断面作业就较为安全,但台阶法开挖增加了对围岩的扰动次数,应注意下部作业对上部稳定性产生的不良影响。

(3)台阶法开挖宜采用轻型凿岩机打眼,而不宜采用大型凿岩台车。

(4)该法工序少,干扰少,爆破效果好。但当围岩条件变化较大而需要变换为其他施工方法时,对于台阶开挖法比较困难。

4. 台阶法施工的有关规定

(1)台阶数量和台阶高度应综合考虑隧道断面高度、机械设备及围岩稳定性等因素确定。台阶开挖高度宜为2.5～3.0m。台阶数量宜采用二台阶或三台阶,不宜大于三台阶。

(2)上台阶开挖每循环进尺,Ⅲ级围岩宜不大于3m,Ⅳ级围岩宜不大于2榀拱架间距,Ⅴ级围岩宜不大于1榀拱架间距,Ⅳ、Ⅴ级围岩下台阶每循环进尺不宜大于2榀拱架间距;下台阶单侧拉槽长度宜不超过15m。

(3)下台阶左、右侧开挖,宜前后错开3～5m,同一榀钢架两侧不得同时悬空。

(4)下部施工应减少对上部围岩、支护的干扰和破坏。

(5)下台阶开挖应在上台阶喷射混凝土强度达到设计强度的70%后开挖。

三、分部开挖法

分部开挖法是将隧道断面分部开挖,逐步成型,且一般将某一部分超前开挖,故也可称为导坑超前开挖法。常见的分部开挖法有环形开挖留核心土法、中隔壁法、交叉中隔壁法以及双侧壁导坑法等。**分部开挖法相关资源请扫描"本教材配套资源索引"中的二维码,资源编号为21。**

1. 环形开挖留核心土法

(1)环形开挖留核心土法施工顺序。

环形开挖留核心土法先开挖环形导坑并进行支护,再分部开挖两侧边墙及核心土的开挖方法。环形开挖留核心土法又称台阶分部法(图4-8、图4-9)。其施工顺序为人工或单臂掘进机开挖环形拱部—架立钢支撑—挂钢筋网—喷射混凝土。在拱部初期支护的保护下,开挖核心土和下部,随即接长边墙钢支撑,挂网,喷射混凝土,并进行封底。根据围岩变形,适时施作二次衬砌。

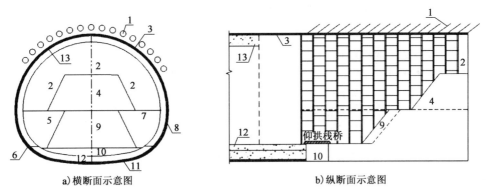

a)横断面示意图　　　　　　　b)纵断面示意图

图 4-8　两台阶环形开挖留核心土法工序示意图

1-超前支护;2-上部环形导坑开挖;3-上部初期支护;4-预留核心土开挖;5、7-两侧开挖;6、8-两侧初期支护;9-下部核心土开挖;10-仰拱开挖;11-仰拱初期支护;12-仰拱及充填混凝土;13-拱墙二次衬砌

图 4-9　两台阶环形开挖留核心土法

(2)环形开挖留核心土法的适用条件。

《公路隧道施工技术规范》(JTG/T 3360—2020)规定环形开挖留核心土法适用于Ⅴ~Ⅵ级围岩双车道隧道、Ⅲ~Ⅳ级围岩三车道隧道(表 4-2)。

一般情况下环形开挖留核心土法适用于Ⅳ~Ⅴ级围岩或一般土质围岩的中小跨度隧道。上部留核心土可以支挡开挖工作面,利用及时施作拱部初期支护来增强开挖工作面的稳定,核心土及下部开挖在拱部初期支护下进行,施工安全性较好。一般环形开挖进尺不宜过长,上下台阶可用单臂掘进机开挖。

(3)环形开挖留核心土法施工应符合下列规定:

①台阶开挖高度宜为 2.5~3.5m。

②环行开挖每循环进尺,Ⅴ级围岩宜不大于 1 榀钢架间距,Ⅳ级围岩宜不大于 2 榀钢架间距。中下台阶每循环进尺,不得大于 2 榀钢架间距。核心土面积宜不小于整个断面面积的 50%。

③上台阶钢架施工时,应采取有效措施控制其下沉和变形。

④拱部超前支护完成后,方可开挖上台阶环形导坑;留核心土长度宜为3~5m,宽度宜为隧道开挖宽度的1/3~1/2。

⑤各台阶留核心土开挖每循环进尺宜与其他分部每循环进尺相一致。

⑥核心土与下台阶开挖,应在上台阶支护完成且喷射混凝土强度达到设计强度的70%后进行,下台阶开挖左、右侧开挖应错开3~5m,同一榀钢架两侧不得同时悬空。

⑦仰拱施作应紧跟下台阶,以及时封闭成稳定的支护体系。

(4)环形开挖留核心土法的主要优点是:

①施工开挖工作面稳定性好,尤其是核心土及下部开挖在拱部初期支护下进行,施工安全性好。

②与微台阶法相比,环形开挖留核心土法的台阶可以加长,一般可取1倍洞跨。

③和侧壁导坑法相比,其机械化程度较高,可加快施工速度。

2. 中隔壁法(CD法)

中隔壁法是将设计开挖断面分成左、右两个断面,先开挖隧道的一侧,并施工中隔壁竖向支撑,再开挖另一侧的施工方法。**相关资源请扫描"本教材配套资源索引"中的二维码,资源编号为22。**

《公路隧道施工技术规范》(JTG/T 3360—2020)规定中隔壁法适用于Ⅴ~Ⅵ级围岩双车道隧道、Ⅳ~Ⅴ级围岩三车道隧道(表4-2)。

中隔壁法适用于围岩较差、跨度大、浅埋、地表沉降需要严格控制的情况。特点是单侧导坑超前,中壁和另侧正台阶法施工,极大地降低了拱顶和边墙位移,但仰拱为薄弱环节,施工中易出现开裂,且围岩变化时不易调整施工方法。此法的开挖与支护顺序如图4-10、图4-11所示。

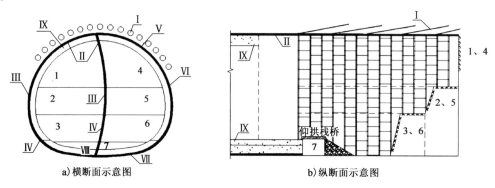

图4-10 中隔壁法施工工序示意图

Ⅰ-超前支护;1-左侧上部开挖;Ⅱ-左侧上部初期支护;2-左侧中部开挖;Ⅲ-左侧中部初期支护;3-左侧下部开挖;Ⅳ-左侧下部初期支护;4-右侧上部开挖;Ⅴ-右侧上部初期支护;5-右侧中部开挖;Ⅵ-右侧中部初期支护;6-右侧下部开挖;Ⅶ-右侧下部初期支护;7-拆除中隔壁;Ⅷ-仰拱及充填混凝土;Ⅸ-拱墙二次衬砌

中隔壁法施工应符合下列规定:

(1)各部开挖时,周边轮廓应尽量圆顺。开挖进尺不得大于1榀钢架间距。

(2)初期支护完成、强度达到设计规定后方可进行下一步开挖。

(3)当开挖形成全断面时,应及时完成全断面初期支护闭合。

(4)临时支护拆除宜在仰拱施工前进行,一次拆除长度应与仰拱浇筑长度相适应。临时支护拆除后,应及时施作仰拱及仰拱充填,施作拱墙二次衬砌。

(5)临时支护拆除前后,应及时进行变形量测。

图4-11 中隔壁法施工图

3. 交叉中隔壁法(CRD法)

交叉中隔壁法是将设计开挖断面分成左、右两个断面,先按台阶法开挖隧道的一侧,并施工中隔壁竖向支撑和横隔板,再按台阶法施工开挖另一侧,并施工横隔板的施工方法。

《公路隧道施工技术规范》(JTG/T 3360—2020)规定交叉中隔壁法适用于Ⅴ~Ⅵ级围岩双车道隧道、Ⅳ~Ⅵ级围岩三车道隧道(表4-2)。

为了增加开挖面的稳定,控制下沉量,可采用增设临时仰拱的措施封闭成环,即交叉中隔壁法,其施工顺序如图4-12所示。

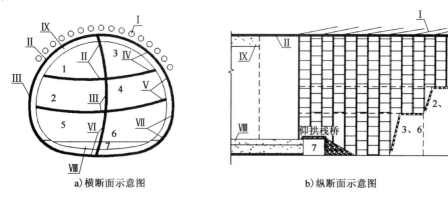

图4-12 交叉中隔壁法(CRD)施工工序示意图

Ⅰ-超前支护;1-左侧上部开挖;Ⅱ-左侧上部初期支护成环;2-左侧中部开挖;Ⅲ-左侧中部初期支护成环;3-右侧上部开挖;Ⅳ-右侧上部初期支护成环;4-右侧中部开挖;Ⅴ-右侧中部初期支护成环;5-左侧下部开挖;Ⅵ-左侧下部初期支护成环;6-右侧下部开挖;Ⅶ-右侧下部初期支护成环;7-拆除中隔壁及临时仰拱;Ⅷ-仰拱及充填混凝土;Ⅸ-拱墙二次衬砌

该法适用于浅埋软岩的大跨或特大跨隧道,它具有台阶法及侧壁导坑法的优点,与侧壁导坑法相比,具有较快的施工速度;同时,该法通过中隔墙的减跨、临时仰拱及时封闭成环组成有力的支护体系,能非常有效地控制拱部下沉与收敛。该法最适用于上软下硬或半软半硬的地层,一旦下部围岩变硬,马上可以转化为上弧形导坑法施工,半软半硬地层转化为中隔壁法施工,施工方法比较灵活。

交叉中隔壁法施工规定和中隔壁法施工规定相同。

4. 双侧壁导坑法

将设计开挖断面分成左、中、右三个断面,先开挖隧道两侧断面,并施工隔离壁竖向支撑,再分部开挖中间断面的施工方法。

《公路隧道施工技术规范》(JTG/T 3360—2020)规定双侧壁导坑法适用于 V～VI 级围岩三车道隧道(表4-2)。双侧壁导坑法适用于浅埋大跨度隧道及地表下沉量要求严格而围岩条件特别差的情况。双侧壁导坑法的开挖与支护顺序如图4-13所示,施工图如图4-14所示。该法的优点是施工安全可靠,但施工速度较慢,造价较高。

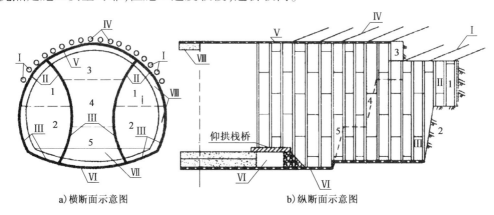

图 4-13 双侧壁导坑法施工工序示意图

I-两侧超前支护;1-左(右)导坑上部开挖;II-左(右)导坑上部初期支护;2-左(右)导坑下部开挖;III-左(右)导坑下部初期支护成环;IV-拱部超前小导管;3-中壁上部开挖;V-中壁拱部初期支护与II闭合;4-中壁中部开挖;5-中壁下部开挖;VI-中壁下部初期支护与左右III闭合;VII-仰拱及充填混凝土施工;VIII-拱墙二次衬砌

图 4-14 双侧壁导坑法施工图

双侧壁导坑法施工应符合下列规定:

(1)侧壁导坑开挖时,周边轮廓应圆顺。导坑跨度宜为整个隧道跨度的三分之一。

(2)导坑与中间土体同时施工时,导坑应超前30～50m。

(3)侧壁导坑开挖后,应及时施工初期支护并尽早形成封闭环。

(4)临时支护拆除宜在仰拱施工前进行,一次拆除长度应与仰拱浇筑长度相适应。临时支护拆除后,应及时施作仰拱及仰拱充填,施作拱墙二次衬砌。

(5)临时支护拆除前后,应及时进行变形量测。

5.分部开挖法的优缺点

(1)分部开挖因减少了每个坑道的跨度,能显著增强坑道围岩的相对稳定性,且易于进行局部支护。因此,它主要适用于围岩软弱破碎或设计断面较大的隧道施工。但分部开挖由于作业面较多,各工序相互干扰较大,并增加了对围岩的扰动次数以及施工组织和管理的难度,若采用钻爆掘进,则更不利于围岩的稳定。

(2)导坑超前开挖,有利于提前探明地质情况,并予以及时处理或变更施工手段等。但若采用的导坑断面过小,则会使施工速度减慢而影响总工期。

6. 分部开挖法的注意事项

(1)分部开挖法因工作面较多,相互干扰大,应注意组织协调,实行统一指挥。

(2)应尽量创造条件,减少分部次数,尽可能争取用大断面开挖。

(3)因多次开挖对围岩的扰动较大,不利于围岩的稳定,故应特别注意加强对爆破开挖的设计与控制。

(4)凡下部开挖均应注意上部支护或衬砌结构的稳定,减少对上部围岩、支护和衬砌结构的扰动和破坏,尤其当进行边墙部开挖时,必须采用两侧交错挖马口(挖马口指开挖两侧边墙部分的岩层)施作,避免上部断面两侧拱脚同时悬空。

(5)认真加固拱脚,如扩大拱脚、设置拱脚锚杆、加强纵向连接等,使上部初期支护与围岩形成完整体系;尽量单侧落底或双侧交错落底,落底长度视围岩状况而定,一般采用 1~3m,并不得大于 6m。下部边墙开挖后必须立即喷射混凝土,并按设计规定做好加固与支护。

(6)量测工作必须及时,以观察拱顶、拱脚和边墙中部的位移值,当发现速率值增大时,应立即进行仰拱封闭。

7. 分部开挖各施工方法的比较

分部开挖各施工方法的比较见表 4-3。

分部开挖各施工方法的比较　　　　表 4-3

项　目	台 阶 法	中 隔 壁 法	双侧壁导坑法	交叉中隔壁法
工法的安全性	不够安全	较安全	安全	安全
施工技术难度	较低	较高	高	高
施工机械类型	大、中型	中、小型	小型	小型
施工工序	较简单	较多	多	多
工程造价	较高	较高	高	高
开挖面的稳定性	较差	较好	好	好
地表沉陷	较大	较小	小	小
周边收敛控制	较差	较好	好	好
适用范围	地质条件较好、技术熟练	地质条件较差、安全要求高	跨度大、安全要求高	地质条件差、安全要求高

单元三　明洞施工

(1)了解隧道明洞施工顺序;

(2)掌握隧道明洞施工的基础要求;

(3)掌握明洞填土的施工过程和注意事项。

学习明洞施工应重视基础,因修建明洞的地方,地质条件差;同时应注意左右对称施工,防止明洞失稳。

独立式明洞可采用明挖法或盖挖法施工;接长式明洞按开挖与衬砌的施工顺序,可采用全部明挖先墙后拱法、上部明挖先拱后墙法及部分明挖拱墙交错法三种,目前已经较少采用。目前,明洞施工多仰拱先行,拱墙整体浇筑。

明洞是用明挖法修建的隧道,可分为独立式明洞和接长式明洞。它的结构形式常因地形、地质条件的不同而有许多种,采用最多的是拱式明洞和棚式明洞。明洞大多设置在坍方、落石、泥石流等不良地质地段。

明洞式洞门多采用钢筋混凝土结构,洞口段衬砌端面可设计成直削、削竹、倒削竹或喇叭形。洞口段衬砌伸出原山坡坡面或设计回填坡面不小于500mm。按自然山坡坡度回填,采用土石回填时,坡率不宜陡于1:1,表面多种草覆盖。洞口衬砌仰斜面伸出坡面构造如图4-15所示。注意两种设计的不同。**相关资源请扫描"本教材配套资源索引"中的二维码,资源编号为23**。

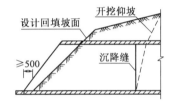 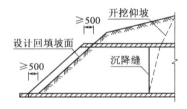

图4-15 洞口衬砌仰斜面伸出坡面构造(尺寸单位:mm)

一、明洞施工方法

1. 全部明挖先墙后拱法

该法适用于隧道埋置深度较浅,边、仰坡开挖后能暂时稳定,或在已成路堑中增建明洞的地段。其开挖程序如图4-16所示。施工临时边坡应根据地质情况决定。

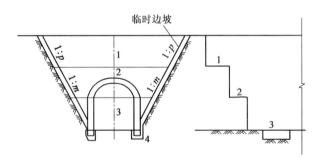

图4-16 全部明挖先墙后拱法

施工步骤:从上向下分台阶开挖,先做好两侧边墙,再做拱圈,最后做防水层及洞顶回填。

2. 上部明挖先拱后墙法

该法适用于明洞位于岩层破碎、路堑边坡较高、全部明挖可能引起坍塌,但拱脚岩层承载力较好,能保证拱圈稳定的地段。其开挖程序如图4-17所示,起拱线以上部分,采用拉槽法开挖临时边坡、仰坡。当临时边坡、仰坡不够稳定时,采用喷锚网加固坡面。先做好拱圈,然后开挖下部断面再做边墙,拱脚应设连续的纵向钢筋混凝土托梁,并使混凝土与两侧岩石密贴。

3. 部分明挖拱墙交错法

该法适用于半路堑、原地面边坡陡峻,由于地形限制不能先做拱圈,或由于外侧地层松软,先做拱圈可能发生较大沉陷,先墙后拱亦有困难时。

(1) 先做外侧边墙法

先做外侧边墙法(图4-18)的施工步骤如下:

①先挖出外侧墙基坑1,然后将外侧墙2砌筑(或模筑)至设计高程。

②开挖内侧起拱线以上部分3,挖除后立即架立拱架灌注拱圈4,如有耳墙时,同时做好耳墙。

③在拱内落底5,应随落随加支护,以保持内侧边坡的稳定。

④开挖内边墙马口6(与内边墙7重合部分),逐段施作内边墙7,然后进行拱顶回填,并做防水层。

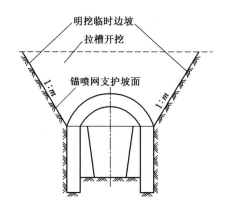

图4-17 上部明挖先拱后墙法

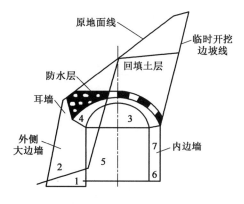

图4-18 先做外侧边墙法

(2) 挖开灌注边墙法

先拱后墙法施工的路堑式明洞,如开挖后发现地层松软,难以承受拱圈压力时,或先墙后拱法施工的路堑边坡明挖过深能引起边坡坍塌等不安全情况时,均可采用挖开法或拉槽法灌注边墙。其施工步骤为:一般开挖至起拱线后,先间隔挖开或横向与中线垂直间隔拉槽,灌注部分边墙,再做拱圈,拱脚应加纵向钢筋以形成钢筋混凝土托梁,最后挖马口做其余边墙。

二、明洞基础

明洞衬砌基础和隧道衬砌基础一样,应置于稳固的地基上。为防止侧沟及铺底施工开挖时影响边墙地基稳定,明洞基础底高程不宜高于隧道侧沟沟底高程或路面基层高程。明洞边墙地基承载力应满足设计要求。基础开挖应核对地质条件,检测地基承载力,当地基不满足设计要求时,应及时上报监理、设计单位,并按设计单位提供的处理方案施工。偏压和单压明洞外边墙的基底,在垂直路线方向上应按设计要求挖成一定坡度的斜坡,提高边墙抗滑力。基础混凝土灌注前必须排除坑内积水,边墙基础完成后应及时回填。**相关资源请扫描"本教材配套资源索引"中的二维码,资源编号为2。**

拱形明洞基础不宜设在软弱地基上或两侧边墙基础软硬不均的地基上,以免基础下沉或不均匀沉降,导致明洞结构产生裂缝或破坏。当基岩埋深较浅时,可加深基础至基岩上;当基础加深有困难时,可加设混凝土或钢筋混凝土仰拱;如明洞基础位于软弱地层或填筑土上或弃渣堆积等地基上,而修建深基础工程量大、施工困难时,可采用仰拱、整体式钢筋混凝土底板,也可采用桩基、扩大基础、基础加深和地基加固处理等措施。当地基为完整坚固的岩体时,基础可切割成台阶;台阶平均坡度不陡于1:0.5;坡度线与水平线的夹角不得大于岩层的内摩擦角;台阶宽度不小于0.50m,最低一层基础台阶宽度不小于2m。

当地基外侧受水流冲刷影响时,为了使基础外侧护基部分岩土稳定或为防止河岸冲刷的影响,应另采取挡墙、护岸、边坡加固等防护、防冲刷措施。

当明洞外边墙、棚洞立柱基础埋置深度超过路面以下3m时(一般是指半路堑单压式明洞的外侧边墙及立柱),宜在路面以下设置钢筋混凝土横向水平拉杆或锚杆,并锚固于内边墙基础或岩体中,或用锚杆锚固于稳定的岩体中;立柱可在路基平面处加设横撑和纵撑,应与相邻立柱及内边墙连接,以减小墙底转角,改善结构受力条件,增加墙柱约束,减小其长细比的影响,以确保整个结构的整体性、外侧边墙及立柱的整体及局部稳定性。

位于斜坡地段的明洞外墙基础,为确保基底稳定,墙趾趾部应埋入稳固的地层中,并与外侧稳固地层边缘保持适当水平距离。外墙基础趾部明洞墙基应保证一定的嵌入基岩最小深度和护基最小宽度(表4-4)。

明洞墙基嵌入基岩最小深度和护基最小宽度　　　　表4-4

岩层种类	埋深 h(m)	护基宽 L(m)	说　　明
较完整的坚硬岩层	0.25	0.3	
一般岩层(如砂、页岩互层)	0.60	1.0	
松软岩石(如千枚岩等)	1.00	1.5	
砂夹砾石	1.50	2.5	

在寒冷地区冻胀性土上设置明洞基础时,明洞外墙基础埋深应在冻结线以下250mm。当地基为斜坡地形时,地基可切割成台阶。

三、明洞填土

明洞回填(图4-19)施工应符合下列规定:

墙后有排水设施,应与回填同时施工。明洞回填施工技术要求类似于路基填土施工。墙背与岩壁空隙小于1.2m时,可采用与洞身同级混凝土或浆砌片石回填密实。拱背回填应对称分层夯实,每层厚度不得大于0.3m,两侧回填高差,不得大于0.5m,回填至拱顶齐平后应分层满铺填筑。回填到拱顶1.0m后,方可机械碾压。回填顶面0.2m可用耕植土回填。排水沟砌筑在填土上时,应夯实后砌筑。石质地层中土质地层,应将墙背坡面开凿成台阶状,用干砌片石分层码砌,缝隙用碎石塞紧密。

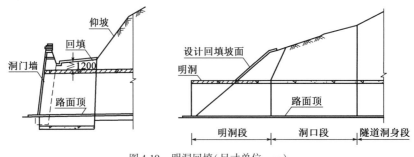

图4-19　明洞回填(尺寸单位:mm)

单元四　浅埋暗挖法

(1) 了解浅埋暗挖法施工;
(2) 初步掌握浅埋暗挖法的特点和基本原则。

浅埋暗挖法是以超前加固、处理软弱地层为前提,采用足够刚性的复合衬砌(由初期支护和二次衬砌及中间防水层所组成)为基本支护结构的一种用于软土地层近地表隧道的暗挖施工方法。它以施工监控量测为手段,并以此来指导设计和施工,保证施工安全,控制地表沉降。在应用范围上,浅埋暗挖法不仅可用于区间、大跨度过渡线段、通风道、出入口和竖井的修建,而且可用于多跨、多层大型车站的修建;在结构形式上,浅埋暗挖法不仅有圆拱曲墙、大跨度平拱直墙,还有平顶直墙的形式;在与其他施工方法的结合上,有浅埋暗挖法与盖挖法结合,还有与半断面插刀盾构的结合。

浅埋暗挖法是在新奥法的基础上,针对城市地下工程的特点发展起来的。城市浅埋地下工程的特点主要是:覆土浅,多数是未固结的砂土、黏性土、粉细砂等地质条件差的土;自稳能力差,承载力小,变形快,特别是在初期时增长快,稍有不慎极易产生坍塌或过大的下沉,而且在隧道附近往往有重要的地面建筑物或地下管网;对施工要求严格。目前已经成为城市地下工程施工采用的主要方法之一。**相关资源请扫描"本教材配套资源索引"中的二维码,资源编号为 24。**

1. 浅埋暗挖法的特点
(1)浅埋暗挖法适用于各种地质条件和地下水条件。
(2)浅埋暗挖法具有适合各种断面形式(如铁路单线、双线及多线、车站等)和变化断面(过渡段、多层断面等)的高度灵活性。
(3)通过分部开挖和辅助施工方法,可以有效地控制地表下沉和坍塌。
(4)与盾构法相比较,浅埋暗挖法在较短的开挖地段使用也很经济。
(5)与明挖法相比较,浅埋暗挖法可以极大减轻对地面交通的干扰和对商业活动的影响,避免大量的拆迁。
(6)从综合效益观点出发,浅埋暗挖法是比较经济的一种施工方法。

2. 浅埋暗挖法施工的基本原则
根据国内外的工程实践,浅埋暗挖法施工应贯彻如下原则:
(1)管超前。管超前指采用超前管棚或小导管注浆等措施先行支护,实际上就是采用超前支护的各种手段,提高掌子面的稳定性,防止围岩松动和坍塌。
(2)严注浆。严注浆指在导管超前支护后立即进行压注水泥浆或其他化学浆液,填充围岩空隙,使隧道周围形成一个具有一定强度的客体,以增强围岩的自稳能力。
(3)短开挖。短开挖指一次注浆,多次开挖,即限制一次进尺的长度,以减少围岩的松动。

(4)强支护。强支护指在浅埋的松软地层中施工,初期支护必须十分牢固,具有较大的刚度,以控制开挖初期的变形。

(5)快封闭。快封闭指在台阶法施工中,如上台阶过长,变形增加较快,为及时控制围岩松动,必须采用临时仰拱封闭,开挖一环,封闭一环,提高初期支护的承载能力。

(6)勤测量。勤测量指对隧道施工过程进行经常性的测量。掌握施工动态,并及时反馈,以指导设计和施工。

需要说明的是,山岭公路隧道施工规范对浅埋段提出"管超前、严注浆、短开挖、强支护、早封闭、勤测量、速反馈、控沉陷"的原则。强调反馈速度和控制沉陷量,其他基本无变化。

思考与练习

1. 名词解释:

新奥法 全断面法 台阶法 环形开挖留核心土法 中隔壁法 交叉中隔壁法 双侧壁导坑法 浅埋暗挖法

2. 简述新奥法的施工程序。

3. 简述全断面法的施工程序。

4. 简述环形开挖留核心土法、中隔壁法、交叉中隔壁法、双侧壁导坑法施工工序。

模块五　隧道开挖

单元一　凿岩机具

学习目标

(1) 了解隧道开挖的常用机具;
(2) 初步掌握隧道常用机具特点。

隧道工程中常使用的凿岩机有风动凿岩机和液压凿岩机,另有电动凿岩机和内燃凿岩机,但较少采用。无论何种凿岩机,其工作原理都是利用镶嵌在钻头体前端的凿刃反复冲击并转动破碎岩石而成孔。施工时可通过调节冲击功大小和转动速度以适应不同硬度的石质,达到最佳成孔效果。

1. 钻头和钻杆

钻头直接连接在钻杆前端(整体式)或套装在钻杆前端(组合式),钻杆尾则套装在凿岩机的机头上,钻头前端则镶入硬质、高强、耐磨的合金钢凿刃。

凿刃起着直接破碎岩石的作用,它的形状、结构、材质、加工工艺是否合理都直接影响凿岩效率和其本身磨损的程度。它破碎岩石主要是靠高频率的冲击作用,旋转仅起辅助作用。凿刃使用一段时间后,经过修磨可以重复使用。

凿刃的种类按其形状可分为片状连续刃及柱齿刃(不连续)两类。片状连续刃又有一字形、十字形等几种布置形式;柱齿刃又有球齿、锥形齿、楔形齿等形状之分。

一字形片状连续刃钻头的制造和修磨简单,对岩性的适应能力较强,适用于功率较小的风动凿岩机在中硬以下的岩石中钻眼,但钻眼速度较慢,且在节理裂隙发育的岩石中容易卡钻。

十字形片状连续刃钻头和柱齿刃钻头的制造和修磨较复杂,适用于功率较大和冲击频率较高的重型风动或液压凿岩在各种岩石中钻眼,尤其在高硬度岩石中或节理裂隙发育的岩石钻眼效果良好,速度也快。

常用钻头的直径有 38mm、40mm、42mm、45mm、48mm 等,用于钻中空孔眼的钻头直径可达 102mm,甚至更大。钻头和钻杆均有射水孔,压力水即通过此孔清洗岩粉。钻头构造如图 5-1 所示。

钻头的钻眼速度受以下几个因素的影响:冲击频率、冲击功、钻头形式、钻孔深度及岩石级别等。另外,钻头与钻杆、钻杆与机头的套装紧密程度和钻杆的质量、粗细则影响冲击功的传递。若套装不紧密、钻杆轴线与机头轴线重合不好或钻杆硬度小,钻杆较粗,都会损耗冲击功而降低钻眼速度。

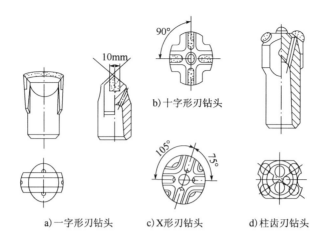

a) 一字形刃钻头　　b) 十字形刃钻头　　c) X形刃钻头　　d) 柱齿刃钻头

图 5-1　钻头构造

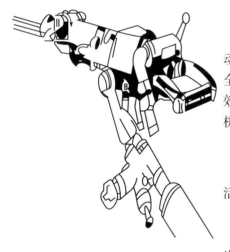

图 5-2　风动凿岩机

2. 风动凿岩机

风动凿岩机(图 5-2)俗称风钻，它以压缩空气为驱动力，具有结构简单、制造维修简便、操作方便、使用安全的优点。但风钻压缩空气的供应设备比较复杂，机械效率低，能耗大，噪声大。风钻的凿岩速度比液压凿岩机低。

3. 液压凿岩机

液压凿岩机以电力带动高压油泵，通过改变油路，使活塞往复运动，实现冲击作用。

液压凿岩机与风动凿岩机比较，具有以下一些特点：

(1) 液压凿岩机动力消耗少，能量利用率高。液压凿岩机的动力消耗仅为风动凿岩机的 1/3~1/2；在能量利用率方面：液压凿岩机可达 30%~40%，风动凿岩机仅有 15%~20%。

(2) 液压凿岩机凿岩速度快。液压凿岩机比风动凿岩机的凿岩速度快 50%~150%。在花岗岩中纯钻进速度可达 170~200cm/min。

(3) 液压凿岩机的液压系统设计配套合理，能自动调节冲击频率、扭矩、转速和推力等参数，适应不同性质的岩石，以提高凿岩功效，且润滑条件好，各主要零件使用寿命较长。

(4) 液压凿岩机有利于环境保护。液压凿岩机的噪声比风钻低 10~15dB；液压凿岩机也没有像风钻那样的排气，工作面没有雾气，空气较清晰。目前，液压凿岩机已广泛应用于隧道工程中。

(5) 液压凿岩机构造复杂，造价较高，质量大，附属装置较多，多安装在台车上使用。

4. 凿岩台车

将多台凿岩机安装在一个专门的移动设备上，实现多机同时作业，集中控制，称为凿岩台车。

凿岩台车钻孔直径有 48mm 和 102mm 两种，钻孔深为 5~15m，用于隧道爆破的钻孔深为 5~8m。

凿岩台车按其走行方式可分为轨道走行式、轮胎走行式及履带走行式;按其结构形式可分为实腹式、门架式两种。图5-3是工程中应用较多的实腹式结构轮胎走行的全液压凿岩台车。

实腹式凿岩台车通常为轮胎走行,可以安装1~4台凿岩机及工作平台臂。其立定工作范围达到宽10~15m、高7~12m,可适用于不同断面的隧道中。但实腹式凿岩台车占用坑道空间较大,需与出渣运输车辆交会避让,占用循环时间,尤其是在隧道断面不大时,机械避让占用的非工作时间就更长。故实腹式凿岩台车多应用于断面较大的隧道中。

图5-3 全液压凿岩台车(实腹式轮胎走行)

门架式凿岩台车的腹部可以通行出渣运输车辆,大量减少机械避让时间。门架式凿岩台车通常为轨道走行,安装2~3台凿岩机,多用于中等断面(20~80m²)的隧道开挖,开挖断面过小或过大则都不宜采用。

单元二 爆破材料和爆破器材

学习目标

(1)了解隧道开挖常用的炸药、雷管及塑料导爆管;
(2)了解隧道常用爆破材料和爆破器材。

一、炸药

1.炸药的性能

(1)炸药的敏感度

炸药的敏感度是指炸药在外界起爆能的作用下,发生爆炸的难易程度,简称为感度。某种炸药起爆时所需的外能小,则这种炸药的感度高;反之,某炸药起爆所需的外能大,则这种炸药的感度低。炸药的敏感度有以下不同的表示方法。

①热敏感度:也称爆发点,即炸药爆炸的最低温度,它表示炸药对热的敏感度。常用炸药的爆发点见表5-1。

常用炸药的爆发点　　　　表5-1

炸药名称	2号岩石硝铵炸药	EL乳化炸药	黑火药	硝化甘油
爆发点(℃)	230	330	310	200

②火焰感度:表示炸药对火焰(明火星)的敏感度。有些炸药虽然对温度的作用反应迟钝,但对火焰却非常敏感。如黑火药、导火线一接触火就很容易燃烧或引起爆炸。

③机械感度:是指炸药对机械能(撞击、摩擦)作用的敏感程度。一般来说,对撞击比较敏

感的炸药,对摩擦也比较敏感。

④爆轰感度:是指炸药对爆炸能的敏感程度。不同的炸药所需的起爆能是不同的。通常炸药是由雷管来击发的。即使是同一种炸药,装药密度的大小不同也会使起爆敏感度发生变化。比如硝铵炸药装药密度过大时,就会出现钝感,甚至发生拒爆。炸药的颗粒越小,起爆的敏感度也就越高。

（2）炸药的威力

炸药的威力通常用爆力和猛度来表示。

①爆力:炸药爆炸时对周围介质做功的能力。炸药的爆力是表示炸药爆炸做功的一个指标,它表示炸药爆炸时所产生的冲击波和爆轰气体作用于介质内部,并对介质产生压缩、破坏和抛移的做功能力。炸药的爆力越大,破坏岩石的能量就越多。爆力的大小取决于炸药的爆热、爆温和爆炸生成气体的体积。炸药的爆热、爆温越高,生成的气体体积就越大,则爆力就越大。

爆力通常用铅铸扩孔法测定,即以铅铸爆破前后所扩大的体积(mL)表示该炸药在受试密度下的爆力。几种炸药的爆力值见表5-2。

几种炸药的爆力值　　表5-2

炸药名称	梯恩梯	黑索金	太安	苦味酸	雷汞	迭氮化铅	二硝基重氮酚	2号煤矿炸药	2号岩石炸药	小直径浆状炸药	乳化炸药
爆力值(mL)	285	490	500	335	110	110	230	250	320	326~356	280~304

②猛度:是指炸药爆炸后,对介质局部产生破坏的能力。猛度的大小主要取决于爆速,爆速越高,猛度越大,岩石的破坏程度越大。

猛度通常用铅柱压缩法测定,即以铅柱压缩前后的高度差(mm)表示该炸药在受试密度下的猛度。几种炸药的猛度值见表5-3。

几种炸药的猛度值　　表5-3

炸药名称	铵梯炸药	硝化甘油	太安	黑索金
猛度值(mm)	14	23	23	25

（3）爆炸稳定性

爆炸稳定性是指炸药经起爆后,能否连续、完全爆炸的能力。它主要受炸药的化学性质、爆轰感度以及装药密度、药包大小(或药卷直径)、起爆能力等因素的影响。

①殉爆。一个药包爆炸后,能引起与它不接触的邻近药包爆炸,先爆炸的称主动药包,后爆炸的称被动药包,这种现象称为被动药包的殉爆。

被动药包能发生殉爆的最大距离叫作殉爆距离。例如,2号岩石硝铵炸药的殉爆距离为7cm。

②临界直径。"临界直径"是在柱状装药时被动药卷能发生殉爆的最小直径。临界直径越小,则其爆炸稳定性越好。如铵梯炸药的稳定性较好,其临界直径为15mm。浆状炸药的爆炸稳定性较差,其临界直径为100mm,但加入敏化剂后,其临界直径降为32mm,也能稳定爆炸。工程爆破采用柱状装药时,常用药卷的"临界直径"来表示炸药的爆炸稳定性。

③最佳密度。对于单质猛炸药,其装药密度越大,则爆速越大,爆炸越稳定。对于工程用混合炸药,在一定密度范围内,也有以上关系。炸药爆炸稳定,且爆速最大时的装药密度称为"最佳密度"。如硝铵类炸药的最佳密度为 $0.9 \sim 1.19 g/cm^3$,乳化炸药的最佳密度一般为 $1.05 \sim 1.30 g/cm^3$。但爆速又随着密度的增加而下降,直至某一密度时,爆炸不稳定,甚至拒爆,这时炸药的密度称为"临界密度"。

④不耦合系数。在隧道爆破中,炮眼直径 D 与炸药药卷直径 d 的比值称为不耦合系数 λ,即 $\lambda = D/d$。

⑤管道效应。在工程爆破中,常采用柱状装药结构,若药卷直径较钻孔直径小,则在药卷与孔壁之间有一个径向空气间隙。药卷起爆后,爆轰波使间隙中的空气产生强烈的空气冲击波,这股空气冲击波速度比爆轰波速度更高,它在爆轰波未达到之前,即将未爆炸的炸药压缩,当炸药被压缩到临界密度以上时,就会导致爆速下降,甚至断爆,这种现象称为管道效应。

通俗地说,就是大炮眼装小药卷,爆破时可能存在的药卷爆熄的现象。为减小管道效应,可增大药卷直径。

(4)炸药的氧平衡

在炸药爆炸的化学反应中,如氧被全部用尽而无剩余,则称为零氧平衡。如有多余的氧,则称为正氧平衡。如氧含量不足,则称为负氧平衡。零氧平衡的炸药在爆炸效果(爆炸生成热量最高)和安全方面(不产生有毒气体)都是较好的。故在配制炸药时,必须接近零氧平衡,或有微量的正氧平衡。尤其是在洞内爆破,应把预防工人炮烟中毒放在重要地位。

2. 隧道爆破的常用炸药

隧道爆破常用的炸药有以下两种:

(1)铵梯炸药

铵梯炸药的主要成分为硝酸铵(氧化剂)、梯恩梯(TNT、敏化剂)和木粉(可燃剂)。

铵梯炸药的性能一般,但稳定性好。常用的 2 号岩石铵梯炸药的药卷密度为 $1.1 g/cm^3$,爆力为 $320 cm^3$,猛度为 14mm,出厂时的殉爆距离为 5cm,爆速不小于 3200m/s。药卷外径 32mm 或 35mm,药卷长度为 200mm,质量为 150g,有效储存期为 6 个月。

(2)乳化炸药

乳化炸药的主要成分为硝酸铵和硝酸钠的混合氧化剂,以及少量乳化剂和水等。

乳化炸药具有良好的抗水性能和爆炸性能,其中 2 号岩石乳化炸药的药卷密度为 $1.30 g/cm^3$,爆力为 $260 cm^3$,猛度为 12mm,出厂时的殉爆距离为 3cm,爆速不小于 3200m/s,有效储存期为 6 个月。

隧道爆破应尽量选择高威力的炸药。一般手持凿岩机钻眼,浅眼爆破,在无水的情况下,选用标准型的 2 号岩石硝铵炸药。对于液压凿岩机钻眼,宜选用大直径药卷,以消除管道效应。在隧道内有水的情况下,可选用防水型炸药,以防炸药遇水失效而拒爆。当在隧道内遇到坚硬岩石时,最好选用猛度大的乳胶炸药、硝化甘油炸药,以破碎岩石,取得较高的炮眼利用率。在有瓦斯的隧道,一定要使用煤矿硝铵炸药。周边光面爆破一定要采用小直径的低爆速、低猛度、高爆力的专用炸药,以取得优质的爆破效果。

二、工业雷管

雷管属于起爆器材,是起爆炸药时用的。雷管属于高度危险的爆炸物品,其感度较高,必须在确保安全的情况下使用。常用的工业雷管有火雷管、电雷管、导爆管雷管。

工业雷管按起爆药量的多少分为10个等级(号数)。号数越大,起爆药量越多,则起爆能力越强。隧道爆破中常用的是8号和6号雷管。

1. 火雷管

火雷管的构造如图5-4所示,它由管壳、正起爆药、副起爆药、加强帽四部分组成。正起爆药比副起爆药感度低,但爆炸威力大。火雷管主要用火源点燃导火索,用导火索来传导火焰,使之直接喷射于火雷管的正起爆药上而使火雷管起爆,使炸药发生爆炸。

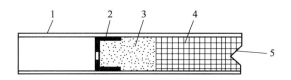

图5-4 火雷管
1-管壳;2-加强帽;3-正起爆药;4-副起爆药;5-聚能穴

火雷管一端开口,另一端封闭成窝穴状,起聚能作用。

火雷管成本较低,使用比较简单灵活,不受杂散电流的影响,应用广泛。火雷管全部是即发雷管,受撞击、摩擦和火花等作用时会引起爆炸,应正确选购、运输、保管及使用。

2. 电雷管

电雷管是在火雷管中加设电发火装置而成的。它是用导电线传输电流,使装在雷管中的电阻发热而引起雷管爆炸的。

按用处不同,电雷管分为普通电雷管和煤矿许用电雷管。煤矿许用电雷管主要适用于有瓦斯、煤尘及其他可燃矿尘爆炸危险的爆破作业场所。

(1)电雷管可分为即发电雷管和迟发电雷管。即发电雷管如图5-5所示。

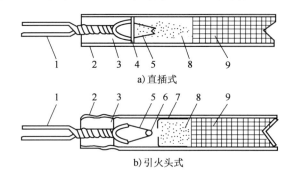

图5-5 即发电雷管
1-脚线;2-管壳;3-密封塞;4-纸垫;5-桥丝;6-引火头;7-加强帽;8-正起爆药;9-副起爆药

即发电雷管在通电后立即爆炸,迟发电雷管在通电后延期爆炸,延期的长短用段数表示,段数越大,表示延期越长,即爆炸的越迟。按延期的单位,迟发电雷管分为秒迟发电雷管和毫秒迟发电雷管。

为实现延期起爆,迟发电雷管(图5-6)的延期时间是在即发雷管中加装延期药来实现的。

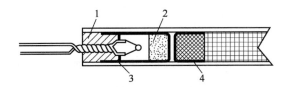

图 5-6 迟发电雷管
1-塑料塞;2-延期药;3-延期内管;4-加强帽

(2)秒迟发电雷管起延期作用的原理,是在即发电雷管内部增加了一小段精致的导火索,其延期的长短是靠导火索的长短来控制的。毫秒迟发电雷管起延期作用的原理,是在即发电雷管内部加装延期药,其延期的长短是靠药量的多少来控制的,由它控制时间更精确。

国产秒迟发电雷管是通电后延期爆炸的时间以"s"为计量单位的,按延期时间的长短分为七段,段数越大,延期时间越长。最长延期时间为(7.0+1.0)s,见表5-4。

国产秒迟发电雷管的延期时间 表5-4

段别	1	2	3	4	5	6	7
延期时间(s)	<0.1	1.0+0.5	2.0+0.6	3.1+0.7	4.3+0.8	5.6+0.9	7.0+1.0
脚线颜色	灰蓝	灰白	灰红	灰绿	灰黄	灰蓝	黑白

国产毫秒迟发电雷管有五个系列。其中第二系列是工程中常用的一个时间系列;第一、第五系列为高精度系列;第三、第四系列的延期时间间隔分别为100ms和300ms。毫秒迟发电雷管是通电后延期爆炸的时间以"毫秒"为计量单位的,1ms=1/1000s,共20段。延期时间同表5-5迟发非电雷管的段别及延期时间中的毫秒迟发雷管(第二系列)一样。

迟发非电雷管的段别及延期时间 表5-5

毫秒迟发雷管(第二系列)			
段别	延期时间(ms)	段别	延期时间(ms)
1	≥13	11	460±40
2	25±10	12	550±45
3	50±10	13	650±50
4	75±15(10)	14	760±55
5	110±15	15	880±60
6	150±20	16	1020±70
7	200±25(20)	17	1200±90
8	250±25	18	1400±100
9	310±30	19	1700±130
10	380±35	20	2000±150

(3)发爆电源可用交、直流照明或动力电源,也可以用各种类型的专用电起爆器。在有杂散电流时,应采用抗杂散电流电雷管。目前,电线、电雷管起爆系统在隧道工程中已较少采用。

3. 导爆管雷管

导爆管雷管实际上是由火雷管(加装了延期药)和导爆管组合而成的,靠导爆管内传递的爆轰波来引爆的。因它不是由电流来引爆的,而且可以做到毫秒延期,所以又称非电雷管。导爆管雷管在出厂时就带有 3m 左右的导爆管脚线。它的段数与延期长短和毫秒迟发电雷管一样。

导爆管雷管是迟发非电雷管的一种。迟发非电雷管由塑料导爆管、消爆空腔、延期药、正起爆药、金属管壳、塑料连接套、空信帽、加强帽和副起爆药组成,如图 5-7 所示。

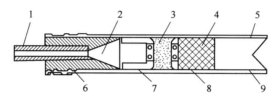

图 5-7 迟发非电雷管

1-塑料导爆管;2-消爆空腔;3-延期药;4-正起爆药;5-金属管壳;6-塑料连接套;7-空信帽;8-加强帽;9-副起爆药

国产非电雷管按延期时间分为毫秒迟发、半秒迟发、秒迟发三个系列,隧道使用的是毫秒迟发系列(表 5-5)。

三、索状起爆器材

索状起爆器材是指外形像绳索的起爆器材,如导火索、塑料导爆管、导爆索、继爆管等。

1. 导火索

导火索是用来将传递火焰给火雷管,并使火雷管在火焰作用下爆炸的传爆材料,是用以引爆雷管或黑火药的绳索。导火索本身不会爆炸。导火索是将棉线或麻线包缠黑火药和心线,并将防湿剂涂在表面而制成,通常用火柴或拉火管点燃。

导火索的燃烧速度一般为 120s/m,喷火长度不小于 40mm,可储存 2 年。

导火索的燃烧速度取决于索芯黑色火药的成分和配合比,一般在 110~130s/m 范围内,缓燃导火索则为 180~210s/m 或 240~350s/m。导火索具有一定的防潮耐水能力,在 1m 深常温静水中浸泡 2h 后,其燃烧速度和燃烧性能不变。普通导火索不能在有瓦斯或有矿尘爆炸危险的场所使用。

2. 塑料导爆管

(1)塑料导爆管是用来传递微弱爆轰波给非电雷管,使之爆炸的传爆材料。因其是由瑞典科学家诺雷尔(Nonel)首创的一种新型传爆材料,故又称诺雷尔管。它是在聚乙烯塑料管[外径为(2.95±0.15)mm,内径为(1.4±0.10)mm]的内壁涂有一层高能炸药[混合炸药主要成分是 91% 的奥克托金,9% 的铝粉,外加微量的工艺附加物,一般为石墨粉,药量为(16±2)mg/m,导爆管内也有涂黑索金等炸药的],管壁上的高能炸药在冲击波作用下可以沿着管道方向连续稳定爆轰,而将爆轰波传播到非电雷管使雷管起爆。弱爆轰在管内的传播速度为 1600~2000m/s,但因其微弱,不至于炸坏塑料管。

(2)塑料导爆管的作用原理:当击发元件对着导爆管腔击发时,将击起冲击波,在冲击波沿导爆管的传播过程中,导爆管内壁上涂有的炸药受冲击波作用发生化学反应,由于管壁内的炸药量很少,不能形成爆轰,其他化学反应释放出的能量与冲击波传播过程中的能量损失相平衡,从而使冲击波能以一恒定的速度沿导爆管稳定传播。

（3）塑料导爆管的主要性能如下：

①击发感度。塑料导爆管可以用一切能产生冲击波的起爆器材击发。

②传爆速度。塑料导爆管的爆速为(1950 ± 50)m/s，最低为1580m/s。

③传爆性能。导爆管传爆性能良好。一根长达数千米的导爆管，中间不要中继雷管接力，或者一根导爆管内有不超过15cm长的断药时，都可正常传爆。

④抗火性能。火焰不能击发导爆管，用火焰点燃单根或成卷的塑料导爆管时，它只能和塑料一样缓慢地燃烧。

⑤抗冲击性能。塑料导爆管受一般机械冲击波作用时不会被击发。200m长，药量为正常药量 1~5 倍的成卷导爆管，用 12 磅（约合 5.44kg）大锤猛砸直至破碎时，不发生爆炸现象。用 54 式手枪在 10~15m 远处射击导爆管，导爆管也不被击发。

⑥抗水性能。导爆管与金属雷管组合后具有很好的抗水性，在水下 80m 深处放置 48h，仍能正常起爆。如果对雷管防护好，可在水下 135m 深处起爆炸药。

⑦抗电性能。塑料导爆管能耐 30kV 以下的直流电。在 15cm 长的导爆管两端插入相距 10cm 的两个电极，两极加 30kV 直流电，在 1min 内导爆管不被起爆，也不被击穿。

⑧破坏性能。塑料导爆管传爆时，管壁完整无损，对周围环境没有破坏污染作用，人手握着无不适之感。偶尔因药量不均使管壁破洞时，也不致伤害人体。

⑨国产塑料导爆管具有一定的强度，在 50~70N 拉力作用下，导爆管不会变细，传爆性能不变。

⑩塑料导爆管可作为非危险品运输。

塑料导爆管不能直接起爆炸药，应与非电毫秒迟发雷管配合使用。

3. 导爆索与继爆管

（1）导爆索

导爆索是以单质猛炸药黑索金或太安作为索芯的传爆材料。它经雷管起爆后，可以直接引爆其他炸药。根据适用条件的不同，导爆索主要分为普通导爆索和安全导爆索两种。

普通导爆索是目前生产和使用较多的一种，它具有一定的防水性能和耐热性能。但在爆轰传播过程中火焰强烈，所以只能用于露天爆破和没有瓦斯的地下爆破作业，其爆速不小于 6500m/s。

安全导爆索是在普通导爆索的药芯或外壳内加了适量的消焰剂，使爆轰过程中产生的火焰小，温度低，不会引爆瓦斯或矿尘，专供有瓦斯或矿尘爆炸危险的地下爆破作业使用。其爆速不小于 6000m/s。

因导爆索能直接引爆炸药，故在隧道工程中，采用小直径药卷间隔装药时，常用导爆索将各被动药卷与主动药卷相连接，以使被动药卷均能连续爆炸，从而减少了雷管数量并简化了装药结构，实现减少装药量，达到有控制的弱爆破目的。在装药计算时，应将导爆索的爆力计入炸药用量中。

（2）继爆管

继爆管是一种专门与导爆索配合使用的具有毫秒延期作用的起爆器材，如图5-8所示。

导爆索与继爆管具有抵抗杂散电流和静电引起爆炸危害的能力，装药时可不停电，增加了纯作业时间，所以导爆索-继爆管起爆系统在矿山和其他工程爆破中得到了应用。其缺点是成本比毫秒电雷管系统高，且在有瓦斯环境中危险性高，起爆网络中的导爆索不能交叉。

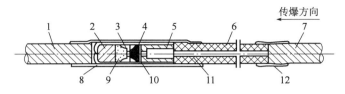

图 5-8 导爆管与继爆管

1-导火索;2-副起爆药;3-加强帽;4-缓冲剂;5-大内管;6-消爆管;7-导爆管;8-雷管壳;9-正起爆药;10-纸垫;11-外套管;12-连接管

一些资料表明,导爆管系统:电力系统:导爆索系统三种起爆系统的费用比为 1∶1.2∶3.0。

单元三　起爆方法

(1) 了解隧道开挖常用的起爆方法;
(2) 初步掌握隧道炸药的起爆顺序。

一、导爆管雷管起爆法

1. 导爆管雷管起爆法

爆破工程是通过工业炸药爆破实施的,而引爆炸药有两种方法:一种是通过雷管的爆炸起爆工业炸药;另一种是利用导爆索爆炸产生的能量引爆工业炸药,而导爆索本身需要雷管将其引爆。

(1) 导爆管雷管起爆法示意如下:

导火索—火雷管—导爆管—导爆管雷管—起爆药卷。

现场一般采用火雷管或电雷管。由于从 2008 年 1 月 1 日起,导火索与火雷管停止生产和使用,现在现场使用电力起爆器来击发导爆管,导爆管雷管就是起爆元件,不过导火索和火雷管仍有使用。

(2) 用电雷管来代替火雷管,示意如下:

导线—电雷管—导爆管—导爆管雷管—起爆药卷。

目前,在隧道钻爆中,最常用的就是导爆管雷管起爆法。导爆管雷管起爆法利用导爆管传递冲击波点燃雷管,进而直接或通过导爆索起爆工业炸药,属于非电起爆法。电力起爆器的电源用的是干电池。在有瓦斯或矿尘的隧道中,不能使用导爆管起爆法。

2. 导爆管的连接网络

在隧道施工现场,广泛使用的方法是:直接用导爆管雷管作为传爆元件,将被传爆的导爆管用电工黑胶布牢固地捆绑在传爆雷管周围。这种连接方法称簇联,俗称"一把抓"。但必须注意,捆绑长度要在 15～20cm,用黑胶布缠绕几层,捆扎牢固,一般情况下,簇联导爆管不超过 15 根(图 5-9)。

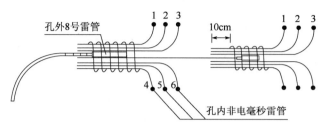

图 5-9 集束联结法(炮眼旁数字为非电毫秒雷管段别)

导爆管可用 8 号火雷管、导爆索、击发枪和专用击发器引爆。其连接和分支可集束捆扎雷管继爆,也可以用连通器连接继爆(图 5-10、图 5-11)。

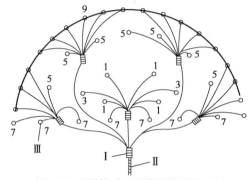

图 5-10 导爆管-非电雷管起爆网络(一)

Ⅰ-火雷管;Ⅱ-导火索;Ⅲ-符号○为炮眼,旁边数字为毫秒雷管段别

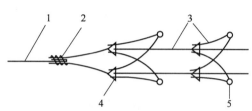

图 5-11 导爆管-非电雷管起爆网络(二)

1-导爆索;2-8 号雷管及黑胶布;3-导爆管;4-连接块;5-炮眼

3. 连线起爆作业应符合的规定

(1)每次起爆前,爆破员应仔细检查起爆网络。

(2)起爆前,应确定相邻工作面未装炸药及雷管。

(3)爆破员应最后离开爆破地点,撤离到有掩护的安全地点起爆。

(4)起爆前,所有人员应撤至不受有害气体影响、振动和飞石伤害的安全地点;安全地点距爆破工作面的距离,在独头隧道不应小于 200m。当采用全断面法开挖时,应根据爆破距离与装药量计算确定安全距离。在有可能发生涌水、突水地段应加强开挖工作面与洞内后部工作点的联系。

(5)起爆前班组长应清点人数,确定无误后方可下达起爆指令。起爆员接到起爆指令后,应先发出爆破警号,至少等 5s 后,方可起爆。

(6)处理残炮,瞎炮应符合《爆破安全规程》(GB 6722—2014)的相关规定。

(7)爆破后应待洞内有害气体浓度达到《公路隧道施工技术规范》(JTG/T 3660—2020)的规定后,进入工作面作业。

二、电力起爆法

在隧道工程爆破中,电力起爆一般用在竖井或有瓦斯或矿尘的隧道中。

电力起爆法就是利用电能引爆雷管而引爆工业炸药的方法,构成电力起爆的器材有电雷管、导线起爆电源和测量仪器。电力起爆系统示意如下:

起爆电源—导线(母线)—连接电雷管连线—电雷管—起爆药卷。

电力起爆时,除应执行《爆破安全规程》(GB 6722—2014)的有关规定外,尚应符合下列规定:

(1)工作面的电灯及电线应在装药前全部撤离,装药时应用矿灯、投光灯或风灯照明。

(2)起爆主导线不宜与电线和管路敷设在同一侧;若在同一侧时,与钢轨、管道等导电体距离应大于1.0m,并悬空架设。

(3)起爆前,应确保现场人员、机械设备等已撤离到安全距离外,并检查主线的连接,确认起爆顺序无误后方可起爆。

(4)在地下水发育地段爆破材料应防水;应采用塑料导线作为连接线。应加强接头的防水与绝缘处理,爆破管路的接头不得浸在水里。

单元四 爆破作用

学习目标

(1)了解爆破对固体介质的破坏作用;
(2)初步掌握隧道常用爆破术语的含义。

一、爆破对固体介质的破坏作用

炸药的爆炸反应是有机物的氧化还原反应,具有高温、高压和高速度的特点。炸药的爆炸过程是爆轰波的传播过程,也是爆炸生成气体和初始做功的过程。当炸药在围岩中爆炸时,爆轰波轰击岩面,以冲击波形式向岩体内部传播,形成动态应力场。冲击波作用时间短,能量密度高,使炮孔周围岩石产生粉碎性破坏。爆炸气体静压和膨胀做功,有使岩石质点作远离药包中心运动的倾向,岩石受切向拉力,其强度达到岩石抗拉强度时,则岩石被破坏,产生径向裂隙。在爆炸结束的瞬间,随着温度下降,气体逸散,介质又为释放压缩能而回弹,从而又可能产生环向裂缝。在爆破力作用下,偏离径向45°的方向上还可能产生剪切裂缝。在这些裂缝的交错切割和剩余爆破力的作用下,岩石即被破碎和移位,如图5-12所示。

假定将药包埋置在无限介质中进行爆破,则在远离药包中心不同的位置上,其爆破作用是不相同的。其大致可以划分为三个区域,如图5-13所示。

1. 压缩粉碎区

压缩粉碎区是指半径为 R_1 的区域。该区域内介质距离药包最近,受到的压力最大,故受到的破坏也最大。当介质为土壤或软岩时,这一区域会压缩形成一个环形体孔腔;当介质为硬岩时,则产生粉碎区破坏,故这一区域称为压缩粉碎区。

2. 破裂区

半径为 R_1 与 R_2 之间的范围叫作破裂区。在这个区域内介质受到的爆破力虽然比压缩粉碎区小,但介质的结构仍然被破坏成碎块。

3. 震动区

半径为 R_2 与 R_3 之间的范围叫作震动区。在此范围内,爆炸能量只能使介质发生弹性变形不能产生破坏作用。

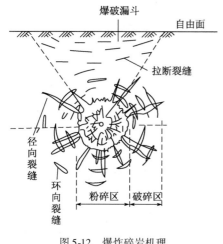

图 5-12 爆炸碎岩机理

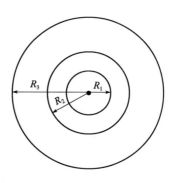

图 5-13 爆破的内部作用

R_1-压缩粉碎区半径;R_2-破裂区半径;R_3-震动区半径

当炮眼装药长度远大于横截面的直径时,形成的圆柱状延长药包简称柱状药包。它是工程爆破中应用最为广泛的药包。球形药包爆破应力波的传播方向,是以药包中心为圆心成球面状向四周传播。当炮眼方向垂直于临空面,即最小抵抗线与炮眼装药轴线重合时,柱状药包爆破作用力的方向是平行于临空面而指向岩体内部,即爆破作用受到岩体的挟制作用,但一般仍能形成倒圆锥露头,易残留炮窝。

二、爆破术语

1. 临空面

临空面是指被爆岩石与空气的交界面,爆破作用是朝临空面的方向突破。如图 5-14 所示,小圆点代表药包,R 代表爆破破坏半径,r 代表爆破漏斗半径,V 代表最小抵抗线。临空面越多,爆破岩石越容易,爆破效果也越好。当临空面多时,炸药的用量相对越少。

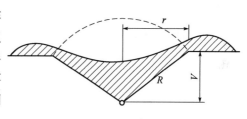

图 5-14 临空面、爆破漏斗、最小抵抗线

炮眼与临空面的夹角越小,爆破效果也越好。当炮眼方向垂直于临空面时,爆破效果最差;炮眼方向平行于临空面时,爆破效果最好。

隧道爆破的一个主要特点就是只有一个临空面。如图 5-15a) 所示,图中小圆点代表药包,R 代表爆破破坏半径。

两个临空面则可能炸出两个爆破漏斗,如图 5-15b) 所示。三个临空面则可能炸出三个爆破漏斗,如图 5-15c) 所示。临空面少,爆炸出来的介质也少;临空面多,爆炸出来的介质也多。所以,爆破要充分利用自然地形的临空面,或人为地多创造一些临空面,就可以提高爆破效果。

2. 爆破漏斗

当单个药包在岩体中埋置深度不大时,爆破的外部作用特点是在临空面上形成一个倒圆锥形爆坑,称为爆破漏斗,如图 5-14 所示。

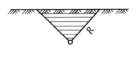
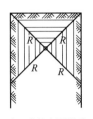

a) 一个临空面爆破　　b) 两个临空面爆破　　c) 三个临空面爆破

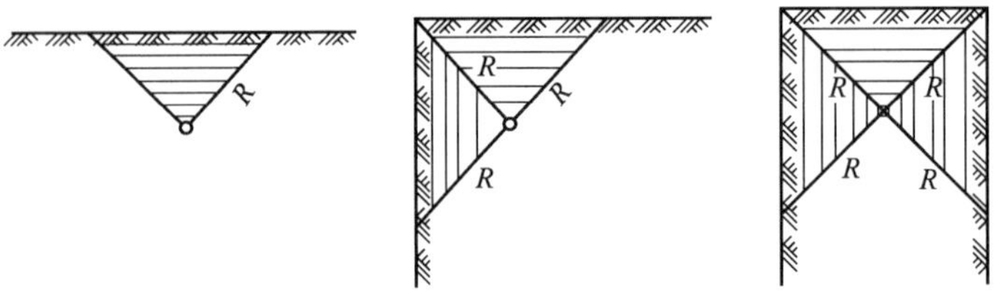

图 5-15　临空面

3. 最小抵抗线

在工程爆破中,通常把药包中心线或重心到最近临空面的最短距离称为最小抵抗线,用 V 表示,单位是厘米,如图 5-14 所示。

最小抵抗线是爆破时岩石阻力最小的方向,所以在此方向上岩石运动速度最大,爆破作用最集中。因此,最小抵抗线是爆破作用的主导方向,也是岩石移动的主导方向。在隧道光面爆破中,周边眼与内圈眼之间的排距就是周边眼的抵抗线。

单元五　炮　　眼

(1) 了解炮眼的种类;
(2) 初步掌握隧道常用掏槽形式。

一、炮眼的种类和作用

按照炮眼的位置和作用的不同有三种炮眼,即掏槽眼、辅助眼和周边眼。

1. 掏槽眼

针对隧道爆破只有一个临空面的特点,为提高爆破效果,先在开挖面的中下部位置,布置一些装药量较多的炮眼,炸出一个槽口,这个过程就叫作掏槽,这些炮眼称为掏槽眼。

(1) 掏槽眼的作用是将开挖面上适当部位先掏出一个小型槽口,以形成新的临空面,为后爆的辅助炮创造更有利的临空面,提高爆破效率。一般情况下,掏槽眼应布置在开挖面的中下部。在岩质软硬不均的岩层中,应布置在软岩层中。

(2) 掏槽眼本身只有一个临空面,且受周围岩石的挟制作用,故常采用较大的炸药单耗量 k 值和较大的装药系数 a 值,以增大爆破粉碎区,并利用爆炸冲击波及爆炸产物做功,将岩石抛掷出槽口。

(3) 为保证掏槽炮能有效地将石渣抛出槽口,为辅助眼创造出足够深度的临空面,保证循环掘进进尺,常将掏槽眼比设计掘进进尺加深 1~20cm,并采用反向连续装药和双雷管起爆。

(4) 槽口截面面积常为 1.0~2.5m²,要与循环进尺、断面大小和掏槽方式相协调。要求掏槽眼口间距误差和眼底间距误差不得大于 5cm。

(5) 合理布置掏槽眼,应掌握好炮眼的三度:深度、密度和斜度,并通过计算确定用药量及放炮顺序。

2. 辅助眼

位于掏槽眼和周边眼之间的炮眼,统称辅助眼。常把靠近掏槽眼并有扩大掏槽作用的炮眼称为扩槽眼,把靠近周边眼的一排眼称为内圈眼。

辅助眼的作用是进一步扩大槽口体积和爆破量,并逐步接近开挖断面形状,为周边眼创造有利的爆破条件。

辅助眼的布置主要是解决炮眼间距 E 值和最小抵抗线 V 值的问题。这可以由施工经验决定,通常 V、E 值及单孔装药量 q 值较大些。一般宜取 $E/V=0.6\sim0.8$,并采用孔底连续装药。

辅助眼应由内向外,逐层布置,逐层起爆,逐步接近开挖断面轮廓形状,如图5-16所示。

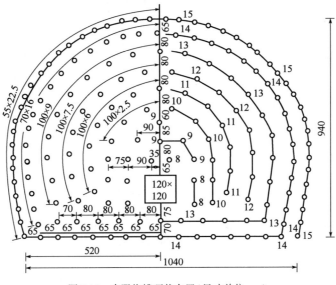

图5-16 直眼掏槽环状布置(尺寸单位:cm)

3. 周边眼

沿隧道周围布置的炮眼称为周边眼。按其所在顶部、边部、底部位置的不同,又可以将周边眼分为顶眼、帮眼和底板眼。

周边眼的作用是在爆破后使坑道断面达到设计的形状和尺寸,目的是成型。

二、炮眼的掏槽形式

根据掏槽眼与开挖面的关系,可将掏槽形式分为直眼掏槽和斜眼掏槽两大类。目前,由于施工机械化,多用直眼掏槽。斜眼掏槽和浅眼爆破适用人工施工或机械设备不足的施工条件。当炮眼深度小于1.5m时,属于浅眼爆破。一般将炮眼深度为1.5~3.5m的称为中深眼。

1. 直眼掏槽

直眼掏槽由若干个彼此距离很近的、垂直于开挖面的、互相平行的炮眼组成。它是利用炮眼内药包所产生的巨大爆炸力,爆破处于掏槽内部的岩石,并使之抛出槽外,从而形成一个设定的槽腔。

大直径空眼其作用相当于为装药掏槽眼提供了临空面,并取得了良好的掏槽效果。一般在中硬和坚硬岩层中,对3m以下的浅眼掏槽,采用单空孔形式较好;当设计循环进尺为3.5m

左右时,采用双空孔形式最佳;对3.5~5.5m的深孔掏槽,则采用三空孔形式最好;为保证掏槽炮眼爆炸后岩渣有足够的膨胀空间,一般要求空眼体积为掏槽眼体积的10%~20%。

(1)直眼掏槽的优缺点:直眼掏槽在各种硬度的岩层中都可以使用,一般用于中硬岩层或坚硬岩层;炮眼深度不受开挖断面宽度和高度的限制,适宜钻凿较深的炮眼而提高每循环的进尺;炮眼容易控制,钻眼时干扰少,便于多台凿岩机同时作业,提高凿眼效率;容易控制眼底深度,使眼底在同一垂直面上;炮眼利用率高,可达90%~100%;石渣抛掷距离较近,不易打坏支护及机具设备等。

直眼掏槽的缺点:炮眼数目较多,需要炸药数量也较多;钻眼要求精确。

(2)直眼掏槽的典型形式如图5-17所示。浅眼直眼掏槽的典型形式有五梅花小直径中空直眼掏槽、螺旋形掏槽、菱形掏槽、无空直眼掏槽、小直径中空直眼掏槽等。

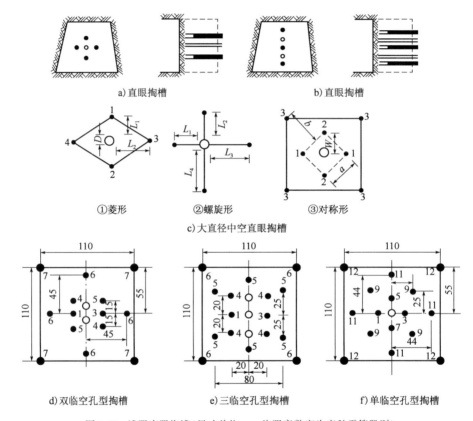

图5-17 浅眼直眼掏槽(尺寸单位:cm;炮眼旁数字为毫秒雷管段别)

2. 斜眼掏槽

斜眼掏槽的特点是掏槽眼与开挖断面斜交,常用的形式有锥形掏槽、各种楔形掏槽、爬眼掏槽等,如图5-18所示。

斜眼掏槽具有操作简单、精度要求较直眼掏槽低,能按岩层的实际情况选择掏槽方式和掏槽角度,容易把石渣抛出,掏槽眼的个数较少且炸药的消耗量低等优点。其主要缺点是掏槽的深度受到开挖面宽度和岩层硬度的限制,不易提高每一循环的进尺,也不便于多台钻机同时作业。因为石质越硬,炮眼倾角越小,在一定的开挖断面宽度内,选用钢钎的长度受到了限制,钢钎过长就会碰到导坑侧壁。钻凿时的倾斜角度也难以掌握。

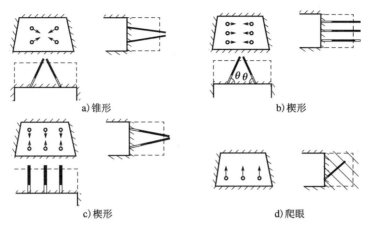

图 5-18 斜眼掏槽布置

单元六　爆　破　设　计

(1) 了解钻爆设计的程序；
(2) 了解隧道钻爆设计的方法；
(3) 掌握光面爆破与预留光面层光面爆破的爆破顺序。

隧道钻爆设计一般采用工程类比法。施工时,根据围岩级别的不同、岩石性质和区域构造等的不同,采用成熟的设计进行试爆,反复调整设计参数,达到合格的爆破效果。

在石质隧道中,采用最多的是钻眼爆破法。在隧道工程中,钻爆作业必须按照钻爆设计进行钻眼、装药、接线和引爆,同时应满足钻眼爆破施工开挖的质量要求。为此,应充分研究以下问题:岩石的抗爆破性(抗钻性)、炸药品种及用药量计算,炮眼(掏槽眼、辅助眼、周边眼)的布置形式和炮眼数量、直径、长度,装药结构与起爆顺序和起爆网路等。**隧道炮眼布置相关资源请扫描"本教材配套资源索引"中的二维码,资源编号为 25**。

一、炮眼布置的原则和方法

布置炮眼时,一般遵循下列原则和方法:

(1) 先布置掏槽眼,其次布置周边眼,最后布置辅助眼。掏槽眼应布置在开挖面的中央或偏下部,其深度应比其他眼深 15～20cm。为爆出平整的开挖面,除掏槽眼和底部炮眼外,所有掘进眼底都应落在同一平面上。底部炮眼深度一般与掏槽眼相同。

(2) 辅助眼的布置主要根据炮眼间距和最小抵抗线确定。当周边眼与掏槽眼之间距离过大时,应适当布置辅助眼。

如使用国产 2 号岩石硝铵炸药,炮眼间距为:软石 100～120cm,中硬石 60～80cm,坚硬石 60～80cm,特硬石 50～60cm,最小抵抗线为上述间距值的 60%～80%。

(3) 周边眼的位置一般是沿着设计轮廓线均匀布置,其炮眼间距和最小抵抗线长度应比辅助眼小,目的是使爆破出的坑道的轮廓较为平直并控制超欠挖量。

当岩质较软或较破碎时,炮眼口则应放在开挖轮廓线以内。炮眼底则应根据岩石的抗爆破性来确定其位置,应将炮眼方向以3%～5%的斜率外插。这一方面是为了控制超欠挖,另一方面是为了下次钻眼时便于钻孔。对于硬岩,周边眼应落在设计轮廓线以外10～15cm;对于中硬岩,一般周边眼应落在设计轮廓线上;对于松软岩层,一般周边眼应落在设计轮廓线内10～15cm;此外,为保证开挖面平整,辅助眼及周边眼的深度应使其眼底落在同一垂直面上,必要时应根据实际情况调整炮眼深度。

周边眼的爆破在很大程度上影响到开挖轮廓的质量和对围岩的扰动破坏程度,故周边眼同掏槽眼一样须慎重考虑。采用光面爆破或预留光面层光面爆破,可使爆破后岩石的表面能按设计轮廓线成型,表面平整,超欠挖量最小。

二、参数

1. 光面爆破参数

合理采用爆破参数。各光面爆破参数如周边眼间距 E、最小抵抗线 V、相对距 E/V 和装药集中度 g 等,应采用工程类比法或根据爆破漏斗及成缝现场试验确定。在试验时,可按表5-6选用。

光 面 爆 破 参 数　　　　表5-6

岩石种类	饱和单轴抗压极限强度 R_b(MPa)	装药不耦合系数 D	周边眼间距 E（cm）	周边眼最小抵抗线 V(cm)	相对距 E/V	周边眼装药集中度 g(kg/m)
硬岩	>60	1.25～1.50	55～70	70～85	0.8～1.0	0.30～0.35
中硬岩	30～60	1.50～2.00	45～60	60～75	0.8～1.0	0.20～0.30
软岩	<30	2.00～2.50	30～50	40～60	0.5～0.8	0.07～0.15

注:1. 软岩隧道光面爆破的相对距宜取最小值。
2. 断面较小或围岩软弱破碎或在曲线、折线处开挖成型要求高时,周边眼间距应取小值。
3. 软岩在取较小的周边眼间距的同时,应适当增大抵抗线。
4. 软岩或破碎性围岩,相对距宜取小值。
5. 装药集中度按2号岩石硝铵炸药考虑,当采用其他炸药时,应进行换算。

2. 预留光面层光面爆破参数

预留光面层光面爆破俗称预裂爆破。预裂爆破主要参数的确定方法有理论计算法、经验公式计算法和经验类比法三种。目前须通过经验类比初步确定爆破参数,再由现场试验调整,才能获得满意的结果。表5-7给出了隧道采用预裂爆破的参考数值。

预 裂 爆 破 参 数　　　　表5-7

岩石种类	饱和单轴抗压极限强度 R_b(MPa)	装药不耦合系数 D	周边眼间距 E（cm）	周边眼最小抵抗线 V(cm)	相对距 E/V	周边眼装药集中度 g(kg/m)
硬岩	>60	1.25～1.50	60～70	70～80	0.7～1.0	0.30～0.35
中硬岩	30～60	1.50～2.00	40～50	50～60	0.8～1.0	0.20～0.30
软岩	<30	2.00～2.50	40～50	50～60	0.7～0.9	0.07～0.15

3. 注意事项

(1)在隧道洞身开挖轮廓线及预留变形量。因为坑道开挖后围岩由于失去部分约束而产生向坑道方向的收缩变形,所以施工开挖轮廓线应在设计开挖轮廓线的基础上适当加大,称为预留变形量。

预留变形量的大小,主要取决于围岩类别、开挖断面大小、隧道跨度大小、开挖方法、掘进方式、支撑或支护方法等因素的影响,可以根据实际量测数据分析确定,并进行调整。

(2)隧道爆破开挖中的炮眼布置。炮眼布置首先应确定施工开挖轮廓线,然后进行炮眼布置。

三、装药结构

装药结构是指继爆药药卷和起爆药药卷在炮眼中的布置形式。按起爆药卷在炮眼中的位置和其中雷管聚能穴的方向可以分为正向装药和反向装药(图5-19);按其连续性则可分为连续装药和间隔装药。

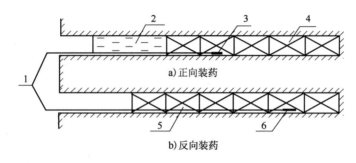

图5-19 装药结构
1-引线;2-炮泥;3、6-引爆药卷;4、5-普通药卷

1. 正向装药

将起爆药卷放在眼口第二个药卷位置上,雷管聚能穴朝向眼底,并用炮泥堵塞眼口,即每一个炮眼内从眼底向眼口的装药顺序是:先装普通药卷,次装引爆药卷,后用炮眼泥堵塞眼口。这种装药结构在过去使用得较多。

2. 反向装药

将起爆药卷放在眼底第二个药卷位置上,雷管聚能穴朝向眼口,即每一个炮眼内的眼底向眼口的装药顺序是:先装普通药卷,次装引爆药卷,后用炮眼泥堵塞眼口。国内外实践证明,反向装药结构能提高炮眼的利用率,减少瞎炮率,减少石渣块度,便于运输,增大抛掷能力和降低炸药消耗量。炮眼越深,反向装药的效果越好。

掏槽眼和辅助眼多采用大直径药卷在孔底连续装药。周边眼可采用小直径药卷连续装药或大直径药卷间隔装药。

四、光面爆破与预裂爆破

1. 光面爆破

(1)光面爆破的特点。光面爆破是通过正确确定爆破参数和施工方法,在设计断面内的岩体爆破崩落后再爆周边眼,使爆破后的围岩断面轮廓整齐,最大限度地减轻爆破对围岩的扰动和破坏,尽可能地保持原有围岩的完整性和稳定性的爆破技术。光面爆破一般适用于硬岩。

光面爆破的分区起爆顺序是：掏槽眼—辅助眼—周边眼—底板眼。辅助眼则应由里向外逐层起爆。为使光面爆破有较好的效果，除上述要求外，还应使辅助炮眼爆破后尽量接近开挖轮廓形状，使光面爆破层厚度尽可能一致；并应注意不要使爆破落下的石渣堵死周边眼的临空面。

（2）光面爆破的主要标准为：开挖轮廓成型规则，岩面平整；围岩壁上保存有50%以上的半面炮眼残痕，无明显的爆破裂缝；超欠挖符合规定要求，围岩壁上无危石等。

（3）光面爆破的主要参数和技术措施。

①适当加密周边眼间距，调整相对距 E/V 值。光面爆破的特点是：周边眼间距比一般爆破的间距小，适当缩小周边眼间距，要视岩石的抗爆性、炸药性能、炮眼直径和装药量而定，一般可取炮眼直径 $d = 38 \sim 48 \text{mm}$，$E = 40 \sim 70 \text{cm}$。选择时，对于坚硬和破碎岩石，宜取较小的 E 值；对于软质或完整性好的岩石，宜取较大的 E 值。为了保证孔间贯通裂缝优先形成，须使周边眼的最小抵抗线大于炮眼间距，通常宜取 $E/V = 0.8$，即 $V = 40 \sim 85 \text{cm}$。

②选择合理的炸药品种、炸药量和装药结构。周边眼宜采用小直径药卷和低爆速炸药，可借助传爆线以实现空气间隔装药，用于光面爆破的炸药，与主体爆破的炸药相比，应选用爆速较低、猛度较低、爆力较大、传爆性能良好的炸药。但底板眼则宜选用高爆力炸药，既可以克服上覆石渣的压制，又起到了翻渣作用。

周边眼的装药结构，可采用小直径药卷连续或间隔装药。但药卷直径不小于炸药的临界直径，以保证稳定传爆，必要时采用导爆索传爆（孔内串联）。

③保证周边眼同时起爆。据测定，当各炮眼的起爆时差超过0.1s时，就等同于各个炮眼单独爆破，不能形成贯通裂缝。周边眼各个炮眼同时起爆，能使炮眼间爆炸力共同作用，比较容易炸成平面。因此，要求周边眼必须采用同段雷管同时起爆，并尽可能减少同段雷管的延期时间差（雷管的制造误差），如使用高精度系列迟发雷管或用导爆索作为孔内传爆等。对石质稍差的岩石，宜采用毫秒迟发电雷管起爆周边眼，它既具有同时起爆的爆破威力，又可以减少对轮廓线外围岩的扰动。

④严格掌握钻眼技术。应使三种炮眼的位置及方向准确无误，否则光面爆破的效果会明显降低，达不到光面爆破的目的。

⑤合理采用爆破参数。爆破参数可按表5-6选用。

2. 预裂爆破

预裂爆破的分区起爆顺序为：周边眼—掏槽眼—辅助眼—底板眼。

预裂爆破法实际上是在光面爆破的基础上发展起来的一种爆破方法。预裂爆破是先起爆周边眼，在其他炮眼未爆破之前沿开挖轮廓线预裂爆破出一条用以反射爆破地震应力波的裂缝而得名。由于这个预裂面的存在，对后爆破的掏槽眼、辅助眼的爆轰波能起到反射和缓冲作用，可以减少爆轰波对围岩的破坏影响，保持岩体的完整性，使爆破后的开挖面整齐规则。预裂爆破一般适用于软岩。

预裂爆破很适用于稳定性较差而又要求控制开挖轮廓的软弱围岩，但预裂爆破的周边眼间距和最小抵抗线都要比光面爆破小，单孔装药量可较少，炸药分布比较均匀，对围岩的破坏扰动更小。相应地，要增多炮眼数量，钻眼工作量增大。

影响预裂爆破效果的因素很多，如钻孔直径、孔距、装药量、岩石的物理力学性质、地质构造、炸药品种、装药结构及施工因素等。

五、岩石的抗爆破性及分段

1.岩石的抗爆破性

岩石的抗爆破性（或抗钻性）是指岩石抵抗爆炸冲击波（或钻头冲击）破坏的能力。岩石的抗钻性主要取决于其物理力学性质，特别是岩石在动载作用下的变形性质和内聚力强弱，另外也受到岩体结构特征和地下水等因素的影响。隧道工程应按岩石的抗爆破性进行钻爆设计，并按其抗钻性选择凿岩机具。

2.岩石的抗爆破性分段

近年来，国内外有研究资料建议采用岩石爆破性指数 N 作为岩石抗爆破性的分级指标，将岩石分为极易爆、易爆、中等、难爆、极难爆五级。岩石爆破性指标 N 的确定，是在炸药能量和其他条件相同时，进行爆破漏斗试验，根据爆破后的漏斗体积、大块率、小块率、平均合格率和岩体的波阻抗等指标进行计算。

单元七　钻爆施工

学习目标

（1）了解钻爆施工的工序；
（2）掌握隧道超欠挖测量方法；
（3）掌握炮眼痕迹保存率的计算方法。

公路隧道洞身爆破施工的基本作业包括隧道开挖、支护和衬砌。开挖和支护是隧道施工的关键步骤。隧道开挖作业包括钻眼、装药、爆破等几项工作。爆破施工是隧道的关键工序之一，必须做好超欠挖控制。

掘进方式是指对坑道范围内岩体的挖除方式，也称破岩方式。目前主要有四种：人工掘进、自由断面掘进机掘进、钻眼爆破掘进和全断面掘进机掘进。隧道施工常用的掘进方式有钻眼爆破掘进、掘进机掘进和人工掘进三种掘进方式。一般山岭隧道最常用的是钻眼爆破掘进，人工掘进效率低，是一种补充的掘进方式。

钻爆施工是把钻爆设计付诸实施的重要环节，包括钻孔、装药、堵塞和爆破后可能出现的问题处理等。隧道爆破通常都要求每一循环进尺尽可能大。

一、钻爆施工工序

1.隧道开挖作业

（1）钻眼

在隧道开挖爆破过程中，广泛采用的钻孔设备为凿岩机和钻孔台车。为保证达到良好的爆破效果，施钻前应由专门人员根据设计布孔图在现场布设炮眼，必须标出掏槽眼和周边眼的位置，严格按照炮眼的设计位置、深度、角度和孔径进行钻眼。如出现偏差，由现场施工技术人员确定其取舍，必要时应废弃重钻。

（2）装药

在炸药装入炮眼前，应将炮眼内的残渣、积水排除干净，并仔细检查炮眼的位置、深度和角度是否满足设计要求，装药时应严格按照设计的炸药量进行装填。

图 5-20　隧道开挖作业中已完成钻眼装药的掌子面

实践表明，反向起爆有利于克服岩石的挟制作用，能提高炮眼利用率，减小岩石破碎块度，爆破效果较正向起爆为好。但反向起爆较早装入起爆药卷，会影响后续装药质量，在有水的情况下，起爆药卷易受潮拒爆，还易损伤起爆引线，机械化装药时易产生静电早爆。隧道周边眼一般采用小直径药卷连续装药结构或普通药卷间隔装药结构。当岩石很软时，也可用导爆索装药结构，即用导爆索取代药卷进行装药。如图5-20所示，隧道开挖作业中掌子面已经钻孔装药，未堵塞炮眼。

（3）堵塞及起爆

隧道内所用的炮眼堵塞材料一般为砂子和黏土混合物，其比例大致为砂子40%～50%、黏土50%～60%，堵塞长度视炮眼直径而定。当炮眼直径为25mm和50mm时，堵塞长度不能小于18cm和45cm。堵塞长度也和最小抵抗线有关，通常不能小于最小抵抗线。堵塞可采用分层捣实法进行。

起爆网络是隧道爆破成败的关键，直接影响爆破效果和爆破质量，起爆网络必须保证每个药卷按设计的起爆顺序和起爆时间起爆。目前，在无瓦斯与煤尘爆炸危险的隧道中进行爆破开挖多采用导爆管起爆系统起爆。

2. 盲炮的预防和处理

放炮时，炮眼内预期发生爆炸的炸药因故未发生爆炸的现象称为盲炮，俗称瞎炮。炸药、雷管或其他火工品不能被引爆的现象称为拒爆。

（1）盲炮产生的原因

①火雷管拒爆产生盲炮。如火雷管导火索药芯过细或断药、加强帽堵塞、导火索和火雷管在运输、储存或使用中受潮变质，火雷管与导火索连接不好，造成雷管瞎火；装药充填时不慎，使导火索受损或与雷管拉脱或点炮时漏点、响炮顺序不当等产生盲炮。

②电力起爆产生盲炮。如电雷管的桥丝与脚线焊接不好，引火头与桥丝脱离，延期导火索未引燃起爆药等；雷管受潮或同一网路中采用不同厂家、不同批号和不同结构性能的雷管，或者网路电阻配置不平衡，雷管电阻差太大，致使电流不平衡，从而每个雷管获得的电能有较大的差别，获得足够起爆电能的雷管首先起爆而炸断电路，造成其他雷管不能起爆；电爆网路短路、断路、漏接、接地或连接错误；起爆电源起爆能力不足，通过雷管的电流小于准爆电流；在水孔中，特别是溶有铵梯类炸药的水中，线路接头绝缘不良造成电流分流或短路。

③导爆索起爆产生盲炮。如导爆索因质量问题或受潮变质，起爆能力不足；导爆索药芯渗入油类物质；导爆索连接时搭接长度不够，传爆方向接反，连成锐角，或在敷设中使导爆索受损；延期起爆时，先爆的炸药炸断起爆网路。

④导爆管起爆系统拒爆产生盲炮。如导爆管内炸药中有杂质，断药长度较大（断药

15cm以上);导爆管与传爆管或毫秒雷管连接处卡口不严,有异物(如水、泥沙、岩屑)进入导爆管;导爆管管壁破裂、管径拉细;导爆管过分打结、对折;采用雷管或导爆索起爆导爆管时捆扎不牢,四通连接件内有水,防护覆盖的网路被破坏,或雷管聚能穴朝着导爆管的传爆方向,以及导爆管横跨传爆管等;延期起爆时首段爆破产生的振动飞石使延期传爆的部分网路损坏。

(2)盲炮的预防

①爆破器材要妥善保管,严格检查,禁止使用技术性能不符合要求的爆破器材。

②同一串联支路上使用的电雷管,其电阻差不应大于0.8Ω,重要工程不超过0.3Ω。

③不同燃速的导火索应分批使用。

④提高爆破设计质量。设计内容包括炮孔布置、起爆方式、延期时间、网路敷设、起爆电流、网路检查等。对于重要爆破,必要时须进行网路模拟试验。

⑤改善爆破操作技术,保证施工质量。火雷管起爆要保证导火索与雷管紧密连接,雷管与药包不能脱离;电力起爆要防止漏接、错接和折断脚线,网路接地电阻不得小于0.1Ω,并要经常检查开关和线路接头是否处于良好状态。

⑥在有水的工作面或水下爆破时,应采取可靠的防水措施,避免爆破器材受潮。

(3)盲炮的处理

①浅眼爆破盲炮处理。

a.经检查确认炮孔的起爆线路完好,可重新起爆。

b.打平行眼装药爆破。平行眼距盲炮孔口不得小于0.3m。为确定平行眼的方向,允许从盲炮口取出长度小于20cm的填塞物。

c.用木制、竹制或其他不发生火星的材料制成的工具,轻轻地将炮眼内大部分填塞物掏出,用聚能药包诱爆。

d.在安全距离外用远距离操纵的风水管吹出盲炮填塞物及炸药,但必须采取措施回收雷管。

e.盲炮应在当班处理。当班不能处理或未处理完毕,应将盲炮情况(盲炮数量、炮眼方向、装药数量和起爆药包位置、处理方法和处理意见)在现场交接清楚,由下一班继续处理。

②深孔爆破盲炮处理。

a.爆破网路未受破坏且最小抵抗线无变化者,可重新连线起爆;最小抵抗线有变化者,应验算安全距离,并加大警戒范围后连线起爆。

b.在距盲炮口不小于10倍炮孔直径处另打平行孔装药起爆。爆破参数由爆破工作技术人员确定。

c.所用炸药为非抗水硝铵类炸药且孔壁完好者,可取出部分填塞物,向孔内灌水使之失效,然后进一步处理。

二、超欠挖控制

1.开挖轮廓预留变形量

隧道开挖轮廓应根据设计开挖轮廓和围岩变形量确定。规定预留变形量可根据设计预测值或表5-8选择初始值,并根据监控量测信息调整。

开挖轮廓预留变形量　　　　　　　　　　表5-8

围岩级别	预留变形量(mm)		围岩级别	预留变形量(mm)	
Ⅰ	双车道隧道	—	Ⅳ	双车道隧道	50～80
	三车道隧道	—		三车道隧道	80～120
	四车道隧道	—		四车道隧道	120～150
Ⅱ	双车道隧道	—	Ⅴ	双车道隧道	80～120
	三车道隧道	10～50		三车道隧道	100～150
	四车道隧道	30～80		四车道隧道	150～250
Ⅲ	双车道隧道	20～50	Ⅵ	双车道隧道	依据设计和现场监控量测信息确定
	三车道隧道	50～80		三车道隧道	
	四车道隧道	80～120		四车道隧道	

注:1. 围岩破碎取大值,围岩完整取小值。
　　2. 膨胀性围岩或者围岩有明显流变,应根据监控量测信息反馈计算分析确定。

2. 超欠挖控制

隧道开挖应按设计要求作业,严格控制欠挖。当围岩完整、岩石抗压强度大于30MPa并确认不影响衬砌结构稳定和强度时,每1m²内欠挖面积不宜大于0.1m²,欠挖隆起量不得大于50mm。拱脚和墙脚以上1m范围内及净空图折角净空位置严禁欠挖。

隧道开挖宜减少超挖,不同围岩地质条件下的允许超挖值计算见式(5-1),隧道平均和最大超挖控制值见表5-9。

$$平均超挖值 = \frac{超挖面积}{爆破设计开挖断面周长(不包括隧底)} \tag{5-1}$$

平均和最大超挖控制值　　　　　　　　　　表5-9

项　　目		超挖控制值(mm)	检查方法和频率
拱部	破碎岩、土(Ⅳ级、Ⅴ级、Ⅵ级围岩)	平均100,最大150	全站仪或断面仪:每20m一个断面
	中硬岩、软岩(Ⅱ级、Ⅲ级、Ⅳ级围岩)	平均150,最大250	
	硬岩(Ⅰ级围岩)	平均100,最大200	
边墙	每侧	+100,0	尺量,每20m检查1处
	全宽	+200,0	
仰拱、隧底		平均100,最大250	水准仪,每20m检查3处

注:1. 最大超挖值是指最大超挖处至设计开挖轮廓切线的垂直距离。
　　2. 表列数值不包括测量贯通误差、施工误差。
　　3. 当炮孔深度大于3m时,允许超挖值可根据实际情况另行确定。

3. 超欠挖的原因

(1)地质条件:如果隧道方向垂直于岩层走向,则破裂是整体的,超挖一般较少;但当隧道方向平行岩层走向时,则超挖较多。如遇软弱围岩或完整性差的地质情况,更易产生超挖。

(2)钻孔设备(大型钻机钻臂外插角构造及设备自动化程度):凿岩台车外插角大和钻孔深必然超挖量大,凿岩设备自动化程度低也会影响凿岩定位及钻进深度,从而产生向外或向上的超挖偏差。

(3)炸药品种及装药结构:炸药与岩石声抗阻不相匹配(即炸药猛度过大对炮孔壁产生过量破坏),装药结构(或线装药密度)不合理也常常会造成对炮孔壁底局部或整体超爆破坏。

(4)爆破设计不当:周边眼布置及周边眼间距设计不当。

(5)施工操作:不放轮廓线、不准确放轮廓线、错误布置轮廓线和钻孔位置;施钻人员技术不精,钻孔定位或钻进角度偏差控制不好,少打眼以及试图争取缩短钻眼时间,擅自减少钻孔深度,采用过多装药量;手持风钻施钻时工作平台高度不够,从而使钻孔向上偏斜过大等。

4. 防止或减少超欠挖的措施

针对上述产生超欠挖的原因,实际中可采取以下技术和管理措施:

(1)优化每循环进尺,尽可能将钻孔深度设计在 4m 以内。

(2)选择与岩石声阻抗相匹配的炸药品种。

(3)利用空孔导向,或在有条件时采用异形钻头钻凿有异形缺口的炮孔。

(4)利用装药不耦合系数或相应的间隔装药方式。

(5)提高施工人员素质,加强岗位责任制。

5. 质量检验标准

爆破效果应达到围岩稳定,无大的剥落或坍塌,块度适于出渣的要求。并应对开挖断面形状、轮廓尺寸及爆破效果进行检查,符合下列规定:隧道超欠挖值符合《公路隧道施工技术规范》(JTG/T 3660—2020)的规定。两茬炮衔接时出现的台阶形误差不得大于 150mm。使用凿岩台车时可根据实际情况另行确定。

周边炮眼痕迹保存率可按式(5-2)计算:

$$周边炮眼痕迹保存率 \xi = \frac{残留有痕迹的炮眼数}{周边眼总数} \times 100\% \qquad (5\text{-}2)$$

炮眼痕迹保存率依岩质不同应满足:硬岩 $\xi \geqslant 80\%$,中硬岩 $\xi \geqslant 70\%$,软岩 $\xi \geqslant 50\%$,松散岩土不规定炮眼痕迹保存率,但开挖周边轮廓平整圆顺。如图 5-21 所示,图中炮眼痕迹保存清晰。

图 5-21 隧道周边炮眼痕迹

隧道爆破质量直接影响隧道施工的安全、掘进速度以及经济效益。爆破时,围岩的破坏范围过大,将威胁到施工安全;石渣块度过大,会影响装运速度;眼底不平,炮眼利用率不高,会影响掘进速度;光爆效果不好,超挖过大,则是造成经济效益不好的直接原因。

单元八 出 渣

学习目标

(1)了解隧道出渣工序;
(2)初步掌握隧道出渣量计算方法;
(3)学会选择隧道出渣运输方式。

出渣是隧道施工的基本作业之一。出渣作业在整个作业循环中所占的时间一般为40%~60%。因此,出渣作业能力的强弱在很大程度上影响施工进度。出渣作业可以分解为装渣、运渣、卸渣三个环节,分述如下。

一、装渣

运渣出渣方式应根据隧道长度、断面大小、开挖方法、机械设备配套能力、经济性及施工进度等因素综合考虑确定,保证作业安全。运渣出渣设备的选型配套应保证机械设备充分发挥其功能,并应使出渣能力、运输能力与开挖能力相适应,应使装运能力大于最大的开挖能力。

装渣就是把开挖下来的石渣装入车辆。

1. 出渣量计算

出渣量应为开挖后的虚渣体积,可按式(5-3)计算:

$$Z = LS\Delta R \tag{5-3}$$

式中:Z——单循环爆破后石渣量(m^3);

L——设计循环进尺(m);

S——开挖断面面积(m^2);

Δ——超挖系数,视爆破质量而定,一般可取1.15~1.25;

R——岩体松胀系数,见表5-10。

岩体松胀系数 R 表5-10

岩体级别	Ⅰ	Ⅱ	Ⅲ	Ⅳ	Ⅴ		Ⅵ	
土石名称	石质	石质	石质	石质	黏性土	砂砾	砂卵石	硬黏土
R	1.85	1.8	1.7	1.6	1.35	1.3	1.25	1.15

2. 装渣方式

可采用人力装渣或机械装渣两种方式。

人力装渣,劳动强度大,速度慢,仅在短隧道、缺乏机械或断面小而无法使用机械装渣时,才考虑采用。机械装渣速度快,可缩短作业时间,目前是隧道施工中主要采用的方式,但仍需配少数人工辅助。

3. 装渣机械

装渣机械的类型,按其装渣是否连续可分为铲斗式、挖斗式、耙斗式、立爪式。铲斗式、挖

斗式装渣机为间歇性、非连续性的装渣机械；耙斗式、立爪式装渣机是连续性装渣机械,均配备有链板(或刮板)转载后卸机构。

装渣机的走行有轨道走行、轮胎走行和履带走行三种方式。轨道走行式装渣机必须敷设轨道,因此其工作范围受到限制。轮胎走行、履带走行装渣机移动灵活,工作范围不受限制。

(1)铲斗式装渣机。这种装渣机多采用轮胎走行或履带走行,其实就是通常所说的装载机,俗称铲车。它的转弯半径小,走行速度快,移动灵活,铲取力强,铲斗容量大($1\sim4m^2$),工作能力强。隧道施工中多用侧卸式铲斗装渣机。装载机虽然有强大的功能,但使用时需要消耗氧气,在洞内排出废气,污染空气,其功率强大的内燃机是洞内主要的空气污染源之一,需要通风能力大一些。

(2)挖斗式装渣机。挖斗式装渣机常见的有两种：一种为间歇性的,另一种为连续性的。

间歇性挖斗式装渣机多采用轮胎走行或履带走行,其实就是通常所说的挖掘机,有正铲和反铲之分,在隧道施工中多用反铲挖掘机。它不仅可以用来装渣,而且可以用来隧道找顶、清底挖掘土质隧道的作业。由于挖掘机的功能、灵活性以及系列产品多,近年来其在隧道内使用的范围不断扩大。例如,利用本身的推土铲举升功能,小型挖掘机可在斜井和竖井中实现挖装工作。

连续性挖斗式装渣机配备有链板转载后卸机构。

(3)耙斗式装渣机。耙斗式装渣机为连续性装渣机,类似于连续性的挖斗式装渣机,只不过将挖斗改为耙斗。它也配备有链板转载后卸机构。

(4)立爪式装渣机。立爪式装渣机为连续性装渣机,类似于连续性的挖斗式装渣机和耙斗式装渣机,只不过将挖斗、耙斗改为立爪。它也配备有链板转载后卸机构。

立爪式装渣机有轨行、履带和轮胎三种走行方式,采用电力驱动和液压控制,装渣能力强。

4. 装渣作业规定

装渣作业范围内应有充足的照明,并符合下列规定：

(1)在装渣前及装渣过程中,应检查开挖面围岩的稳定情况。当发现有松动岩石或塌方征兆时,必须先处理后装渣。

(2)装渣前,拒爆残药的处理应符合《爆破安全规程》(GB 6722—2014)相关规定。

(3)装渣时,应将车辆停稳并制动。

(4)漏斗装渣时,漏斗处应有防护设施和联络信号,装满渣时应发出停漏信号；装渣结束后,漏斗处应加盖。接渣时,漏斗口处不得有人通过。

(5)机械装渣时,装载机械应能在开挖断面内安全运转,装渣机操作时其回转范围内不得有人通过,2台以上机械同时作业时应明确各自的作业范围；机械装渣作业应严格按操作规程进行,并不得损坏已有的支护及设施。

(6)当采用有轨式装渣机械时,轨道应紧跟开挖面,调车设备应及时向前移动。

(7)装渣高度不宜高于护栏高度。

(8)临时弃渣倒运时,不得掏底装渣。

二、运渣

隧道施工的洞内运输(出渣和进料)可以分为有轨运输和无轨运输两种方式。

有轨运输为敷设小型轨道,用轨道式运输车出渣和进料。有轨运输多采用蓄电池车或内燃机车牵引,斗车或梭式矿车运渣。

无轨运输采用各种运输车出渣和进料。其优点是机动灵活,不需敷设轨道,适用于弃渣场离洞口较远、道路坡度较大的场合。其缺点是由于多采用内燃驱动,在整个洞内排出废气,污染空气,因此应注意加强通风。公路隧道的短隧道、中长隧道多采用无轨运输。

铁路隧道按隧道内敷设线路的数目可分为单线隧道、双线隧道和多线隧道三类。对于双线隧道,当掘进长度在3000m以下时,可采用无轨运输。对于单线隧道,当长度在1000m以下时,宜采用无轨运输;当长度大于1500m时,宜采用有轨运输。

1. 有轨运输设备

(1)牵引电力机车。铁路隧道施工有轨运输的牵引电力机车一般又称为蓄电池车。以前常用的为直流蓄电池工矿机车。近两年,中铁隧道股份有限公司开发出直交流变频电机车,克服了直流机车换挡时的扭矩波动大、制动结构复杂、串激电机碳刷与换向器日常维保工作量大等不足。机车吨位有8t、12t、15t、18t、25t、35t、45t等系列产品,每种吨位的机车有762mm和900mm两种轨距规格。

(2)梭式矿车。梭式矿车是放在两个转向架上的大斗车,车底设有链板式或刮板式输送带,石渣从前端装入,依靠输送带传递到后端,石渣就可布满整个矿车的底部。梭式矿车具有的在长车厢内的输渣功能是专门为配合带有转载设备的装渣机使用的,例如配合耙斗式、立爪式装渣机。梭式矿车还可串列转渣,由一辆机车牵引两辆梭式矿车。梭式矿车由机车牵引,与凿岩台车、装渣机等配套使用,组成隧道机械化作业线。由于梭式矿车本身具有自卸料功能,所以在卸料场不需配置辅助卸料设备,但需在料堆的上方卸渣。梭式矿车近年来有向大型化发展的趋势,如某公司产品容积有4、6、8、10、12、14、16、20、25、30、45(单位为m^3)。采用大容量的梭式矿车可以增大运输量。

(3)侧卸式矿车。小型($6m^3$以下)侧卸式矿车一般用于斜井施工,由提升机牵引,运行速度不超过1m/s,装料后经牵引动力引至专用的曲轨卸料机构,当车厢翻至与水平成最大角度时,车侧门也开到最大限度,这时矿车卸料得以全部完成。返回时,矿车通过曲轨,侧门又自动关闭到位。

2. 有轨运输的作业要求

(1)有轨运输线路的铺设规定

①同一线路必须使用同一型号的钢轨,钢轨的质量不宜小于38kg/m。钢轨配件、夹板螺栓必须按标准配齐且与轨型相符。

②道岔型号应与钢轨类型相配合,不得低于6号的道岔,并安装转辙器。

③轨枕的规格及数量应符合标准规定,间距不宜大于0.7m,间距偏差不得超过50mm,长度为轨距加0.6m。轨枕的水下面应平整。

④平曲线半径,宜使用较大的曲线半径。在洞内不应小于机动车或车辆轴距的7倍,在洞外不应小于机动车或车辆轴距的10倍。在使用有转向架的梭式矿车时,最小曲线半径应不小于车辆技术文件的最小曲线半径。

⑤道床道砟应采用不易风化的碎石,粒径应符合标准规定,不宜过大。道床厚度不应小于150mm。

⑥双道的线间距应保持两列车间净距大于0.3m,错车线处应大于0.4m。

⑦车辆距坑道壁或支撑边缘的净距不应小于0.3m,单道一侧的人行道宽度不宜小于0.7m。
⑧在洞外卸渣线末端应设1%~3%的土坡段。
⑨线路敷设轨距允许误差为+6mm、-4mm,在曲线地段应按规定加宽和设超高;钢轨接头间隙、顶面的高低差,以及曲线段外轨按设计加高后与内轨顶面的高低偏差不得大于5mm。钢轨配件应齐全牢固。
⑩当采用新型轨式机械设备时,线路敷设标准应满足机械规格及性能的要求,以保证运输安全。

(2)有轨运输的作业规定
①不得超载。
②对于车辆装载的高度,斗车不应超过顶面0.5m,宽度不应超过车宽。
③列车应连接良好,采用不能自行脱钩的连接装置。利用机车进行车辆的调车、编组和停留时,必须有可靠的制动装置,严禁溜车。
④当车辆在同方向行驶时,两组列车的间距不应小于100m。人推斗车的间距不应小于20m。
⑤在洞内施工地段、视线不良的弯道上或通过道岔和洞口平交道等处,机动车牵引的列车运行速度不宜超过10km/h;其他地段在采取有效的安全措施后,最大速度不宜超过20km/h。
⑥轨道旁的料堆距钢轨外缘不应小于0.8m,高度不应大于1.0m。
⑦洞内在曲线区间、转辙器、人行横道处等应设慢行标志、限速标志和注意标志。
⑧长隧道施工应有载人列车供施工人员上下班使用,并应制订保证安全的措施。严禁非专职人员开车。

3.无轨运输设备
(1)自卸汽车。自卸汽车主要用于洞内无轨运输,它是燃油动力、轮胎走行,载质量为5~25t,还有铰接式双向驾驶车辆与装载机或装渣机配合。
(2)仰拱栈桥。仰拱栈桥是为了满足客运专线仰拱施工和填充,解决仰拱施工与隧道内运输的矛盾,桥上通行运输车辆,桥下修筑仰拱,而开发的一种专用的配套设备。
隧道仰拱要求必须是整体一次施工,不得分幅施工。

4.无轨运输的作业要求
(1)洞内路面应平整密实、排水畅通。
(2)从隧道的开挖面到弃渣场地,会车场所、转向场所及行人的安全通路设置应按施工方案要求执行。
(3)在洞口、平交道口、狭窄的施工场地,必须设置明显的警示标志,必要时应设专人指挥交通。
(4)单车道净宽不得小于车宽加2m,并应间隔适当距离设置错车道;双车道净宽不得小于2倍车宽加2.5m;会车视距宜大于40m。
(5)行车速度,在施工作业地段和错车时不应大于10km/h,在成洞地段不宜大于25km/h。
(6)车辆在行驶中严禁超车,洞内倒车与转向应由专人指挥。
(7)二次衬砌完成后可加装隔离设施,人车分流。

三、卸渣

卸渣作业应符合下列规定：

(1) 根据弃渣场地形条件、弃渣利用情况、车辆类型,妥善布置卸渣路线。卸渣应在规定的卸渣路线上依次进行,不得干扰任何施工作业或其他设施。

(2) 卸渣宜采用自动卸渣或机械卸渣设备和平渣设备。机械卸渣时应有专人指挥,及时平整。

(3) 人工卸渣时,应将车辆停稳制动,严禁站在斗车内扒渣。

(4) 轨道运输卸渣时,卸渣码头应搭设牢固并设挂钩、栏杆,轨道末端应设置可靠的挡车装置和标志,以及足够宽的卸车平台。

(5) 卸渣不得影响装渣人员和设备的安全。

思考与练习

1. 名词解释：
塑料导爆管　雷管　装药结构　光面爆破　预留光面层光面爆破　毫秒迟发雷管
2. 不耦合系数、氧平衡、临界直径、管道效应、临空面、最小抵抗线的含义是什么？
3. 光面爆破和预留光面层光面爆破有何异同？
4. 大直径中空眼有何作用？
5. 允许超挖值如何计算？
6. 不同围岩拱部和边墙平均和最大超挖控制值是如何规定的？

模块六　支护与衬砌

单元一　喷射混凝土施工

(1) 了解喷射混凝土强度检测方法,学会制作喷射混凝土试件;
(2) 掌握喷射混凝土回弹率检测方法;
(3) 掌握喷层厚度检测方法;
(4) 了解隧道喷射混凝土空洞检测方法;
(5) 掌握喷射混凝土施工操作要点及注意事项。

一、初期支护

隧道衬砌结构包括喷锚衬砌和模筑混凝土衬砌。喷锚衬砌也称喷锚支护。在复合式衬砌结构中也称初期支护。模筑混凝土衬砌在复合式衬砌中,通常称为二次衬砌。支护和衬砌是隧道结构的一部分。是隧道施工安全和使用安全的基本保证。

在复合式衬砌结构中的初期支护即喷锚支护。喷锚支护是由喷射混凝土、锚杆、钢筋网、钢架等单独或组合使用的隧道围岩支护结构。是指隧道开挖后,用于控制围岩变形及防止坍塌所及时施作的支护。在隧道工程中一般都将喷射混凝土与钢拱支撑、锚杆、金属网等联合使用,作为初期支护或永久支护。

喷射混凝土是用压缩空气将掺有速凝剂的混凝土拌和料(水泥、砂子、碎石)通过混凝土喷射机高速喷射到岩面上形成混凝土层。锚杆是用机械方法或黏结方法将一定长度的杆体(通常多用钢筋)锚固在围岩预先钻好的锚杆孔内,由于锚杆具有"悬吊作用""组合梁作用"和"加固拱作用"等而使围岩得到加固。由于实际工程上常将锚杆与喷射混凝土结合使用,所以统称喷锚支护。由于喷锚支护具有主动加固围岩、充分利用围岩自承能力、可及时灵活施工和比较经济等特点,即为主动支护。目前在隧道初期支护中广泛应用。钢架应用于自稳时间短、初期变形大或对地表下沉量有严格限制的地层中。钢架是依靠"被动支撑"来维持围岩稳定的,在软弱围岩条件下,钢架对维持围岩的稳定是必不可少的。**初期支护相关资源请扫描"本教材配套资源索引"中的二维码,资源编号为 26。**

二、喷射混凝土

1. 喷射混凝土的工作原理

喷射混凝土是将利用泵或高压风作动力,把混凝土混合料通过喷射机、输料管及喷头直接喷射到隧道围岩壁上的支护方法。喷射混凝土施工宜采用湿喷工艺。

喷射混凝土以50~70m/s的速度向坑道围岩壁面喷射,速凝剂使混凝土在几分钟之内就可以凝固并承受荷载。这样,喷层和围岩就组成一个共同作用的整体,承受围岩压力,衬砌厚度可大幅度减小。同时,喷射混凝土的细小颗粒将岩层缝隙填充黏结,封闭围岩壁面,防止风化,避免坍方落石,从而使围岩的整体性提高,阻止了围岩向坑道的变形,围岩压力也大为减小。喷层凝固后具有"支撑作用""填补作用""黏结作用"和"封闭作用",从而使围岩得到加固,围岩自身的强度得到保护。所以,喷射混凝土作用的实质是通过对围岩的改造,达到围岩稳定的目的。这是一种积极主动的支护模式。

采用喷射混凝土作为隧道支护具有以下优点:

(1)前期准备工作少。与普通模筑混凝土相比,喷射混凝土施工将混凝土拌制、输送、浇筑、振捣几道工序合而为一,更不需要模板,因而施工省工、快速、简捷、工作量较少。

(2)施工速度快。支护及时,安全性好。

(3)支护质量好。强度增长快,黏结力强,密实度好,防水性能较好。它能较好地充填岩块间裂隙的凹穴,增加围岩的整体性,防止自由面的风化和松动,并与围岩共同工作。

(4)省料。不需要进行对边墙后及拱背做回填压浆等。

(5)施工灵活性大。可以根据需要分次喷射混凝土追加厚度,满足工程设计和使用要求。

2. 喷射混凝土的工艺流程

喷射混凝土的工艺有干喷、潮喷、湿喷和混合喷射四种。潮喷工艺与干喷工艺相近,在干喷的拌和料中适量加水即为潮喷。湿喷能改善作业环境,《公路隧道施工技术规范》(JTG/T 3660—2020)规定,隧道内喷射混凝土施工不得采用干喷工艺。它们之间的主要区别是各工艺流程的投料程序不同,尤其是加水和速凝剂的时机不同。其中湿喷混凝土按其输送方式的不同,可分为风送式、泵送式、抛甩式和混合式,应根据实际情况选用。

(1)干喷

干喷是将水泥、集料拌和后压送到喷嘴加水喷出的喷射混凝土施工方法。用搅拌机将集料和水泥拌和好,投入喷射机料斗,同时加入速凝剂,用压缩空气使干混合料在软管内呈悬浮状态,压送到喷枪,在喷头处加入高压水混合,以较高速度喷射到岩面上,其工艺流程如图6-1所示。

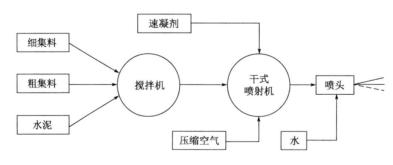

图6-1 干喷工艺流程

干喷法的优缺点是:使用的干喷机结构较简单、体积小、质量轻,便于移动,适用于高边坡及狭窄部位;机械清洗较容易,出现故障时可快速拆卸处理。但由于输料不均匀、不稳定,工作风压突然变化等原因,造成喷射过程中产生大量的粉尘;混凝土回弹量大,一般超过15%;加水是由喷嘴处的阀门控制,水胶比的控制与喷射手的熟练程度有直接关系,水胶比不稳定,常出现干斑或流淌现象,混凝土质量难以控制;干喷机生产能力低,每小时产量5m³以下。水泥与砂石材料质量比宜为1∶4~1∶4.5;水胶比宜为0.4~0.45。

(2)潮喷

潮喷是将集料预加少量水,使之呈潮湿状,再加水泥拌和,从而降低上料、拌和及喷射时的粉尘,但大量的水仍是在喷头处加入和从喷嘴射出的,其潮喷工艺流程和使用机械同干喷工艺,如图6-1所示。目前隧道施工现场较多使用的是潮喷工艺。隧道边墙喷射作业如图6-2所示。

图 6-2 隧道边墙潮喷作业

潮喷法的优缺点是:使用干喷机械,一方面具有干喷优点,另一方面在混合料拌制过程中预加少量的水,降低上料、拌和和喷射过程中产生的粉尘。但大量的水仍由阀门控制,水胶比不稳定,混凝土质量难以控制;混凝土的回弹量仍然较大。

(3)湿喷

湿喷是将喷射混凝土集料、水泥和水按施工配合比在混凝土拌和机拌和均匀,投入喷射机,在喷射机机头处加速凝剂后喷出。其工艺流程如图6-3所示。湿喷混凝土的质量较容易控制,喷射过程中的粉尘和回弹量较少。但湿喷工艺对湿喷机械的要求较高,机械清洗和故障处理较困难。对于喷层较厚的软岩和渗水隧道,不宜采用湿喷混凝土工艺施工。水泥与砂石材料质量比宜为1∶3.5~1∶4,水胶比宜为0.42~0.5。

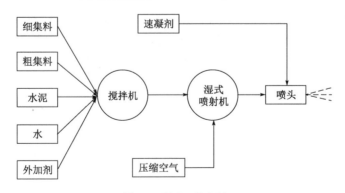

图 6-3 湿喷工艺流程

湿喷法的优缺点是:由于采取湿式拌和,大大降低了施工区的粉尘浓度,消除了对工人健康的危害;湿喷混凝土混合料按水胶比精确控制,拌和及水化作用充分,速凝剂按比例计量添加,喷射质量较易控制,提高混凝土的匀质性;混凝土回弹量小,回弹率可降低到10%以下;喷层厚度有可靠保证,支护质量得以提高。但采用液态速凝剂,成本相对较高;湿喷法对湿喷机械要求较高,机械清洗较困难,出现故障时难以处理;设备体积较大,移动相对困难。

(4)混合喷射(SEC 式喷射)

混合喷射(SEC 式喷射)又称水泥裹砂造壳喷射。其分别由泵送砂浆系统和风送混合料系统两套机具组成。先是将一部分砂加第一次水拌湿,再投入全部用量水泥,强制拌和成以砂为核心外裹水泥壳的球体;然后加第二次水和减水剂拌和成 SEC 砂浆;再将另一部分砂与石、速凝剂按配合比配料,强制搅拌成均匀的干混合料。然后分别通过砂浆泵和干式喷射机,将拌和成的砂及干混合料由高压胶管输送到混合管混合,最后由喷头喷出。其工艺流程如图 6-4 所示。

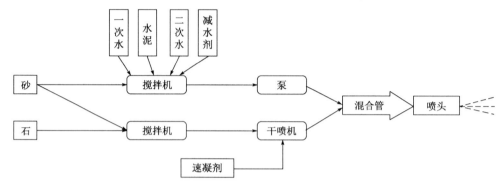

图 6-4 混合式喷射工艺流程

混合式喷射是分次投料搅拌工艺与喷射工艺相结合,其关键是水泥裹砂(或砂、碎石)造壳工艺技术。混合式喷射工艺使用的主要机械设备与干喷工艺基本相同,但混凝土的质量较干喷混凝土的质量好,且粉尘和混凝土回弹量大幅度降低。混合式喷射使用机械数量较多,工艺技术较复杂,机械清洗和故障处理较麻烦。因此,一般只在喷射混凝土量大和大断面隧道工程中使用。

混合喷射混凝土强度等级可达到 C30~C35,而干喷和潮喷混凝土强度较低,一般只能达到 C20。

混合喷射优缺点是:分次投料搅拌工艺与喷射工艺相结合,喷射混凝土质量好,粉尘少,回弹量小。但使用机械设备多,工艺复杂,机械清洗较困难,出现故障时难以处理。

以上四种喷射方式各有特点,现归纳比较,列于表 6-1 中,以便选用。

各种喷射方式的特点与粉尘、回弹的比较　　　　表 6-1

项目	干喷	潮喷	湿喷	混合式喷射
喷射混凝土质量	由于喷嘴处将水与干拌料混合,所以质量取决于作业人员的熟练程度和能力	由于砂、石料预湿后,再在喷头处第二次加水,水化较好,所以质量有所提高	能事先将包括水在内的各种材料正确计量,充分混合,质量容易管理	由于集中了干喷、湿喷的优点,所以质量好,强度高
作业条件	由于供应干拌混合料,所以供料作业的限制少	因在地面对集料进行预湿,所以供料作业的限制也少	供料较困难,操作也麻烦,设备占空间较大	设备的规模大,适用于大断面隧道施工,在作业空间有限的隧道中使用时,其适用范围是有限的,同时,操作和工艺复杂

续上表

项目	干喷	潮喷	湿喷	混合式喷射
一般采用的水平输送距离(m)	40~60	40	20~40	40
粉尘	多	较少	少	少
回弹	较多	较少	少	少
故障处理	较容易	较容易	堵管后处理较困难	困难
清洗养护	容易	较容易	麻烦	很麻烦

3. 喷射混凝土的原材料

喷射混凝土的原材料包括水泥、碎石或卵石(砾石)、砂、水和外加剂(速凝剂)等。各种原材料基本要求如下:

(1)水泥。为保证喷射混凝土的凝固时间,并与速凝剂有较好的相溶性,所用水泥应具有强度高、抗渗性好和耐久性好的特点,宜选用硅酸盐水泥或普通硅酸盐水泥,有特殊要求时,可采用特种水泥。采用特种水泥时应进行现场试验,其指标应满足设计要求。当有抗冻、抗渗要求时,水泥强度等级不宜低于42.5MPa。

(2)粗集料(碎石或卵石)。粗集料应采用坚固耐久的碎石或卵石。粒径不宜大于12mm。喷射混凝土中的石子粒径与混凝土喷射机的输料直径有关,一般不宜超过管内径的1/3。防止喷射混凝土过程中的管道堵塞,减少回弹量及保证混凝土支护结构的强度。

(3)细集料(中、粗砂)。为保证喷射混凝土的强度和减少施工作业时的粉尘,以及减少混凝土硬化时的收缩裂纹,应采用坚硬耐久的中、粗砂,其细度模数一般宜大于2.5,集料级配宜采用连续级配。这不仅是为了有足够的水泥包裹细集料,有利于获得足够的混凝土强度,同时也减少粉尘和硬化后混凝土的收缩。砂的含水率按质量计宜控制在5%~7%,主要是为了减少具有活性的水泥颗粒的损失,减少粉尘,也有利于水泥的充分水化。

(4)水。为保证喷射混凝土正常凝结和硬化,以及强度和稳定性,饮用水可作喷射用水,不得使用污水以及pH值小于4.5的酸性水,也不得使用含有影响水泥正常凝结与硬化的有害物质的其他水。混凝土拌和用水标准见表6-2。

混凝土拌和用水标准 表6-2

项　　目	钢筋混凝土	素混凝土
pH值	≥4.5	≥4.5
不溶物(mg/L)	≤2000	≤5000
可溶物(mg/L)	≤5000	≤10000
Cl^-(mg/L)	≤1000	≤3500
SO_4^{2-}(mg/L)	≤2000	≤2700
碱含量(rag/L)	≤1500	≤1500

注:碱含量 $Na_2O+0.658K_2O$ 计算值来表示。采用非碱活性集料时,可不检测碱含量。

(5)外加剂。外加剂主要是速凝剂,应选择速凝效果好、对喷射混凝土强度和收缩影响小的速凝剂。其初凝时间应不大于3min,终凝时间应不大于12min,并符合《混凝土外加剂应用技术规范》(GB 50119—2013)的相关规定。一般速凝剂最佳掺量为水泥质量的2%~4%,实际使用时拱部可用2%~4%,边部可用2%,过多的掺量对喷射混凝土反而不利,以试验数据为准。

(6)集料成分和级配。喷射混凝土的集料级配宜控制在表6-3所给范围内。

喷射混凝土集料通过各筛径的累积质量百分数(%)　　　　表6-3

集料粒径(mm)	0.15	0.30	0.60	1.20	2.50	5.00	10.00	15.00
优	5~7	10~15	17~22	23~31	35~43	50~60	78~82	100
良	4~8	15~22	13~31	18~41	26~54	40~70	62~90	100

若使用碱水性质速凝剂,砂、石料均不得含有活性二氧化硅,以免产生碱集料反应,引起混凝土开裂,为使喷射混凝土在输送管道中顺畅和喷准,喷射混凝土配合比宜控制在表6-4的范围内。

4.喷射混凝土的配合比

(1)干集料中水泥与砂石质量比。水泥与砂质量比一般为1:4~1:4.5;每1m³干集料中,水泥用量为375~400kg/m³。实践表明,这种配合比能满足喷射混凝土的强度要求,回弹量也较少。通过工程实践,喷射混凝土的配合比参照表6-4所列的配合比较为合适,且能保证质量。

喷射混凝土的配合比(质量比)　　　　表6-4

喷射部位	级配配合比
	水泥:粗中混合砂:石子(质量比)
边墙	1:(2.0~2.5):(2.5~2.0)
拱部	1:2.0:(1.5~2.0)

用于初喷的混凝土,水泥用量可适当加大[水泥:砂:石=1:2:(1.5~2)],利于混凝土与岩面的黏结并减少回弹。

(2)含砂率。喷射混凝土中的含砂率一般为45%~60%。实践表明:当含砂率低于45%或高于60%时,均容易造成堵管、回弹量大、强度降低,且混凝土的收缩加大。应特别强调的是,细砂不宜采用,细砂也会影响喷射混凝土强度、增加其收缩开裂等。宜用中砂或中粗混合砂,砂子的含水率应控制在5%~7%(按质量计)。

(3)水胶比。喷射混凝土的水胶比一般以0.4~0.45为宜。经验表明:若水胶比太小,则粉尘大,回弹量多,黏结力低,喷层会产生干斑、砂窝等现象,并影响喷射混凝土的密实性;若水胶比太大,又会使喷射混凝土强度降低、速凝效果差,造成喷层流淌、滑移、坍落等现象。湿法喷射混凝土坍落度宜为80~120mm。

(4)速凝剂和其他外加剂。速凝剂和其他外加剂的掺量值一定要由速凝剂效果试验来确定其最佳掺量,并要求达到各龄期的设计强度。工程实践表明,速凝剂效果随水胶比和施工温度不同而有差异。水胶比越大,速凝效果就越差;施工温度越高,速凝效果会越好,并且当施工温度低于5℃时,即使加入速凝剂,喷射混凝土也很难成型。

(5)喷射混凝土配合比应满足设计强度和喷射工艺的要求。喷射混凝土1d龄期的抗压强度不应低于8MPa。

总而言之,合理又适当的配合比必须满足喷射混凝土工艺流程的基本要求:易喷射、不易堵管、减少回弹量和粉尘,同时要符合设计要求的质量好、强度高、密实度高、防水性能好及达到其他物理力学指标等。

5. 喷射混凝土的机械设备

(1) 喷射机

喷射机是喷射混凝土的主要设备。选用时以保证喷射混凝土的质量,减少回弹和粉尘,控制施工成本,提高工作效率为前提。

常用的干式喷射机有双罐式喷射机、转体式喷射机和转盘式喷射机等,如图 6-5 所示。

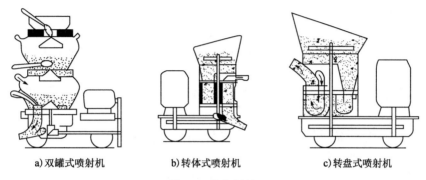

a) 双罐式喷射机　　b) 转体式喷射机　　c) 转盘式喷射机

图 6-5　干式喷射机

湿式喷射机有挤压泵式、转体活塞泵式、螺杆泵式喷射机。这些泵式喷射机均要求混凝土具有较大的流动性(水胶比大于 0.5,含砂率大于 70%),其机械构造较为复杂,易损件使用寿命短,机械使用费较高,机械清洗和故障处理较麻烦。

(2) 机械手

喷头的移动和喷射方向、距离的控制可采用人力直接控制或机械手控制。机械手如图 6-6 所示。

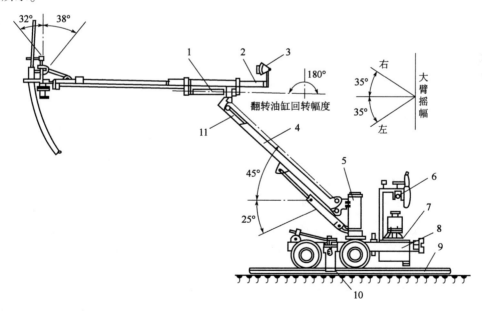

图 6-6　机械手

1-翻转油缸;2-伸缩油缸;3-探照灯;4-大臂;5-转筒;6-风水系统;7-液压系数;8-车架;9-钢轨;10-卡轨器;11-拉杆

人力直接控制虽然可以近距离随时观察喷射情况,但劳动强度大;粉尘危害健康,因此要求佩戴防尘面具;对于软弱破碎围岩,需紧跟开挖面及时施喷时,有可能因突发坍塌危及工人人身安全;另外,对大断面隧道,还需搭设临时性工作台。所以,人力直接控制一般只用于解决少量的和局部喷敷。机械手控制则可以避免以上缺点,且方便灵活,工作范围大,可覆盖140m^2。

6. 喷射混凝土前的注意事项

(1)喷射混凝土作业前检查的主要内容如下:

①清理受喷岩面的浮石、岩屑、杂物和粉尘等。

②检查开挖断面净空尺寸,凿除欠挖凸出部分。

③当岩石表面有集中渗水时,应采取引排措施;无集中水时,应根据岩面潮湿程度,适当调整水胶比。

④埋设喷层厚度的检查标志。一般是在石缝处钉铁钉,或用快硬水泥安设钢筋头,并记录其外露长度。

⑤检查作业机具、设备、风水管路、电缆线路,并试运转正常。

⑥检查作业场地的通风和照明条件。

(2)喷射混凝土作业前施工的准备工作和要求见表6-5。

喷射混凝土作业前的施工准备工作　　　表6-5

项　目	内容及要求
材料方面	对水泥、砂、石、速凝剂、水等的质量要进行检验;砂、石均应过筛,并应事先冲洗干净;砂、石含水率应符合要求,为控制砂、石含水率,一般应设置防雨棚,干燥的砂子应适当洒水
机械及管路方面	喷射机、混凝土搅拌机、皮带运输机等使用前均应检修完好,就位前要进行试运转;管路及接头要保持良好,要求风管不漏风,水管不漏水,沿风、水管路每隔40~50m装一阀门接头,以便当喷射机移动时,连接风、水管
其他方面	检查开挖断面,欠挖处要补凿够;敲帮找顶、清除浮石,用高压水冲洗岩面,附着于岩面的泥污应冲洗干净,每次冲洗长度以10~20m为宜;对裂隙水要进行处理。 对不良地质处事先进行加固(如采用锚杆、钢筋网或金属支架等);对设计要求或施工使用的预埋件要安装准确;备好脚手架或喷射台车,以便于喷射边墙上部或拱部;埋设测量喷射混凝土厚度的标志,如利用锚杆预留一定长度做标记时,应及时将多余长度锯掉,以免喷射后露在表面。 喷射作业面须有充足的照明,照明灯上应罩上铁丝网,以免回弹物打坏照明灯。 当喷头作业与喷射间的距离超过30m时,宜设置电铃或信号灯,作为通信联络信号;做好回弹物的回收和使用的准备,喷射前先在喷射混凝土地段敷设薄铁板或其他易于回收回弹物的设备

7. 喷射混凝土作业应符合的规定

(1)喷射混凝土应直接喷射在围岩上,与围岩盐密贴,受喷面不得填塞杂物。

(2)喷射混凝土作业应按初喷混凝土和复喷混凝土分别进行,复喷混凝土可分多次施作。

(3)喷射混凝土应该分段、分片、分层由下而上顺序进行,拱部喷射混凝土应对称作业。每次作业区段纵向长度不宜超过6m。分块大小一般为200cm×200cm,并严格按先墙后拱、先下后上的顺序进行喷射,以减少混凝土因重力作用而引起滑动或脱落现象。喷嘴需对受喷岩面做均匀的顺时针方向的螺旋运动,一圈压半圈地横向移动,螺旋直径为20~30cm,如图6-7、图6-8所示。

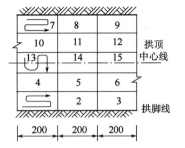

图 6-7 喷枪操作　　　　　　　　　图 6-8 混凝土喷射程序图(尺寸单位:cm)

(4)初喷混凝土厚度宜控制在 20~50mm。岩面有较大凹洼时,可结合初喷找平。

(5)根据喷射混凝土设计厚度,喷射部位和钢架、钢筋网设置情况,复喷可采用一次作业或分层作业。拱部每次复喷厚度不宜大于 100mm。边墙每次复喷厚度不宜大于 150mm。复喷最小厚度不宜小于 50mm。

(6)后一层喷射混凝土应在前一层喷射混凝土终凝后进行。若终凝后喷射混凝土表面已蒙上粉尘,则后一层喷射混凝土作业前,受喷面应吹洗干净。

(7)未摊入速凝剂的混合料存放时间不宜大于 2h。

(8)喷射混凝土作业时喷嘴宜垂直岩面,喷枪头到受喷面的距离宜为 0.6~1.5m。喷射机工作压力宜根据混凝土坍落度、喷射距离、喷射机械、喷射部位确定,可先在 0.2~0.7MPa 之间选择。并根据现场试喷效果调整。

(9)喷射混凝土不得挂膜喷射。

(10)喷射混凝土回弹物不得重新用作喷射混凝土材料。

8.喷射混凝土的养护

为使水泥充分水化,使喷射混凝土的强度均匀增长,减少混凝土的收缩开裂,确保喷射混凝土质量,喷射后需要有良好的养护。

爆破作业应在上一循环喷射混凝土终凝 3h 后进行。喷射混凝土应在终凝 2h 后进行喷水养护,养护时间不应少于 7d。隧道内日均环境温度低于 5℃时不得洒水养护。冬季施工时,在结冰的岩面上不得进行喷射混凝土作业。喷射混凝土作业区的气温不宜低于 +5℃。混凝土强度在未达到 6MPa 前不得受冻。喷射混凝土拌和条件应符合冬季施工方案要求。喷射混凝土在洞内拌和时,喷射混凝土材料应提前运进洞内。若温度低于 5℃,则应注意采取保暖防冻措施。

三、喷射混凝土实测项目

喷射混凝土的质量检查内容除包括对原材料进行检测外,还包括喷射混凝土强度、喷射混凝土厚度和总厚度、外观及表面平整度、喷射混凝土支护背后空洞等。此外,还包括施工过程中的回弹及粉尘检测。

1.喷射混凝土实测项目

喷射混凝土实测项目见表 6-6。

喷射混凝土实测项目　　　　　　　　　　表 6-6

项次	检查项目	规定值或允许偏差	检查方法和频率
1	喷射混凝土强度(MPa)	在合格标准内	单洞两车道或三车道隧道每 10 延米,应至少在拱部和边墙各取 1 组(3 个)试件。其他工程,每喷射 50~100m³ 混合料或小于 50m³ 混合料的独立工程,不得少于 1 组。材料或配合比变更时应重新制取试件

续上表

项次	检查项目	规定值或允许偏差	检查方法和频率
2	喷层厚度(mm)	平均厚度≥设计厚度,60%的检查点的厚度≥设计厚度;最小厚度≥0.6倍设计厚度	凿孔法:每10m检查一个断面,每个断面从拱顶中线起每3m检查1点。地质雷达法:沿隧道纵向分别在拱顶、两侧拱腰、两侧边墙连续测试共5条测线。每10m检查一个断面,每个断面测5点
3	空洞检测	无空洞,无杂物	

外观鉴定:无漏喷、离鼓、裂缝、钢筋网外露现象,不符合要求时并返工处理。

2. 喷射混凝土抗压强度试验

(1)检查试件的制作方法

①喷大板切割法。在施工的同时,将混凝土喷射在450mm×350mm×120mm(可制成6块)或450mm×200mm×120mm(可制成3块)的模型内。在混凝土达到一定强度后,加工成100mm×100mm×100mm的立方体试块,在标准条件下养护至28d。用标准试验方法测得极限抗压强度,乘以0.95的系数,精确到0.1MPa。

②凿方切割法。当采用喷大板切割法对强度有怀疑时,可采用凿方切割法。凿方切割法应在具有一定强度的支护上,用凿岩机打密排钻孔,取出长约为350mm、宽约为150mm的混凝土块,加工成100mm×100mm×100mm的立方体试块,在标准条件下养护至28d。用标准试验方法测得极限抗压强度,乘以0.95的系数,精确到0.1MPa。

③钻孔取芯法。当采用大板切割法,对强度有怀疑时,也可采用钻孔取芯法。钻孔取芯法应在具有28d强度的支护上,用钻孔取芯机钻取并加工成长100mm、直径100mm的圆柱体。用标准试验方法测得的极限抗压强度,精确到0.1MPa。其抗压强度换算系数应通过试验确定。

(2)检查试件的制取组数

单洞两车道或三车道隧道每10延米,应至少在拱部和边墙各取1组(3个)试件。其他工程,每喷射50~100m³混合料或小于50m³混合料的独立工程,不得少于1组。材料或配合比变更时应重新制取试件

(3)喷射混凝土抗压强度的合格标准

①当试件组数不小于10组时,试件抗压强度平均值不低于设计值,且任一组试件抗压强度不低于0.85倍的设计值。

②当试件组数小于10组时,试件抗压强度平均值不低于1.05倍的设计值,且任一组试件抗压强度不低于0.9倍的设计值。

当检查不合格时,应查明原因并采取措施,可用加厚喷层或增设锚杆的办法予以补强。

3. 喷射混凝土厚度的检测

(1)检查方法和数量

喷层厚度可用凿孔法或地质雷达法等方法检查。

凿孔法每10m检查一个断面,每个断面从拱顶中线起每3m检查1点。凿孔检查时,宜在混凝土喷后8h以内用短钎将孔凿出,发现厚度不够时可及时补喷。如混凝土与围岩黏结紧密,颜色相近而不易分辨,可用酚酞试液涂抹孔壁,碱性混凝土即呈现红色。

地质雷达法是沿隧道纵向分别在拱顶、两侧拱腰、两侧边墙连续测试共5条测线。每10m检查一个断面,每个断面测5点。

(2)合格标准

①检查孔处的平均厚度不得小于设计厚度。在每个断面上全部检查孔处喷层厚度应有60%以上不小于设计厚度。最小厚度不应小于设计厚度的60%。

②当发现喷射混凝土表面有裂缝、脱落、露筋、渗漏水等情况时,应予修补、凿除重喷或进行整治。

4. 喷射混凝土支护背后空洞检测

(1)检查方法和数量

目前喷射混凝土支护背后空洞检测最常用和最有效的方法是地质雷达法或凿孔法。凿孔法直观、可靠。检查时在喷射混凝土层凿孔,用手电、内窥镜、直尺深入凿孔内检查。凿孔检查时,每10m检查一个断面,从拱顶中线起每隔3m凿孔检查一个点。

(2)合格标准

混凝土支护背后应无空洞、无回填杂物。发现空洞和不密实区,即为不合格,必须进行注浆填充密实。

5. 喷射混凝土粉尘、回弹率检查

(1)喷射混凝土回弹率检查。

《岩土锚杆与喷射混凝土支护工程技术规范》(GB 50086—2015)规定,回弹率应予以控制,拱部不应大于25%,边墙不应大于15%。应尽量采用经过验证的新技术,减少回弹率。回弹物不得重新用作喷射混凝土材料。

回弹率的测定方法是:按标准操作喷射$0.5\sim1.0m^3$的混凝土,在长度为3.0m的侧壁或拱部喷10cm厚的喷层,用铺在地面上的彩条塑料布或钢板收集回弹物,称重后换算为体积,其与全部喷出混凝土体积的比值即为回弹率。

(2)减少粉尘和回弹的措施如下:

①严格控制喷射机工作风压。

②合理选择喷射混凝土配合比,适当减小最大集料的粒径,使砂石料具有一定的含水率,呈现潮湿状。

③掌握好喷头处的用水量,提高喷射作业操作熟练程度和技术水平。

④采用湿喷工艺,添加外加剂。

⑤采用双水环喷头。

⑥应保持喷射机密封板的平整,不漏风,并调节好密封板的压力,保证松紧适宜。

⑦应加强喷射的照明、通风。

6. 喷射混凝土与围岩黏结强度试验

(1)成型试验法。在模型内放置面积为100mm×100mm×50mm且表面粗糙度近似于实际情况的岩块,用喷射混凝土掩埋。在混凝土达到一定强度后,加工成100mm×100mm×100mm的立方体试块,在标准条件下养护至28d,用劈裂法进行试验。

(2)直接拉拔法。在围岩表面预先设置带有丝扣和加力板的拉杆,用喷射混凝土将加力板埋入,喷层厚度约为100mm,试件面积约为300mm×300mm(周围多余的部分应予清除),养护至28d,进行拉拔试验。

喷射混凝土与岩石的黏结强度:Ⅰ、Ⅱ级围岩不应低于0.8MPa,Ⅲ级围岩不应低于0.5MPa。围岩低于0.5MPa的软岩、破碎围岩、土质围岩、黄土围岩等,不做黏结强度检测。

四、影响喷射混凝土质量的因素

1. 影响喷射混凝土强度的因素

要保证喷射混凝土质量,必须严把混凝土原材料质量关及施工作业质量关。

(1)原材料。喷射混凝土原材料主要包括水泥、砂、碎石、速凝剂等。提供能满足质量要求的原材料是保证喷射混凝土强度的前提。

水泥是喷射混凝土的最重要的原材料,必须严把水泥进库及使用前的检验关。对水泥强度、安定性、凝结时间进行抽样检查,对合格者准予使用,对不合格者不准其进场或用于施工。

为保证喷射混凝土强度,减少粉尘和混凝土硬化后的收缩,减少材料搅拌时的飞扬损失,砂的细度模数、含水率、含泥量及碎石颗粒级配、最大粒径等质量指标必须符合《公路隧道施工技术规范》(JTG/T 3660—2020)中的有关规定。

喷射混凝土用水必须是无杂质的洁净水,污水、pH值小于4.5的酸性水均不许使用。

为加快喷射混凝土的凝结、硬化,提高其早期强度,减少喷射混凝土施工时因回弹和重力而引起的混凝土脱落,增大一次喷射混凝土厚度和缩短分层喷射的间隔时间,一般在喷射混凝土中加入速凝剂。速凝剂对于不同品种的水泥,其作用效果也不相同。因此,在使用前应做速凝剂与水泥的相容性试验及水泥净浆凝结效果试验。

(2)施工作业。在保证原材料合格的前提下,应按设计的配合比,准确称量并进行搅拌。

喷射混凝土的强度还与喷射混凝土支护施工作业质量密切相关。因此,喷射混凝土前,必须冲洗岩面;喷射中,要控制好水胶比和喷射距离;喷射后,注意洒水养护。

虽然可以通过施工过程中质量控制来保证喷射混凝土的强度,但是由于喷射混凝土在拌合料、外加速凝剂的称量、拌匀、水胶比的配比、喷射作业及洒水养护上都存在着很大随机性,其强度的差异也较大。因此,对喷射混凝土的强度进行现场检测是十分必要的。

2. 影响喷射混凝土厚度的因素

(1)爆破效果。如果光爆效果差,隧道断面成型不好,导致超挖处混凝土喷层过厚,而欠挖处喷层过薄。在有钢架地段,超挖过大时,无法采用喷射混凝土回填密实。

(2)回弹率。由于向隧道拱部喷射混凝土时回弹量大,施工操作困难,导致拱部混凝土喷层达不到设计厚度。

(3)施工管理。如果施工管理不严,没有采取诸如拉线覆喷、埋设标准桩等严格控制喷层厚度的措施,容易造成厚度不足。

(4)喷射参数。喷射混凝土的风压、水压、喷头与喷面的距离、喷射角度、喷射料的粒径等,不仅影响喷射混凝土的强度,而且影响对喷层厚度的控制。

此外,缺乏方便、可靠的喷层厚度检测手段和方法,难以对喷层厚度进行有效的质量监督和控制,也是喷射混凝土厚度质量失控的一个重要原因。

五、钢纤维喷射混凝土

钢纤维喷射混凝土是在喷射混凝土中加入钢纤维,弥补喷射混凝土的脆性破坏缺陷,改善喷射混凝土的物理力学性能。

1. 钢纤维的技术要求

钢纤维喷射混凝土采用的钢纤维应满足下列要求:

(1)钢纤维宜用普通碳素钢制成,其抗拉强度不得低于380MPa。
(2)钢纤维的截面直径应为0.3~0.5mm。
(3)钢纤维的长度宜为20~25mm。
(4)钢纤维含量宜为干混合料质量的1.5%~4%(总量比)。
(5)钢纤维喷射混凝土石子粒径不宜大于10mm。
(6)钢纤维喷射混凝土的强度不得低于C20。
(7)钢纤维混凝土的搅拌应采用强制式搅拌机。水泥、集料、钢纤维先干拌,时间不得少于1.5min,加水后湿拌时间不应少于3min。

2. 钢纤维混凝土的性能特点

(1)钢纤维喷射混凝土中的钢纤维主要在喷射平面内呈二维分布,且相当均匀,如图6-9所示。

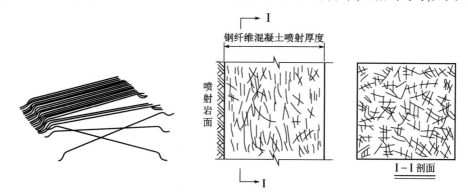

图6-9 钢纤维喷射混凝土

根据统计,平行于喷射平面的钢纤维根数占总根数的70%~80%。这种结构保证了钢纤维喷射混凝土在喷射平面内的力学强度的均匀性和在此平面上力学强度的优势。

(2)钢纤维喷射混凝土的破坏呈塑性破坏,因此容许有较大的变形,裂缝出现后仍有一定的承载能力。

(3)在一般掺量情况下(为喷射混凝土质量的1%~1.5%),钢纤维喷射混凝土比普通喷射混凝土的抗压强度提高30%~60%,抗拉强度提高50%~80%,抗弯强度提高40%~70%。

(4)在一般掺量情况下,钢纤维喷射混凝土的韧性(加载至试件完全破坏所需要做的功)为普通喷射混凝土的20~50倍,抗冲击性能提高8%~30%,抗磨损性能提高30%(钢纤维掺量要大于1.5%)。

实践证明,当钢纤维体积百分率不变时,钢纤维直径减小,钢纤维间距也随之减小,而对混凝土裂缝扩张的约束能力也就越强,使混凝土的各种性能更能得到强化。当钢纤维直径过小时,会使钢纤维添加、钢纤维混凝土的搅拌和施工发生困难。因此,钢纤维的直径以0.3~0.5mm为宜。当钢纤维长度大于25mm,掺量超过混合料的6%时,搅拌的均匀性和喷射混凝土施工的流畅性就会发生困难,搅拌时钢纤维容易铰接在喷射机中。因此,钢纤维长度不宜超过25mm,掺量不宜大于混合料质量的6%。

3. 钢纤维混凝土的应用范围

(1)由于钢纤维喷射混凝土具有许多优良的物理力学性能,故可用于承受强烈振动、冲击动荷载的结构物的构筑,也适用于要求耐磨或不便配置钢筋但又要求有较高强度和韧性的工程,如用于地下工程中受动荷载部位的结构,地上建筑物的补强加固,以及机场跑道、高速公路路面等。

（2）在软弱破碎围岩隧道中,采用钢纤维喷射混凝土的支护效果优于采用挂钢筋网喷射混凝土的支护效果。因此,可以采用钢纤维喷射混凝土代替挂钢筋网喷射混凝土作为软弱破碎围岩隧道的初期支护,甚至作为永久性衬砌。目前我国公路等部门做过一些实用性试验研究,但在各类隧道工程中应用钢纤维喷射混凝土的还很少,有待进一步推广。

4. 钢纤维喷射混凝土的施工要点

（1）钢纤维喷射混凝土应选用经过实践检验的喷射机械。主要问题是防止钢纤维结团堵管。目前已有些钢纤维产品采用水溶性黏结剂将钢纤维黏结成片状,在搅拌过程中可以方便地分离成单一纤维,较好地解决了结团问题。

（2）钢纤维和基本材料必须拌和均匀,避免造成喷射机拨料盘堵塞或堵管。行之有效的方法是先将水泥、砂、碎石拌和均匀,然后掺入钢纤维和速凝剂,再拌和均匀,装入运输车或输料管。

（3）钢纤维喷射混凝土操作同普通喷射混凝土,但输料管的磨耗大,一般要高于普通喷射混凝土30%~40%,尤其是拐弯处。每班可将胶管翻转1~2次,以延长胶管寿命。

（4）钢纤维喷射混凝土的风压要比普通喷射混凝土高0.02~0.05MPa。当输送距离不大于40m时,风压一般可为0.05~0.18MPa。

六、钢筋网喷射混凝土

钢筋网喷射混凝土是在喷射混凝土之前,在岩面上挂设钢筋网,然后再喷射混凝土。其物理力学性能基本上同钢纤维喷射混凝土一致,只是其配筋均匀性较钢纤维差。目前,我国在各类隧道工程中应用钢筋网喷射混凝土支护的比较多,主要用于软弱破碎围岩。钢筋网喷射混凝土更多的是与锚杆或者钢架构成联合支护。

图6-10 钢筋网

1. 构造组成

钢筋网通常做环向和纵向布置。环向筋一般为受力筋,由设计确定,直径为12mm左右;纵向筋一般为构造筋,直径为6~10mm;网格尺寸一般为20cm×20cm、20cm×25cm、25cm×25cm、25cm×30cm或30cm×30cm。对应围岩松散破碎严重的,或土质和砂土质隧道,可采用细一些的钢筋,直径一般小于6mm,网格尺寸也应小一些,一般为10cm×10cm、10cm×15cm、15cm×15cm、15cm×20cm、20cm×20cm。钢筋网如图6-10所示。

2. 施工要点

（1）钢筋网应根据被支护围岩面上的实际起伏形状敷设,与受喷面的最大间隙不宜大于50mm,且应在喷射一层混凝土后再进行敷设。钢筋网保护层厚度不小于2cm,有水部位不小于4cm。

（2）钢筋在使用前,应清除污锈。

（3）为便于挂网安装,常将钢筋网加工成网片,钢筋网宜在施工现场预制点焊成网片,也可就地绑扎相结合。其长宽尺寸可为100~200cm,每节长度不宜小于2.0m。成品钢筋网安设时,其搭接长度不小于30d（d为钢筋直径）,且不小于一个网格长边尺寸;钢筋网宜在岩面喷一层混凝土后敷设;采用双层钢筋网时,第二层钢筋网应在第一层钢筋网被混凝土覆盖后敷设。

(4)钢筋网应与锚杆或锚钉头连接牢固,并应尽可能多点连接,以减少喷射混凝土时使钢筋发生"弦振"。锚钉的锚固深度不得小于20cm,以保证连接牢固、安全、可靠。

(5)开始喷射时,应适当缩短喷头至受喷面之间的距离,并适当调整喷射角度,使钢筋网背面混凝土密实。对于干燥土质隧道,第一次喷射不能太厚,以防起鼓剥落等。

(6)在砂层地段,应注意要紧贴砂层铺挂细钢筋网,并用环向钢筋压紧,再喷射混凝土。在正式喷射前,应先喷一层加大速凝剂掺量的水泥砂浆,并适当减小喷射机的工作风压。

(7)在有水地段,应改变配合比,增加水泥用量;先喷干混合料,待其与涌水融合后,再逐渐加水喷射。喷射时由远而近,逐渐向涌水处逼近,然后在涌水点安设导管将水导出,再在导管附近喷射。当涌水范围较大时,可设树枝状排水盲沟再喷射;当涌水严重时,可设泄水孔,边排水边喷射;当涌水点不多时,可用开缝摩擦锚杆进行导水处理后再喷射。

单元二 锚杆施工

(1)了解锚杆的分类;
(2)了解锚杆支护的布置形式;
(3)掌握常用锚杆的构造及施工要点;
(4)掌握锚杆的实测项目;
(5)了解锚杆的抗拔力试验方法。

一、锚杆

1. 锚杆的类型

锚杆的类型有砂浆锚杆、药卷锚杆、中空注浆锚杆、自进式锚杆、组合中空锚杆、树脂锚杆、楔缝式端头锚固型锚杆等。砂浆锚杆、药卷锚杆、中空注浆锚杆、自进式锚杆、组合中空锚杆、树脂锚杆为全长黏结式锚杆。

水泥砂浆全长黏结式锚杆采用水泥砂浆(或树脂)作为填充材料,不仅有助于锚杆的抗剪和抗拉以及防腐蚀作用,而且具有较强的长期锚固力,有利于约束围岩位移。其安装简单,在无特殊要求的各类地下工程中,可大量用于初期支护和永久支护。在隧道工程中,其常用作系统锚杆和超前锚杆。

端头锚固式锚杆利用内、外锚头的锚固来限制围岩松动。其安装容易,工艺简单,安装后即可以起到支护作用,并能对围岩施加预加力。但杆体易受腐蚀,锚头易松动,影响长期锚固力,一般用于硬岩地下工程中的临时加固。在隧道工程中,常用作局部锚杆。

2. 锚杆材料要求

锚杆材料应满足设计要求并符合下列规定:

(1)锚杆杆体宜选用 HRB335、HRB400 钢,杆体直径为 20~28mm,杆体屈服抗拉力大于或等于 150kN,强屈比 $f_u/f_y \geqslant 1.2$。

(2)锚杆用的各种水泥砂浆强度不低于 M20。

(3)锚杆露头应设垫板,垫板尺寸不应小于 150mm(长)×150mm(宽)×8mm(厚)。锚杆垫板宜采用 Q235 钢。

3. 锚杆布置

(1)锚杆支护的布置一般采用局部锚杆和系统锚杆两种布置形式。

在硬岩中,由于岩层倾斜或呈水平状或在拱顶产生受拉区,常用锚杆进行局部加固。这种锚杆的布置是不规则的,需适应节理或裂隙的走向,以加固或悬吊松动围岩为主要目的。锚杆的方向按实际需要进行布置。

系统布置是指沿着隧道开挖周边纵横方向有规则的布置。其目的是将锚杆群系统地深入岩层内部,改善围岩的力学性能,限制变形,增强其稳定性,充分利用围岩本身的自承能力。系统锚杆多用于软岩或节理发育的岩层。

系统锚杆布置方式有两种,即梅花形和矩形。根据施工实践,矩形布置在围岩中所产生的压缩带往往是不连续的。如要使其连续,必须加密锚杆,缩小间距,但很不经济。而梅花形布置在围岩中形成的压缩带效果较好,因此多以梅花形布置为主,如图 6-11 所示。系统锚杆施工现场如图 6-12 所示。

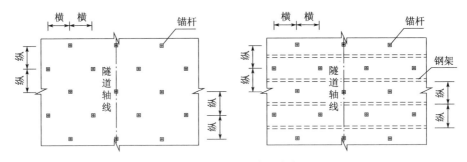

图 6-11 系统锚杆布置方式

图 6-12 系统锚杆施工现场

用于支护和加固围岩的系统锚杆、局部锚杆不应与钢架焊接。

(2)系统锚杆设计应符合下列规定:

①锚杆宜沿隧道周边径向布置。当结构面或岩层层面明显时,锚杆应与岩体主结构面或岩层层面成大角度布置。**径向锚杆施工相关资源请扫描"本教材配套资源索引"中的二维码,资源编号为27。**

②锚杆宜按梅花形排列。

③系统锚杆长度和间距应根据围岩条件、隧道宽度,通过计算或工程类比确定。

④锚杆间距不宜大于锚杆长度的1/2且不宜大于1.5m。当间距较小时,可采用长短锚杆交错布置。

⑤两车道隧道系统锚杆长度一般不宜小于2.0m,三车道隧道系统锚杆长度不宜小于2.5m。

⑥土质围岩不设系统锚杆时,应采用其他支护方式加强。

4.锚杆支护效应

锚杆是用金属或其他高抗拉性能的材料制作的一种杆状构件。使用特定机械装置或黏结介质,通过一定的施工操作,将其安设在地下工程的围岩和其他工程结构体中。其中锚杆是用钢筋、钢管等材料加工而成,具有锚固、悬吊等作用的支护杆(构)件。

锚杆支护是喷锚支护的组成部分,是锚固在岩体内部的杆状体,通过锚入岩体内部的钢筋与岩体融为一体,达到改善围岩的力学性能、调整围岩受力状态、抑制围岩变形、实现围岩加固、维护围岩稳定的目的。利用锚杆的悬吊作用、组合拱作用、减跨作用、挤压加固作用,将围岩中的节理、裂隙串成一体提高围岩的整体性。锚杆作用如图6-13所示。

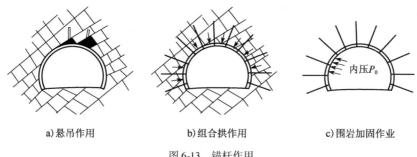

a)悬吊作用　　b)组合拱作用　　c)围岩加固作业

图6-13　锚杆作用

要发挥锚杆对围岩的支护作用:第一,要保证锚固深度;第二,要保证锚杆全长注浆饱满,与岩体连成整体;第三,要避免松弛、锈蚀损坏。

二、锚杆施工

1.锚杆钻孔施工应符合的规定

(1)锚杆孔宜采用锚杆钻孔机或(多臂)钻孔台车钻孔。

(2)钻孔前应按设计布置要求,标出钻孔位置,钻孔数量不得少于设计数量。

(3)系统锚杆钻孔方向应为设计开挖轮廓线法线方向,垂直偏差不宜大于20°。

(4)局部锚杆应与岩层层面或主要结构面呈大角度相交。

(5)锚杆钻孔直径应大于锚杆杆体直径15mm。

(6)钻孔深度应满足设计要求,与设计锚杆长度允许偏差为±50mm。锚杆钻孔深度说明图如图6-14所示。

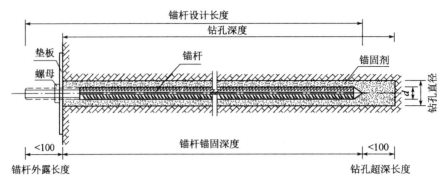

图 6-14 锚杆钻孔深度说明图(尺寸单位:mm)

2. 锚杆安装前应进行的检查工作

(1)锚杆原材料型号规格以及锚杆各部件质量和技术性能应满足设计要求。
(2)锚杆孔位、孔径、孔深及布置形式应满足设计要求。
(3)孔内积水、岩粉应吹洗干净。
(4)锚杆杆体应调直除锈清除油污。
(5)锚杆外露端应有螺纹,应逐柱根检查并与螺母试装配。
检查工作完成后,应做好原始记录。

3. 锚杆应符合的基本要求

(1)锚杆长度应不小于设计长度,锚杆插入孔内的长度不得短于设计长度的95%。
(2)砂浆锚杆和注浆锚杆的灌浆强度应不小于设计值和规范要求,锚杆孔内灌浆密实饱满。
(3)锁脚锚杆(管)的数量、长度、打入角度应满足设计要求。

4. 锚杆施作时序

在设有系统锚杆的地段,系统锚杆宜在下一循环开挖前完成。锚杆施作时序应符合下列规定:
(1)无钢架地段,锚杆宜初喷混凝土、挂钢筋网后施作,或在初喷混凝土、挂网钢筋网、复喷后施作。
(2)有钢架地段,锚杆在初喷混凝土、挂网钢筋网、立钢架、复喷混凝土后施作。
锚杆施作时序图如图 6-15 所示。

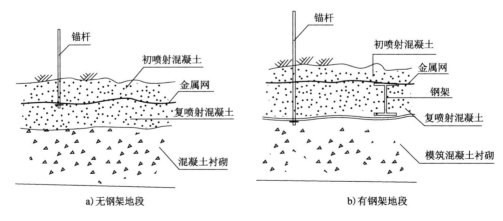

图 6-15 锚杆施工时序图

5.锚杆实测项目

锚杆实测项目见表6-7。

锚杆实测项目　　　　　　　　　表6-7

项次	检查项目	规定值或允许偏差	检查方法和频率
1	数量(根)	不少于设计值	目测:现场逐根清点
2	抗拔力(kN)	28d拔力平均值≥设计值,最小拔力≥0.9倍设计值	拉拔仪:抽查1%,且不小于3根
3	孔位(mm)	±150	尺量:抽查10%
4	钻孔深度(mm)	±50	尺量:抽查10%
5	孔径(mm)	≥锚杆杆体直径+15mm	尺量:抽查10%

锚杆垫板与岩面间应无间隙。

6.普通水泥砂浆锚杆

(1)构造组成

普通水泥砂浆锚杆是以普通水泥砂浆作为黏结剂的全长黏结式锚杆。

(2)施工要点

①锚杆宜采用螺纹钢筋,杆体直径应满足设计要求。

②钻孔前应根据设计要求定出孔位,做出标记,孔位允许偏差为±150mm。

③钻孔应圆而直,钻孔方向宜尽量与岩层主要结构面垂直,水泥砂浆锚杆孔径应大于杆体直径15mm,用高压风或高压水清孔,并用塞子塞紧孔口,以防止石渣或泥土掉入孔内。

④砂浆配合比(质量比),水泥:砂:水宜为1:(1~1.5):(0.45~0.5)。砂的粒径不宜大于3mm,拌和均匀,随拌随用,一次拌和的砂浆应在初凝前用完。

⑤锚杆外露端应加工120~150mm的标准螺纹,锚杆前端应削尖,并采用配套止浆塞、垫板、标准螺母等配件;外端不用垫板的锚杆应先弯制弯头。

⑥注浆作业应遵守以下规定:

a.先注浆后插杆体时,注浆管应先插至距孔底5~10cm处,并随水泥砂浆的注入缓慢匀速拔出,灌浆压力不宜大于0.4MPa。开始注浆后,徐徐均匀地将注浆管往外抽出,并始终保持注浆管口埋在砂浆内,以免浆中出现空洞。

b.注浆开始或中途停止超过30min时,应用水润滑注浆罐及其管路。

c.注浆时应堵塞孔口,注浆管应插至距孔底5~10cm处,随水泥砂浆的注入缓慢匀速拔出,随即迅速将杆体插入,若孔口无水泥砂浆溢出,应将杆体拔出重新注浆。

d.锚杆杆体宜对中插入,插入后应在孔口将杆体固定,杆体插入孔内的长度不得短于设计长度的95%,实际黏结长度也不应短于设计长度的95%。注浆是否饱满可根据孔口是否有砂浆挤出来判断。

e.注浆体积应略多于需要体积,将注浆管全部抽出后迅速插入杆体,并可锤击或通过套筒用风钻冲击,使杆体强行插入钻孔。

f.杆体到位后,要用木楔或小石子在孔口卡住,防止杆体滑出。

g.应及时安装止浆塞。砂浆终凝后应及时安装垫板、螺母,垫板应紧贴岩面,垫板与岩面不平整接触时,应用砂浆填实。螺母应拧紧。在砂浆未达到设计强度的70%时,不得随意碰撞,一般规定 3d 内不得悬挂重物;锚杆安设后,不得随意敲击。

7. 早强水泥砂浆锚杆

早强水泥砂浆锚杆的构造、设计和施工与普通水泥砂浆锚杆基本相同,不同的是早强水泥浆的黏结剂是由硫铝酸盐早强水泥、砂、早强剂和水组成。因此,它具有早期强度高、承载快、不增加安装难度等优点,弥补了普通水泥砂浆锚杆早期强度低、承载慢的不足。尤其是在软弱、破碎、自稳时间短的围岩中显示出其一定的优越性,但要注意的是注浆作业开始或中途停止超过 30min 时,应测定砂浆坍落度,其值小于 10mm 时,不得注入罐内使用。

早强水泥砂浆锚杆采用硫铝酸盐早强水泥,所掺入的早强剂具有早强、缓凝、减水与防锈的效果,其掺入量为:亚硝酸钠掺量 1%～3%,缓凝型糖蜜减水剂掺量 0.2%。

8. 早强药包内锚头锚杆

(1)构造组成

早强药包内锚头锚杆是以快硬水泥卷,或早强砂浆卷,或树脂卷作为内锚固剂的内锚头锚杆。其构造如图 6-16 所示。

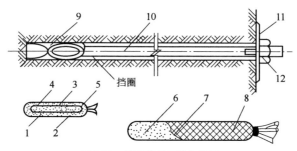

图 6-16 早强药包内锚头锚杆

1-不饱和聚酯树脂+加速剂+填料;2-纤维纸或塑料袋;3-固化剂+填料;4-玻璃管;5-堵头(树脂胶泥封口);6-快硬水泥;7-湿强度较大的滤纸筒;8-玻璃纤维纱网;9-树脂锚固剂;10-带麻花头杆体;11-垫板;12-螺母

(2)施工要点

①使用前药包应进行泡水检验;要求未受潮、无结块,不应使用受潮结块的药包;药包的浸泡宜在清水中进行,随泡随用,药包必须泡透;药包砂浆的初凝时间不小于 3min,终凝时间应不大于 30min。

②药包宜采用专用工具推入钻孔内,应缓慢推入孔底,并应防止中途药包纸破裂;锚杆插到设计深度时孔口应有浆液溢出。孔口无浆液流出或杆体插不到设计深度时,应将杆体拔出,清孔,重新安装;锚杆应安装垫板并拧紧螺母。

③药包直径宜较钻孔直径小 20mm 左右,药卷长度一般为 20～30cm。锚杆杆体插入时应注意旋转,使药包充分搅拌均匀。锚杆药包主要有硅酸盐与硫酸盐两个系列,分速凝型、早强型、早强速凝型三种。

④锚杆药包也可自行生产。某厂生产的 ZM-2 型早强锚杆药包,采用硫铝酸盐水泥加 TS 速凝剂和阻锈剂,属于速凝早强型。TS 速凝剂含锂盐,具有速凝早强作用,掺量为 4%～6%。阻锈剂为亚硝酸钠,掺量为 0.5%。药包的浸水时间是施工的关键,应根据产品试验确定,一般为 1～2min。

⑤采用快硬水泥内锚头锚杆的施工要点:

a. 钻眼要求同前所述。

b. 用直径为 2～3mm、长为 150mm 的锥子,在快硬水泥卷端头扎两个排气孔,然后将水泥卷竖立放于清洁水中,保持水面高出水泥卷约 10cm。浸水时间以不冒气泡为准,但不得超过水泥的初凝时间,必要时要做浸水后的水胶比检查。

c. 将浸好水的水泥卷用锚杆送至眼底,并轻轻捣实。若中途受阻,则应及时处理,若处理时间超过水泥终凝时间,则应换装新水泥卷或钻眼作废。

d. 将锚杆外端套上连接套筒(带有六角旋转头的短锚杆;断面打平后,对中焊上锚杆螺母),装上搅拌机,然后开动搅拌机,带动锚杆旋转,搅拌水泥浆,并用人力推进锚杆至眼底,再保持10s的搅拌时间(搅拌时间为30~40s)。

e. 轻轻卸下搅拌机头,用木楔楔紧杆体,使其位于钻眼中心,自浸水后20min,快硬水泥具有足够强度时,才能使用扳手卸下连接套筒(可准备多个套筒周转使用)。

f. 树脂药包使用要点:采用树脂药包时,搅拌时间应根据现场气温决定。20℃时,树脂药包的固化时间为5min。温度每下降5℃,固化时间大致会延长1倍,即15℃时为10min,10℃时为20min。因此,对于地下工程,在正常温度下,树脂药包的搅拌时间约为30s,当温度在10℃以下时,搅拌时间可适当延长为45~60s。

9. 楔缝式内锚头锚杆

(1)构造组成

楔缝式内锚头锚杆由杆体、楔块、垫板和螺母组成,如图6-17所示。

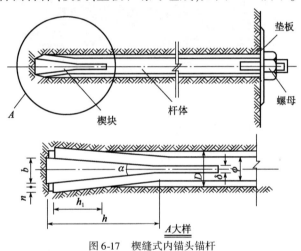

图6-17 楔缝式内锚头锚杆

D-钻孔直径;ϕ-锚杆杆体直径;δ-锚杆杆体楔缝宽度;b-楔块端头厚度;α-楔块的楔角;h-楔块长度;h_1-锚头两翼嵌入钻孔壁长度;n-楔缝两翼嵌入钻孔壁深度

(2)施工要点

①楔缝式锚杆安装前,应检查杆体长度、楔缝、楔块、螺母的尺寸和配合情况。

②钻孔直径应大于杆体直径15~18mm。

③锚杆与楔块应同时送入孔内,楔块不得偏斜或脱落,当楔块到达孔底时,用锤敲击锚杆端头,使锚头楔紧,上好托板,拧紧螺母。螺母拧紧力矩不应小于100N·m。

④24h后应再次紧固,并于覆盖前最终检查紧固。

⑤宜在硬岩中作为临时支护使用。作为永久支护锚杆使用时,安装前应安装注浆管和排气管,锚杆发挥作用后应注满水泥砂浆。

10. 中空锚杆

(1)构造组成

中空锚杆有锚头、连接套、直降塞、排气管、中空杆体、垫板、螺母等配件。中空锚杆说明图如图 6-18 所示。中空锚杆现场施工如图 6-19 所示。

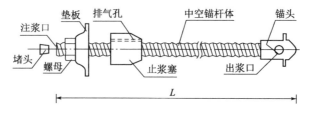

图 6-18 中空锚杆说明图

图 6-19 中空锚杆现场施工(未注浆)

（2）施工要点
①中空锚杆应有锚头、止浆塞、中空杆体、垫板、螺母等配件。
②插入中空锚杆后,应安装止浆塞。止浆塞应留有排气孔。
③应对锚杆中孔吹气或注水疏通。
④带排气孔出浆后,方可停止注浆。
⑤浆体终结后应安装垫板,拧紧螺母。

三、锚杆抗拔力试验

1. 测试仪器

拉拔设备有中空千斤顶、手动油压泵、油压表、千分表,如图 6-20、图 6-21 所示。

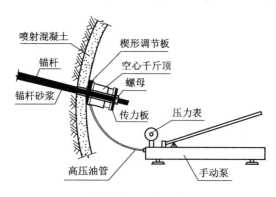

图 6-20 锚杆拉拔测试图

图 6-21　锚杆拉拔测试现场

2. 测试方法

(1) 根据试验目的,在隧道围岩指定部位钻锚杆孔。由于锚杆外露端长度不够,需对受检锚杆端做加长处理。

(2) 按照正常的安装工艺安装待测锚杆。

(3) 根据锚杆的种类和试验目的确定拉拔时间。

(4) 在锚杆尾部加上垫板,套上中空千斤顶,将锚杆外端与千斤顶内缸固定在一起,并装设位移量测设备与仪器。

(5) 通过手动油压泵分级加压,从油压表读取油压,加载速率为 10kN/min。根据活塞面积换算锚杆承受的拉拔力,同时读取位移值。

3. 注意事项

(1) 砂浆锚杆应在锚固砂浆强度达到 100% 后进行。

(2) 被测试锚杆应将锚杆垫板取下。

(3) 安装拉拔设备时,应使千斤顶与锚杆同心,避免偏心受拉。

(4) 加载应匀速,一般以每分钟 10kN 的速率增加。

(5) 如无特殊需要,可不做破坏性试验,拉拔到设计拉力即停止加载。

(6) 锚杆抗拔力测试不应小于同类型锚杆总数的 5%,并不得少于 3 根。

(7) 千斤顶应固定牢靠,并有必要的安全保护措施。试验时操作人员要避开锚杆的轴线延长线方向。读取读数时应停止加压。

4. 试验要求

(1) 每安装 300 根锚杆至少随机抽样一组(3 根),设计变更或材料变更时另做一组拉拔力测试。

(2) 同组锚杆锚固力或拉拔力的平均值应大于或等于设计值。

(3) 同组单根锚杆的锚固力或拉拔力不得低于设计值的 90%。

单元三 钢筋网施工

(1) 了解钢筋网的常用网格尺寸;
(2) 掌握钢筋网的施工要点。

1．钢筋网施工基本要求
(1) 钢筋网材料应满足设计要求。钢筋网钢筋在使用前应调直、清除锈蚀和油渍。
(2) 钢筋网安装应符合下列规定:
①应在初喷一层混凝土后再进行钢筋网敷设。
②钢筋网应随受喷岩面起伏敷设,与受喷面的最大间隙不宜大于50mm,不宜将钢筋预焊成片后铺挂。
③采用双层钢筋网时,两层钢筋网间距应满足设计要求,第二层钢筋网应在第一层钢筋网被喷射混凝土全部覆盖后进行铺挂。
④钢筋网钢筋每节长度不应小于2.0m,钢筋搭接长度不应小于30倍钢筋直径。
⑤钢筋网每个节点和搭接段均应绑扎或焊接。
⑥钢筋网应与锚杆或其他固定装置连接牢固,在喷射混凝土时不晃动。

2．实测项目
钢筋网支护实测项目见表6-8。

钢筋网支护实测项目　　　　表6-8

项　次	检　查　项　目	规定值或允许偏差	检查方法和频率
1	钢筋网喷射混凝土保护层厚(mm)	≥20	凿孔法:每10m测5点
2△	网格尺寸(mm)	±10	尺量:每100m² 检查3个网眼
3	搭接长度(mm)	≥50	尺量:每20m测3点

注:△为关键项目。

单元四 钢架施工

(1) 了解钢架的类型;
(2) 了解钢架支护的布置形式及使用条件;
(3) 掌握常用钢架的构造及施工要点;
(4) 掌握钢架的实测项目。

一、钢架

1. 钢架类型与构造组成

用钢筋或型钢等制成的拱形骨架结构称钢架。

无论采用喷射混凝土还是锚杆(或是加长、加密锚杆),还是在混凝土中加入钢筋网、钢纤维,都主要是利用其柔性和韧性,而对其整体刚度并未过多要求。这对支护不太破碎的围岩使其稳定是可行的。当围岩软弱破碎严重(Ⅳ级软岩至Ⅵ级围岩)时,其自稳性差,开挖后要求初期支护具有较大的刚度,以阻止围岩的过度变形和承受部分松弛荷载。钢架就具有这样的力学性能,钢架是钢拱架的简称。

钢架可以采用 H 型钢、工字钢、U 型钢、钢轨、钢管或钢筋等制成。主要有格栅钢架和型钢钢架两类。现场采用以钢筋制作的格栅钢架较多。

格栅钢架(图 6-22)是目前工程上用量最大的钢架。它是由钢筋焊接加工而成的桁架式支架,在断面上有矩形和三角形之分。主筋弯曲成与隧道开挖断面相同的形状与尺寸,次筋(构造筋)作波形弯折焊接在主筋上。制作格栅钢架的钢筋应采用 HRB335、HRB400,主筋直径宜为 18~32mm,对于公路隧道,主筋直径一般不小于 22mm;辅筋宜采用 HPB300、HRB335,辅筋直径宜为 10~16mm。钢架连接钢板宜采用 HRB335、HRB400。为了便于施工,每副格栅钢架都分成若干节,一般为 3~5 节。节间加工法兰选用螺栓固定连接之后焊接。格栅钢架的特点是初期可作为普通钢架支撑及时支护围岩,后期可与喷射混凝土形成钢筋混凝土,钢材利用得比较充分。

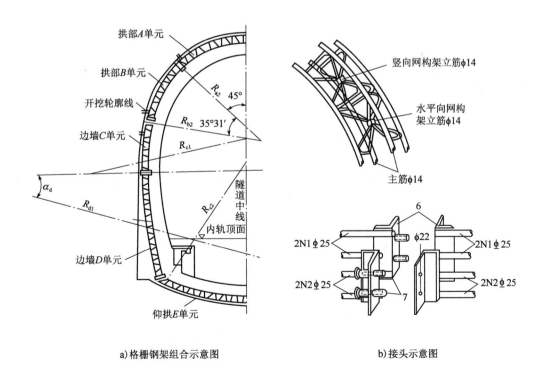

a) 格栅钢架组合示意图 b) 接头示意图

图 6-22

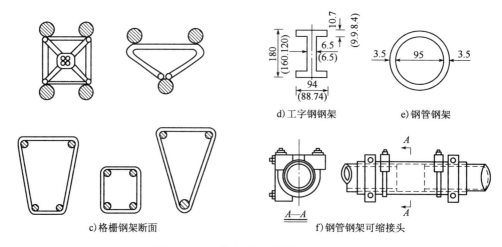

图 6-22 钢架构造图(尺寸单位:mm)

2. 钢架性能特点

(1)钢架的整体刚度较大可以提供较大的早期支护刚度,型钢架较格栅钢架能更早承载。

(2)钢架可以很好地与锚杆、钢筋网、喷射混凝土相结合,构成联合支护,增强支护的有效性,且受力条件较好,尤以格栅钢架结合最好。

(3)格栅钢架采用钢筋现场加工制作,技术难度和要求并不高,对隧道断面变化的适应性好。

(4)钢架的安装架设方便。

3. 钢架的使用条件

钢架是依靠"被动支撑"来维持围岩稳定的,在软弱围岩条件下,钢架对维持围岩的稳定是必不可少的。下列情况一般可以使用钢架喷射混凝土支护:

(1)自稳时间很短的Ⅴ、Ⅵ级围岩隧道。

(2)浅埋、偏压隧道,当早期围岩压力增长快,需要提高初期支护的强度和刚度时。

(3)砂卵石、土夹石地层,大面积淋水地段,以及为了抑制围岩大的变形需要增强支护抗力时。

(4)当需施作超前支护,需要设置钢架作为超前锚杆(或超前钢管等)的支承构件时。

4. 钢架的制作

钢架一般在现场制造,采用冷弯或热弯加工焊接而制成。钢筋格栅钢架的腹部八字单元可以在工厂制作,装运到隧道施工现场按比例为1:1的胎模热弯加工及焊接或铆接而成。钢架加工后要进行试拼,拼装允许误差,沿隧道周边轮廓线的误差不应大于3cm,平面(翘曲)误差应小于2cm,接头连接要求每榀之间可以互换。即采用冷弯、冷压、热弯、热压、电焊加工制作钢架构件时,要求尺寸准确、弧形圆顺、结构安全可靠。钢架的截面尺寸应满足强度、刚度、稳定性的要求。当各部件尺寸满足设计要求时,方可进行批量生产。故应按设计计算要求进行选材、加工、制作及验收等。

(1)钢架制作应符合下列规定:

①钢架型号、规格、几何尺寸应满足设计要求,其形状应与开挖断面相适应。

②钢架支护断面内轮廓尺寸可根据隧道实际开挖轮廓进行加工,加工的内轮廓曲线半径不应小于设计钢架的内轮廓曲线半径。

③钢架可分段制作,每节段长度应根据设计尺寸和开挖方法决定,每节段不宜大于4m,每节段应编号,注明安装位置。

④钢架节段两端应焊接连接钢板,连接钢板平面应与钢架轴线垂直。

⑤连接钢板规格尺寸应满足设计要求,连接钢板上螺栓孔应不少于4个,应采用冲压或铣切成孔,并应清除毛刺,不得采用氧焊烧孔。

⑥不同规格的首榀钢架加工完成后应在平整的地面上试拼,当各部分尺寸满足设计要求时,方可进行批量生产。

(2)型钢钢架加工应符合下列规定:

①型钢钢架应采用冷弯法制造成型,宜在工厂加工。

②型钢钢架每节段宜为连续整体,当阶段中出现两段型钢对接焊接时,应在焊缝两侧增加钢板骑缝帮焊,并应进行抗弯和抗扭矩试验,每节段对接焊缝数不得大于1。对接焊应在场外完成。

③型钢钢架与连接钢板焊接应采用双面焊。

(3)格栅钢架加工应符合下列规定:

①格栅钢架应在工厂生产制造。

②所有钢筋连接点必须采用双面对称焊接。

③格栅钢架与连接板焊接时,除主筋端头与钢板焊接外,应采用U形钢筋帮焊。每块连接钢板的U形钢筋数量应不少于2个。U形钢筋直径应不小于主筋直径。U形钢筋应同时与主筋和连接钢板焊接。U形钢筋主筋的焊接长度不应小于150mm。格栅钢筋主筋端头与连接钢板焊接示意图如图6-23所示。

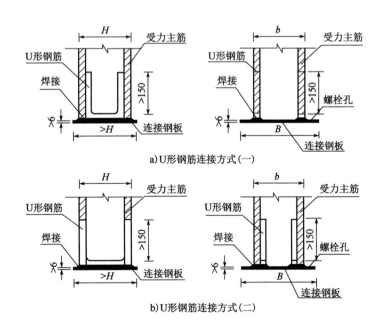

图6-23 格栅钢筋主筋端头与连接钢板焊接示意图(尺寸单位:mm)

二、钢架安装

1. 安装前的要求

钢架安装前应满足下列要求：

(1) 钢架宜在初喷后安装。钢架的安设应在开挖后 2h 内完成。

(2) 安装拱架前,应检查开挖断面轮廓、中线及高程。

(3) 钢架安装时应尽可能贴近围岩或初喷面,有间隙时应用楔块楔紧。

2. 安装要求

(1) 钢架应在初喷混凝土后安装。

(2) 应清除钢架拱脚虚渣,使之支承在稳固的地基上。锁脚锚杆应及时施作并应符合设计要求。

(3) 钢架节段与节段之间应通过连接钢板用螺栓连接,螺栓不应少于 4 颗。可缩性钢架的可缩性节点不宜过早喷射混凝土。应待其收缩合拢后,再补喷混凝土。

(4) 相邻两榀钢架之间应采用钢筋或型钢连接。

(5) 钢架应垂直于隧道中线并在垂直方向安装,竖向不倾斜,平面不错位、扭曲；上、下、左、右允许偏差为 ±50mm,钢架倾斜度允许偏差为 ±2℃。

(6) 钢架应贴近初喷混凝土面安装,当钢架和围岩初喷混凝土面之间有空隙时应采用钢楔块或木楔块楔紧,并用喷射混凝土充填密实。有多个楔块时。楔块与楔块间距不宜大于 2.0m。

(7) 钢架安设亦采用机械设备配合进行。

3. 实测项目

钢架其现场实测项目见表6-9。外观质量要求焊接应无假焊、漏焊,基底应无虚渣及杂物。

钢架实测项目　　　　　　　　　　表6-9

项次	检查项目		规定值或允许偏差	检查方法和频率
1	榀数		不少于设计值	目测或地质雷达法；逐榀检查
2	安装间距(mm)		±50	尺量；每榀检查
3	喷射混凝土保护层厚度(mm)		外侧保护层≥40,内侧保护层≥20	凿孔法；每20m测5点
4	倾斜度(°)		±2	铅锤法；逐榀检查
5	拼装偏差(mm)		±3	尺量；逐榀检查
6	安装偏差(mm)	横向	±50	尺和水准仪；逐榀检查
		竖向	不低于设计高程	
7	连接钢筋	数量	不少于设计值	目测；逐榀检查
		间距(mm)	±50	尺量；逐榀检查3处

注：钢架临空一侧为内侧。

4. 锁脚锚杆

锁脚锚杆是在钢架连接钢板上 100～300mm 处垂直岩壁打入的锚杆,防止拱脚收缩和掉拱,起稳定拱脚作用。锁脚锚杆安装说明如图 6-24 所示。

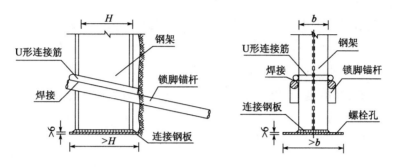

图 6-24 锁脚锚杆安装说明图(尺寸单位:mm)
H-钢架高度;b-钢架宽度

锁脚锚杆安装施工应符合下列规定:
(1)钢架安装就位后立即施作。
(2)安装位置应在钢架连接钢板上 100～300mm。采用型钢钢架时设于钢架两侧;采用格栅钢架时设在钢筋主筋之间。
(3)锁脚锚杆方向应符合设计规定。
(4)设锁脚锚杆杆体可采用螺纹钢或钢管,采用钢管时管内应注满砂浆。
(5)锁脚锚杆外露头与型钢钢架焊接时,可采用 U 形钢筋辅助焊接。
(6)上台阶锁脚锚杆砂浆强度达到设计强度的 70%,方可进行下一台阶开挖。

单元五　二次衬砌

 学习目标

(1)了解常用模板的类型;
(2)了解整体式模板的布置形式及使用条件;
(3)掌握二次衬砌的施工要点;
(4)掌握二次衬砌的实测项目。

公路隧道设计规范规定,公路隧道应设置衬砌。高速公路、一级公路、二级公路的隧道应采用复合式衬砌;三级及三级以下公路的隧道洞口段、Ⅳ～Ⅵ级围岩洞身段应采用复合式衬砌或整体式衬砌,Ⅰ～Ⅲ级围岩洞身段可采用喷锚衬砌。

复合式衬砌由初期支护和二次衬砌组成。初期支护帮助围岩达到施工期间的初步稳定。二次衬砌在Ⅲ级及以上围岩中按安全储备或承受后期围岩压力设计。在Ⅳ级及以下围岩中则按承受后期围岩压力结构设计与施工,并均应满足构造要求。

按照现代支护理论和新奥法施工原则,作为安全储备的二次衬砌是在围岩或围岩初期支护稳定后及时施作的,多采用顺作法,连续一次灌筑。在隧道纵向需要分段衬砌,分段长度一般为6~12m。二次衬砌多采用模筑混凝土作为内层衬砌结构。由于时间因素影响很大,二次衬砌和仰拱的施作直接关系到衬砌结构的安全。过早施作会使二次衬砌承受较大的围岩压力,延后施作会不利于初期支护的稳定。因此,在施工中通过监控、量测,掌握围岩与支护结构的变化规律,及时调整支护与衬砌设计参数,并确定二次衬砌和仰拱的施作时间,使衬砌结构安全可靠。**二次衬砌施工相关资源请扫描"本教材配套资源索引"中的二维码,资源编号为28。**

1. 二次衬砌施工前的准备工作

隧道衬砌施工时,其中线、高程、断面尺寸和净空大小均须符合设计要求。

(1)断面检查。

①根据隧道中线和水平测量,检查开挖断面是否符合设计要求,欠挖部分按规范要求进行修凿,并做好断面检查记录。

②复核隧道工程地质和水文地质情况,分析围岩稳定性特点,根据地质情况的变化及围岩的稳定状态,制订施工技术措施或变更施工方法。

③对已完成支护地段,应继续观察隧道稳定状态,注意支护的变形、开裂、侵入净空等现象,及时记录,做长期稳定性评价。

(2)模板就位。根据隧道中线和高程及断面尺寸,测量确定衬砌立模位置。

采用整体移动式模板台车时,实际是确定模板台车轨道的位置。轨道敷设应稳固,其位移和沉降量均应符合施工误差要求。轨道敷设和台车就位后,都应进行位置、尺寸检查。为了保证衬砌不侵入建筑限界,须预留误差量和沉落量,且要注意曲线加宽。

预留误差量是考虑到放线测量误差和拱架模板就位误差,为保证衬砌净空尺寸,一般将衬砌轮廓尺寸扩大5cm。

预留沉落量是考虑到未凝混凝土的荷载作用会使拱架模板变形和下沉。后期围岩压力作用和衬砌自重作用会使衬砌变形和下沉,故须预留沉落量。这部分预留沉落量根据实测数据确定或参照表6-10确定。

拱架(包括模板)预留沉落量 表6-10

围岩分级	Ⅲ级及Ⅲ级以上	Ⅳ级	Ⅴ级	Ⅵ级
预留沉落量(cm)	≤5	5~10	10~15	15~20

注:上述数值适用于先拱后墙法,当采用先墙后拱法时均不宜大于5cm。

预留误差量和预留沉落量应在拱架模板定位时一并考虑,并按此架设拱架模板尺寸。

使用拼装式拱架模板时,立模前应在洞外样台上将拱架和模板进行试拼,检查其尺寸和形状,不符合要求的应予修整。配齐配件,模板表面要涂抹防锈剂,模板在洞内重复使用时也应注意检查修整。拱架模板尺寸应按计算的施工尺寸放样到放样台上。

使用整体移动式模板台车时,在洞外组装并调试好各机构的工作状态,检查好各部尺寸,保证设备进洞后投入正常使用。每次脱模后应予以检修。

(3)根据放线位置,架设安装拱架模板或模板台车就位。安装就位后,应做好各项检查,包括位置、尺寸、方向、高程、坡度、稳定性等,并注意处理好以下问题:

①每排拱架应架设在垂直于隧道中线的竖直平面内,不得倾斜;对于曲线隧道,因曲线外弧长、里弧短,则应调整拱架方向和模板长度。

②拱架应立于稳固的地基上。拱架下端一般应焊接端头板，以增大支承面，减少下沉；当地基较软弱时，应先用碎石垫平，再用短枕木支垫，此垫木不得伸入衬砌混凝土中。

当采用整体移动式模板台车时，其走行轨道应敷设稳定，轨枕间距要适当，道床要振捣密实，必要时可先施作隧道底板，防止过量下沉。

③拱架的架设要牢固稳定，保证其不产生过量位移。拱架立好后还应对其稳定性进行检查。拱架固定的方法：横向有过河撑（断面较小时采用）、斜撑（断面较大时采用）、锚杆（锚固于围岩，穿过衬砌、模板、墙架、带木，用螺栓垫板固定拉住墙架）；纵向有带木、拱架间撑木、拉杆及斜撑；拱架与围岩之间的顶撑等。其中锚杆应先行安设，并做抗拔力的施工验算。拱架模板的架设和加强均应考虑其腹部的通行空间，以保证洞内运输的畅通。

④挡头模板应同样安装稳固，挡头板常用木板加工，现场拼铺，以便与岩壁之间的缝隙嵌堵严密；也可以采用气囊式堵头。

⑤设有各种防水卷材、止水带时，应先行安装好，并注意挡头板不得损伤防水材料，以免影响防水效果。

2. 模板

（1）常见的模板类型

模筑衬砌要有一套装卸和就位方便的模板，其类型有整体移动式模板台车、穿越式分体移动模板台车、拼装式拱架模板。

①整体移动式模板台车。

模板台车是由门架结构、大块模板、调整机构（液压或螺杆）、行走机构等组成供隧道衬砌混凝土成型的移动整体设备。

整体移动式模板台车主要适用于全断面一次开挖成型或大断面开挖成型的隧道衬砌施工中。它是采用大块曲模板、机械或液压脱模、背附式振捣设备集装成整体，并在轨道上走行，有的还设有自行设备，从而缩短立模时间，墙拱连续灌筑，加快衬砌施工速度。整体移动式模板台车如图 6-25 所示。

a) 公路隧道模板台车

b) 铁路单线隧道模板台车

图 6-25　整体移动式模板台车

模板台车的长度即一次模筑段长度，应根据施工进度要求、混凝土生产能力和灌筑技术要求以及曲线隧道的曲线半径等条件来确定。整体移动式模板台车的生产能力大可配合混凝土输送泵联合作业。它是较先进的模板设备，但其尺寸大小比较固定，可调范围较小，影响其适用性，且一次性设备投资较大。我国有些施工单位自制较为简单的模板台车，效果也很好。

②穿越式分体移动模板台车。

这种台车的走行机构与整体模板之间是可以分离的,因此可用一套行走机构与几套模板配合,提高行走机构的利用率,用时可以多段衬砌同时施作,提高衬砌速度。

③拼装式拱架模板。

拼装式拱架模板就是采用型钢制作或现场用钢筋加工成拱架配合钢模板拼装组合成的衬砌模板。

其拱架为便于安装和运输,常将整榀拱架分解为2~4节,进行现场组装,其组装连接方式有夹板连接和端板连接两种形式。为减少安装和拆卸工作量,可以做成简易移动式拱架,即将几榀拱架连成整体,并安设简易滑移轨道。

拼装式拱架模板的一次浇筑长度应根据围岩级别、施工进度、混凝土生产能力等情况确定,一般分段长度为2~9m。

拼装式拱架模板的灵活性大,适应性强,尤其适用于曲线地段,但安装架设比较费力费时,生产效率比模板台车低,在中小型隧道及分部开挖时使用较多。在传统的施工方法中,由于受开挖方法及支护条件的限制,衬砌多用拼装式拱架模板。

(2)模板的要求

①衬砌模板施工应符合下列规定:

a.混凝土衬砌模板及支架必须具有足够的强度、刚度和稳定性,模板不凹凸、支架不偏移、不扭曲。保证混凝土成型规整,满足多次重复使用,不变形。

b.浇筑模筑混凝土前应将模板内的杂物、积水和钢筋上的油污清除干净;钢模板应涂脱模剂,木模板应用水湿润;模板接缝不应漏浆。

c.在涂刷模板隔离剂时,不应污染钢筋。

d.挡头板应按衬砌断面制作,定位准确、安装牢固,挡头板与岩壁间隙应嵌堵紧密。施工缝挡头板应设预留槽成型条,并满足止水产品要求。

②主洞模板应满足下列要求:

a.隧道主洞模筑混凝土衬砌施工宜采用全断面衬砌模板台车。

b.全断面衬砌模板台车支架应有足够的强度和稳定性,便于整体移动、准确就位。

c.衬砌模板应表面光滑、接缝严密,有足够的刚度。

d.全断面衬砌模板台车模板应留振捣窗。振捣窗间距,纵向不宜大于3m,横向不宜大于2.5m。振捣窗不宜小于$0.45m \times 0.45m$。振捣窗周边应加强,防止周边变形,窗门应平整、严密、不漏浆。

e.全断面衬砌模板台车就位应以隧道中线为准,按线路方向垂直架设。

f.顶模设置通气孔、注浆管。

③特殊洞室模板应满足下列要求:

a.对车行横洞、人行横洞、紧急停车带等特殊硐室,宜采用移动式模架和拼装模板施工。

b.当采用拼装模板施工时,应采用先墙后拱或全断面浇筑,不得采用先拱后墙浇筑。

c.当采用拼装模板施工时,拱、墙模板拱架的间距应根据衬砌地段的围岩情况、隧道宽度、衬砌厚度及模板长度确定。

d.架设拱、墙支架和模板安装时,应位置准确,连接牢固,严防移位。当围岩压力较大时,拱脚、墙架应增设支撑或缩小间距。

e.移动式模架或拼装模板重复使用时,应注意检查,如有变形应及时修整。

f. 在拱架外缘应采用沿径向支撑与围岩顶紧,以防混凝土浇筑时拱架变形、移位。

g. 拱架、支架应与隧道中线垂直方向架设。拱架的螺栓、拉杆、斜撑等应安装齐全。拱架(包括模板)高程应预留沉落量。施工中应随时测量、调整。

④模板施工质量检查及控制标准应符合表6-11的规定。

模板安装控制标准　　　　　　　　　　　　　　　　　　　　　　　　　表6-11

序号	检查项目	允许偏差	检验频率	检验方法
1	平面位置及高程(mm)	±15	全部	尺量
2	起拱线高程(mm)	±10	全部	水准仪测量
3	拱顶高程(mm)	+10.0	全部	水准仪测量
4	模板平整度(mm)	5	每5延米两侧边墙及拱部选3处,每处测3点	2m靠尺和塞尺

3. 施作时间确定

二次衬砌的施作时间,应在围岩和喷锚支护变形基本稳定后进行。当围岩变形较大,流变特性明显时,应加强初期支护并及早施作仰拱和二次衬砌。

在高地应力软岩、膨胀岩土、流变蠕变岩土和挤压地层等不良地质和特殊岩土中,应根据具体情况制定判别标准。具体围岩稳定性评定标准见模块七单元六。自稳性很差的围岩可能在较长的时间达不到上述基本稳定的条件,喷射混凝土将会出现大量明显裂缝,而支护能力难以加强,此时则应及早施作抑拱,以改变围岩的变形条件。若围岩仍不能稳定,应提前施作二次衬砌,以提供支护抗力,避免初期支护破坏。

4. 浇筑混凝土施工准备

(1) 模板就位后,混凝土浇筑前应进行下列工作:

①检查模板背后混凝土浇筑净空尺寸。

②清除钢筋上的油污。

③钢模板涂脱模剂,木模板用水湿润。

④涂刷模板脱模剂时,不得污染钢筋。

⑤混凝土直接接触的喷射混凝土,应洒水润湿。

⑥检查防水板、排水盲管、衬砌钢筋、预埋件等隐蔽工程,做好记录。

⑦清除底部杂物、积水;有仰拱地段,仰拱交接面用高压水冲洗干净,并涂刷界面剂。

(2) 全断面整体式模板和拼装式模板应符合施工规范规定。

隧道主洞拱墙衬砌混凝土浇筑应采用全断面整体式模板,车行横洞、人行横洞、紧急停车带、地下风机房等洞室拱墙衬砌混凝土浇筑可采用拼装式模板。拱、墙混凝土应一次连续浇筑,不得采用先拱后墙浇筑。不得先浇矮边墙。采用模板台车浇筑的混凝土,一次浇筑长度宜为6.0~12.0m;拼装式模板一次浇筑长度宜为3.0~8.0m。放样时,可将设计轮廓线扩大50~80mm,但不得影响衬砌厚度,并应预留拱架高程沉落量,在施工中应随时测量、调整。

5. 混凝土施工应符合的规定

(1) 混凝土的配合比应满足设计强度和施工工艺要求。

(2) 混凝土应在初凝前完成浇筑,已经初凝的剩余混凝土,不得重新搅拌使用。

(3) 对于混凝土的入模温度,冬季施工时不应低于5℃,夏季施工时不应高于32℃。

(4) 应采取可靠措施确保混凝土在浇筑时不发生离析。混凝土出料口距浇筑面的垂直距离不应大于 2.2m。

（5）混凝土衬砌应连续浇筑。当中断时间超过允许中断时间时，应按施工缝处理。浇筑混凝土允许的间歇时间见表 6-12。

浇筑混凝土允许的间歇时间（min） 表 6-12

浇筑气温 T(℃)	材 料	
	普通硅酸盐水泥	矿渣水泥
20~30	90	120
10~20	135	180
5~10	195	—

注：表中规定的时间未考虑外加剂作用及其他特殊施工和混凝土本身温度的影响。

当间歇浇筑时间超过规定时，应修整间歇面，使间歇面与二次衬砌曲线法线方向一致，并将界面凿毛，用高压水清洗干净，涂刷界面。界面拉伸黏结强度≥0.5MPa，剪切黏结强度≥1.5MPa。

（6）浇筑混凝土时，应采用振动器振实，并应采取可靠措施，确保混凝土密实。振实时，不得使模板、钢筋和预埋件移位。

（7）拱墙衬砌混凝土应由下向上、从两侧向拱顶对称浇筑。

（8）拱部混凝土衬砌浇筑时，应在拱顶预留注浆孔，注浆孔间距应大于3m，且每台模板台车范围内的预留孔应不少于4个。

（9）拱顶注浆充填宜在衬砌混凝土强度达到100%后进行，注入砂浆的强度等级应满足设计要求，注浆压力应控制在0.1MPa以内。

（10）初期支护与二次衬砌间的空隙必须回填密实。

（11）冬季施工的混凝土可掺入引气剂，并按冬季施工有关要求进行施工。

（12）衬砌混凝土养护时间不得少于7d。掺有外加剂或有抗渗要求的混凝土，其养护时间不得少于14d。隧道内空气湿度不小于90%可不进行洒水养护。隧道雾化式养护台车如图 6-26 所示。

图 6-26 隧道雾化式养护台车

（13）拱架、边墙支架和模板的拆除时间应满足下列要求：

①不承受荷载的拱、墙混凝土强度达到5.0MPa。

②承受较大围岩压力的拱、墙、封顶和封口的混凝土强度应满足设计要求。

③围岩和初期支护变形未稳定，或在塌方地段浇筑的衬砌混凝土应达到设计强度的100%。

6. 仰拱和底板的浇筑施工

仰拱和底板应该结合拱墙施工抓紧进行,使隧道的断面结构尽快封闭,施工之前要清除积水、杂物和虚渣并用拱架模板浇筑。超挖部分应用同强度等级混凝土或片石混凝土灌筑密实。绑扎好的仰拱钢筋如图6-27所示,跨越仰拱的栈桥如图6-28所示,保证掌子面施工不受影响。

图6-27 绑扎好的仰拱钢筋

图6-28 跨越仰拱的栈桥

仰拱和底板施工应符合下列规定:

(1)仰拱混凝土应超前拱墙混凝土施工。

(2)仰拱混凝土浇筑前应清除积水、杂物、虚渣等。

(3)仰拱混凝土浇筑必须使用模板,混凝土应振捣密实。

(4)仰拱施工缝和变形缝处应按设计要求进行防水处理。

(5)仰拱施工前,超挖在允许范围内时,应采取与衬砌相同强度等级的混凝土进行浇筑;如超挖大于设计要求回填,不得用洞渣随意回填。严禁片石侵入仰拱断面。

(6)底板施工前应清除虚渣、杂物和积水。底板坡面应平顺。

(7)当仰拱填充采用片石混凝土时,片石应距模板50mm以上,片石间距应大于粗集料的最大粒径,并应分层摆放,捣固密实。

7. 混凝土衬砌施工质量控制标准

混凝土衬砌施工质量控制标准见表6-13。

混凝土衬砌施工质量控制标准　　　　表6-13

序号	检查项目		规定值或允许偏差	检查频率	检验方法
1	混凝土强度		在合格标准内	每组试件一次	试件检测
2	坍落度（mm）	<100mm	±20	每组试件一次	坍落度筒
3		≥100mm	±30		坍落度筒
4	衬砌厚度(mm)		90%的检查点厚度≥设计厚度;最小厚度≥0.5倍设计厚度	每模后,端头沿膜板弧线不大于2m间距检查一个点,台车每振窗检查1个点,两侧拱脚必须检测	尺量
				混凝土浇筑后,双车道分别在隧道拱部、边墙设不少于3条测线;三车道、四车道隧道在拱部、边墙设不少于5条测线,连续测试。厚度判定沿测线间距不大于2m	地质雷达探测

续上表

序号	检查项目	规定值或允许偏差	检查频率	检验方法
5	衬砌背部密实状况	衬砌背后无杂物、无空洞	拱顶、两拱腰、边墙角	目测、地质雷达探测
6	墙面平整度(mm)	拱、墙部位≤5	每模边墙、拱腰、拱顶不少于5处	2m靠尺,顺隧道轴线方向靠紧衬砌表面
7	隧道净高(mm)	不小于设计值	每模检查2个断面	水准仪
8	总宽度	≥设计值	每模检查2个断面,每个断面最大跨度位置和拱脚位置	卷尺、经纬仪、全站仪
9	中线偏差(mm)	≤20	每模检查2个断面	

注:衬砌背部密实状况指模筑混凝土衬砌与初期支护之间的密实情况。

8. 止水带施工

施工缝、沉降缝及伸缩缝可以采用中埋式塑料或橡胶止水带,或采用背贴塑料止水带止水。具体内容参考模块八的相关内容。

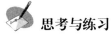

思考与练习

1. 名词解释：

喷锚支护　初期支护　二次衬砌

2. 简述喷射混凝土的施工工艺。
3. 简述锚杆的施工工艺。
4. 简述钢筋网的施工工艺。
5. 简述钢架的施工工艺。
6. 简述二次衬砌的施工过程。

模块七　监控量测

单元一　监控量测基本内容

(1) 了解监控量测的任务；
(2) 熟悉监控量测必测项目的内容、测点布置及其量测频率等；了解选测项目；
(3) 掌握必测项目量测仪器的使用方法、量测数据的处理方法及基本分析应用。

公路隧道设计和施工多采用新奥法。掌握施工中围岩稳定程度与支护受力、变形的力学动态或信息，以判断设计、施工的安全性与经济性，进行监控量测，及时将监控数据和意见建议交给设计、施工单位，从而达到反馈设计，指导施工的目的；复合式衬砌和喷锚衬砌隧道开工前，应制定施工全过程监控量测方案。

新奥法的特点是借助现场的监控量测对隧道围岩进行动态监测，以指导隧道开挖作业，并使支护结构的设计与施工进一步优化，做到动态设计，动态施工。监控量测简单归纳为两种：肉眼观察和仪器量测。肉眼能进行洞内、外观察；用仪器能进行周边位移、拱顶下沉、地表下沉、拱脚下沉量测点布置及测量。确定量测频率，判断围岩的稳定性。**洞内、外观察相关资源请扫描"本教材配套资源索引"中的二维码，资源编号为29。**

1. 监控设计与量测

监控设计通常包括两个阶段：初始设计阶段和修正设计阶段。初始设计一般应用工程类比法与数理初步分析法进行；修正设计则是根据现场量测所得数据进行数值分析和理论解析，做出更为接近工程实际的判断，以此来修正支护参数和指导施工。监控设计充分体现了地下工程中设计和施工一体化思想，这也是区别于地上工程设计与施工相对分离的一个重要特征。

量测是监控设计、施工是否正确的眼睛，是监控围岩是否安全稳定的手段，它始终伴随着施工的全过程，是新奥法构筑隧道非常重要的一个环节。实践证明，通过工程类比法和量测手段获得有关参数进行设计可以得到满意的效果。

2. 现场量测项目

现场量测分为必测项目和选测项目两大类。必测项目有五项，分别是洞内、外观察、周边位移、拱顶下沉、地表下沉和拱脚下沉；选测项目有十二项，分别是钢架内力及外力、围岩内部位移（洞内设点）、围岩内部位移（地表设点）、围岩压力、两层支护间压力、锚杆轴力、支护衬砌内应力、围岩弹性波速度、爆破震动、渗水压力水流量、地表下沉和地表水平位移；各测试项目的测点尽可能布置在同一横断面上，以便于对各测试项目测试结果进行对比分析。

(1)必测项目是现场量测的核心,它是为了在设计、施工中确保围岩稳定,并通过判断围岩的稳定性来指导设计、施工所必需进行的经常性量测。这类量测通常测试方法简单、费用少、可靠性高,但对监视围岩的稳定状态、指导设计施工却有巨大作用。**隧道监控量测施工相关资源请扫描"本教材配套资源索引"中的二维码,资源编号为30。**

隧道工程的必测项目见表7-1。

隧道现场监控量测必测项目　　　　　表7-1

序号	项目名称	方法及工具	测点布置	精度	量测间隔时间			
					1~15d	16d~1个月	1~3个月	大于3个月
1	洞内、外观察	现场观察、地质罗盘等	开挖后及初期支护后进行	—	—			
2	周边位移	各种类型收敛计、全站仪或其他非接触量测仪器	每5~100m一个断面,每断面2~3对测点	0.5mm(预留变形量不大于30mm时)、1mm(预留变形量大于30mm时)	1~2次/d	1次/2d	1~2次/周	1~3次/月
3	拱顶下沉	水平仪、钢钢尺、全站仪或其他非接触量测仪器	每5~100m一个断面		1~2次/d	1次/2d	1~2次/周	1~3次/月
4	地表下沉	水准测量的方法,水平仪、水准尺、钢钢尺等	洞口段、浅埋段($h \leq 2.5b$)布置不少于2个断面,每个断面不少于3个测点	0.5mm	开挖面距量测断面前后<2.5b时,1~2次/d;开挖面距量测断面前后<5b时,1次/(2~3)d;开挖面距量测断面前后≥5b时,1次/(3~7)d			
5	拱脚下沉	水准尺、钢钢尺、全站仪	富水软弱破碎围岩、流沙、软岩大变形、含水黄土、膨胀土等不良地质和特殊性岩土段	0.5mm	仰拱施工前,1~2次/d			

注:b为隧道开挖宽度;h为隧道埋深。

(2)选测项目是对一些有特殊意义和具有代表性意义的区段进行补充测试,要求更深入地掌握围岩的稳定状态与喷锚支护的效果,具有指导未开挖区的设计与施工的作用。这类量测项目较为麻烦,量测项目多,花费较大,由于条件的不同和要取得的信息不同,在不同的隧道工程中往往采用不同的测试项目。

我国公路隧道的设计和施工越来越多地采用新奥法。为了掌握施工中围岩稳定程度与支护受力、变形的力学动态或信息,以判断设计、施工的安全性与经济性,隧道开挖后应按照设计要求和现场实际情况立即布点并进行监测,及时将监测数据和意见建议提交给设计、施工等单位,从而达到反馈设计、指导施工的目的。

隧道工程的选测项目见表7-2。

隧道现场监控量测选测项目 表7-2

序号	项目名称	方法及工具	布置	测试精度	量测间隔时间 1~15d	16d~1个月	1~3个月	大于3个月
1	钢架内力及外力	支柱压力机或其他测力计	每代表性地段1~2个断面,每断面钢支撑内力3~7个测点,或外力1对测力计	0.1MPa	1~2次/d	1次/2d	1~2次/周	1~3次/月
2	围岩内部位移(洞内设点)	洞内钻孔中安设单点、多点杆式或钢丝式位移计	每代表性地段1~2个断面,每断面3~7个钻孔	0.1mm	1~2次/d	1次/2d	1~2次/周	1~3次/月
3	围岩内部位移(地表设点)	地面钻孔中安设各类位移计	每代表性地段1~2个断面,每断面3~5个钻孔	0.1mm	同地表下沉要求			
4	围岩压力	各种类型岩土压力盒	每代表性地段1~2个断面,每断面3~7个测点	0.1MPa	1~2次/d	1次/2d	1~2次/周	1~3次/月
5	两层支护间压力	压力盒	每代表性地段1~2个断面,每断面3~7个测点	0.01MPa	1~2次/d	1次/2d	1~2次/周	1~3次/月
6	锚杆轴力	钢筋计、锚杆测力计	每代表性地段1~2个断面,每断面3~7锚杆(索),每根锚杆2~4个测点	0.01MPa	1~2次/d	1次/2d	1~2次/周	1~3次/月
7	支护、衬砌内应力	各类混凝土内应变计及表面应力解除法	每代表性地段1~2个断面,每断面3~7个测点	0.01MPa	1~2次/d	1次/2d	1~2次/周	1~3次/月
8	围岩弹性波速度	各种声波仪及配套探头	在有代表性地段设置	—	—			
9	爆破震动	测振及配套传感器	邻近建(构)造物	—	随爆破进行			
10	渗水压力、水流量	渗压计、流量计	—	0.1MPa	—			
11	地表下沉	水准测量的方法、水准仪、钢钢尺等	有特殊要求段落	0.5mm	开挖面距量测断面前后<2.5b时,1~2次/d;开挖面距量测断面前后<5b时,1次/(2~3)d;开挖面距量测断面前后>5b时,1次/(3~7)d			

续上表

序号	项目名称	方法及工具	布置	测试精度	量测间隔时间			
					1~15d	16d~1个月	1~3个月	大于3个月
12	地表水平位移	经纬仪、全站仪	有可能发生滑移的洞口段高边坡	0.5mm		—		

注：b为隧道开挖宽度。

一般情况下，复合式衬砌和喷锚衬砌隧道开工前，应制定施工全过程监控量测方案。监控量测工作应结合开挖、支护作业的进程，按要求布点和监测，并根据现场实际情况及时调整补充，量测数据应及时分析处理和反馈。在复合式衬砌和喷锚衬砌隧道施工时必须进行必测项目的量测。应根据设计要求、隧道横断面形状和断面大小、埋深、围岩条件、周边环境条件、支护类型和参数、施工方法等综合选择选测项目。

3.量测断面的确定和测点的布设

(1)量测断面相关要求

①洞内必测项目，各测点宜在靠近掌子面、不受爆破影响范围内尽快安设，初读数应在每次开挖后12h内、下一循环开挖前取得，最迟不得超过24h。选测项目测点埋设宜根据实际需要确定。

②测点应牢固、可靠、易于识别，应能真实反映围岩、支护的动态变化信息。洞内必测项目各测点应埋入围岩中，深度不应小于2m，不应焊接在钢架上，外露部分应有保护装置。

③各量测作业均应持续到量测断面开挖支护全部结束，临时支护拆除完成，且变形基本稳定后15~20d。

(2)量测断面的确定

①进行测试的断面有两种：一种是单一的测试断面，另一种是综合的测试断面。把单项量测内容布设在一个测试断面，了解围岩和支护在这个断面上各部位的变化情况，这种测试断面即为单一的测试断面。把几项量测内容有机地组合布设在一个测试断面里，使各项量测内容、量测结果、量测手段互相校验，对该断面的动态变化进行综合分析和判断，这种测试断面称为综合测试断面。

②隧道工程现场量测的测试断面一般均沿隧道纵向间距布设，必测项目的量测间距一般为5~100m，但对于洞口段、浅埋地段，以及特别软地层段，应小于20m。凡是地质条件差或重要工程，应从密布点。

③周边位移、拱顶下沉和地表下沉等必测项目量测断面应符合下列规定：

a.量测断面间距及测点数量应根据隧道埋深、围岩级别、断面大小、开挖方法、支护形式等确定。

b.周边位移、拱顶下沉、地表下沉宜布置在相同里程断面。

c.围岩差、断面大或地表沉降控制要求高时可进行围岩内部位移量测和其他量测。

d.测点挂钩应牢固不变形，宜做成闭合三角形，挂钩接触点应光滑无焊点。

④周边位移和拱顶下沉量测断面布置间距应符合表7-3的规定。

周边位移和拱顶下沉量测断面布置间距 表 7-3

围岩级别	测点间距(m)
Ⅴ~Ⅵ	5~10
Ⅳ	10~20
Ⅲ	20~50
Ⅰ~Ⅱ	50~100

注:有滑移倾向岩层、软岩大变形段或者超浅埋软土地层等特殊地段可适当增加量测断面。

⑤地表下沉量测应在距离开挖量测断面三倍隧道开挖宽度以前布设地表下沉点。地表下沉的量测宜与周边位移和拱顶下沉量测在同一断面。当地表有建(构)筑物时,应在建(构)筑物周围增设地表下沉点。地表下沉量测纵断面纵向间距宜符合表 7-4 的规定。

地表下沉量测断面纵向间距 表 7-4

隧道埋深	纵向测点间距(m)
$h > 2.5b$	视情况布设量测断面
$b < h \leq 2.5b$	10~20
$h \leq b$	5~10

注:b 为开挖宽度;h 为隧道埋深。

4．量测频率的确定

周边位移和拱顶下沉量测的量测频率除表 7-1 的规定外,尚应符合表 7-5 和表 7-6 的规定。

周边位移和拱顶下沉的量测频率(按位移速度) 表 7-5

位移速度(mm/d)	量测频率
≥5	2~3 次/d
1~5	1 次/d
0.5~1	1 次/(2~3)d
0.2~0.5	1 次/3d
<0.2	1 次/(3~7)d

周边位移和拱顶下沉的量测频率(按距开挖面距离) 表 7-6

量测断面距开挖面距离(m)	量测频率
$(0~1)b$	2 次/d
$(1~2)b$	1 次/d
$(2~5)b$	1 次/(2~3)d
$>5b$	1 次/(3~7)d

注:1.b 为隧道开挖宽度(m)。
 2.变形速率突然变大,喷射混凝土表面、地表有裂缝出现并持续发展时应加大量测频率。
 3.上下台阶开挖工序转换或拆除临时支撑时应加大量测频率。

监控量测频率间隔时间可分为四个阶段。一般情况下,1~15d,1~2 次/d;16d~1 个月,1 次/2d;1~3 个月,1~2d/周;大于 3 个月,1~3 次/月。各项量测作业均应持续到变形基本稳定后 15~20d 结束。周边位移和拱顶下沉的量测频率,与表 7-4 和表 7-5 确定的量测频率比较取大值。施工状况发生变化时(开挖下台阶、仰拱或撤除临时支护等),应增加监测频率。

5. 现场量测的要求

(1)快速埋设测点。隧道在开挖过程中,开挖工作面两倍洞径范围内受开挖影响最大。测点一般是开挖后埋设的,为尽早获得围岩开挖初始阶段的变形动态,测点应紧靠工作面快速埋设,尽早量测。测点一般设置在距开挖工作面 2m 范围内,开挖后 24h 内、下次爆破前测取初读数。

(2)每一次量测数据所需时间尽可能短。

(3)测试元件应具有良好的防震、防冲击波能力。

(4)测试数据应准确可靠。

(5)测试元件在埋设后能长期有效工作。

(6)测试元件应有足够的精度。

6. 隧道现场量测的任务

(1)确保安全。通过对围岩与支护的观察和动态量测,以达到合理安排隧道施工程序、日常施工管理、确保施工安全。

(2)指导施工。通过对围岩和支护的应变、应力量测,掌握围岩和支护的动态信息并及时反馈,修改支护系统设计,指导施工作业和管理等。

(3)修正设计。经量测数据的分析处理与必要的计算和判断后,进行预测和反馈,进行综合分析,修正支护参数和检验施工设计,确保设计和施工的合理性和经济性。

(4)积累资料。对已有隧道工程的量测结果,可以分析和应用到其他类似工程中,作为指导复合式衬砌设计和施工的参考资料。复合式衬砌的设计,通常以工程类比法为主,并以现场监控量测进行工程实际检验和修正。因此施工、设计单位必须紧密配合,共同研究,才能保质保量地完成设计与施工的全过程。

简而言之,量测是监控的手段,监控是量测的目的。监控过程可分为现场量测、数据处理、信息反馈。

单元二　洞内、外观察

(1)了解洞内、外观察的目的;

(2)熟悉洞内、外观察的内容及其频率;

(3)掌握隧道地质记录表填写。

洞内、外观察用肉眼观察,不需要仪器,成本低,效果好,可以观察到仪器设备无法直接反映的现象,施工中应足够重视并认真观察。

隧道施工过程中应进行洞内、外观察,洞内观察分开挖工作面观察和已支护地段观察两部分。

已开挖工作面观察,应在每次开挖后进行。及时绘制开挖工作面地质素描图,填写开挖工作面地质状态记录表和施工阶段围岩级别判定卡。对已支护地段的观察,每天应进行一次,主要观察围岩、喷射混凝土、锚杆和钢架等的工作状态。观察中发现围岩条件恶化时,应立即上报设计、监理单位,采取相应处理措施。

洞外观察重点应在洞口段、岩溶发育区段地表和洞深埋置深度较浅的地段,其观察内容应包括地表开裂、地表沉陷、边坡及仰坡稳定状态、地表水渗透情况、地表植被变化等。

在隧道工程设计时,地质勘探工作很难提供非常准确的地质资料,因此,特别需要在施工过程中对开挖工作面附近围岩的性质、状态进行观察,了解其变化,以便及时采取加强或减弱设计的支护措施,在确保施工安全的同时,尽量减少工程投资。此外,没有监控量测的边仰坡、围岩及支护的变形状况仍需用肉眼观察,以便发现异常及时处置,确保工程安全。

1. 观察目的

预测开挖面前方的地质条件;为判断围岩、隧道的稳定性提供地质依据;根据喷层表面状态及锚杆的工作状态,分析支护结构的可靠程度。

洞内、外状态观察,对掌握围岩动态和支护结构工作状况非常重要。特别是在不良地质条件下,更是确保施工安全和工程质量的必不可少的措施,洞内外观察和量测结果一起分析,对于优化设计方案、调整施工参数及科学地进行施工组织和管理十分重要。

2. 观察内容

洞内外观察的内容有洞内掌子面观察、已施工区间观察和洞外观察。每次隧道开挖工作面爆破后立即观察,按要求及时记录整理。隧道掌子面如图7-1所示。某隧道左边墙及拱顶塌方如图7-2所示。

图7-1 隧道掌子面

图7-2 某隧道左边墙及拱顶塌方

(1)掌子面观察。掌子面观察主要以目视调查来了解开挖工作面的工程地质和水文地质条件,包括以下内容:
①岩石的种类和产状。
②岩性特征:岩石的颜色、成分、结构、构造。
③地层时代归属及产状。
④节理性质、组数、间距、规模,节理裂隙的发育程度和方向性,断面状态特征,充填物的类型和产状等。
⑤断层的性质、产状、破碎带宽度、特征。
⑥地下水类型、涌水量大小、涌水位置、涌水压力、水的化学成分等。
⑦开挖工作面的稳定状态,顶板有无剥落现象。
(2)开挖后已施工区间观察,包括以下内容:
①岩石的状态、水量等。

②喷层表面的观察以及裂缝状况(位置、种类、宽度、长度及发展)的描述和记录。

③喷射混凝土与围岩接触状况,是否产生裂隙或剥离;要特别注意喷射混凝土是否发生剪切破坏。

④有无锚杆被拉坏或垫板陷入围岩内部的现象。

⑤钢拱架有无被压屈现象。

⑥二次衬砌表面是否存在开裂、渗水现象以及裂缝状况(位置、种类、宽度、长度及发展)描述和记录。

⑦已施作仰拱是否有底鼓、开裂、渗水现象。

(3)洞外地质观察。隧道洞口、浅埋段地质状况包括岩石风化程度、含水率、不良地质发育情况等,以及开挖后地表变形的情况。

3. 实践操作

(1)掌子面记录。

①绘制隧道开挖工作面及两张剖面素描图。

②剖面图位置及间距。平均每 10 m 做一次地质素描,在地质条件变化较大地段宜加密,并根据掌子面的观察,对掌子面围岩状况进行等级确定。将剖面图按桩号排列,可得到隧道纵向地质状况立面图。地质断面图比例尺为 1∶20 ~ 1∶100,纵横剖面图比例尺为 1∶50 ~ 1∶100,必要时应附彩色照片。

(2)已施工区间记录。

①发现异常现象,要详细记录发现的时间、桩号、距开挖面的距离、施工方法以及附近测点的各项量测数据。

②施工质量缺陷和施工工艺、工艺问题,也应详细记录,以便用于检测数据分析。

(3)洞外记录。

①地表面变异:开裂的分布及发展等。

②植被状况:树木的破损及位移等。

③水系状况:涌水等的变化(量、污染等)。

(4)在下列情况下,应观察围岩破坏形态并分析,及时处理或上报。

①危险性不大,不会发生急剧破坏的情况。如加临时支护后即可稳定的情况。

②应当引起注意的破坏情况。如拱顶混凝土喷层因受弯曲压缩影响而出现的裂隙。

③有危险征兆的破坏情况。如拱顶混凝土出现对称性局部的崩落、侧墙内移等。

单元三 周 边 位 移

学习目标

(1)了解周边位移的测点布置;

(2)熟悉周边位移的量测方法及其量测频率;

(3)掌握隧道周边位移的计算方法。

周边位移是指隧道开挖后隧道周边量测点处围岩的位移。通常量测某空间点的绝对位移值较为困难且精度较差,因此,常通过测量隧道内壁面两点间连线的位移,了解这两点的位移情况,判断围岩与支护是否稳定。

周边位移、拱顶下沉等测试方法简单、费用少、可靠性高,监视围岩稳定、指导设计施工作用巨大。

1. 量测目的

周边位移量测的目的有以下三种:

(1)判定围岩和支护的稳定程度。

(2)确定二次衬砌施作的合理时机。

(3)用以指导采用合理的施工方法和合理的支护措施。

2. 测点布置

周边位移测点布置图如图7-3~图7-6所示。

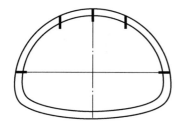

图7-3 全断面法测点布置示意图

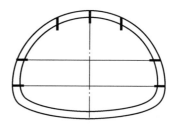

图7-4 台阶法测点布置示意图

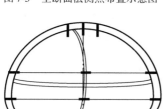

图7-5 中隔壁法或交叉中隔壁法测点布置示意图

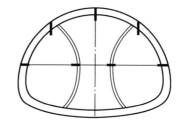

图7-6 双侧壁导坑法测点布置示意图

3. 量测原理

隧道开挖后,围岩向坑道方向的位移是围岩动态的最显著表现,最能反映出围岩(或围岩加支护)的稳定性。它不仅反映了围岩内部的松弛程度,而且反映了围岩松弛范围的大小,这也是判断围岩稳定性的一个重要指标。因此,对坑道周边位移的量测是最直接、最直观、最有意义、最经济和最常用的量测项目。为量测方便起见,除对拱顶、地表下沉及底鼓可以量测绝对位移值外,坑道周边其他各点一般均用收敛计量测其中两点之间的相对位移值,来反映围岩位移动态。

4. 实践操作

(1)量测方法

隧道周边位移量测可采用接触量测和非接触量测两种方法,其中接触量测主要用收敛计进行,非接触量测则主要由全站仪进行(此处从略)。

①收敛计量测周边位移。用收敛计进行隧道周边位移量测方法相对简单,即通过布设于洞室周边上两固定点,每次测出两点的净长 L,求出两次量测的增量(或减量)的 ΔL,即为此处周边位移值。读数时应读三次,然后取平均值。

②围岩周边位移量测要点如下:

a. 量测断面间距除应满足表7-1 和表7-3 的要求外,还应保证沿隧道轴线每级围岩至少有一个量测断面。

b. 测试频率应视围岩条件、工程结构条件及施工情况而定,一般应按表7-1 的要求而定。

③量测点埋设时间。开挖后应尽快埋设测点,并测取初读数,要求12h 内完成。在一般情况下,测点距开挖工作面应小于 1~2m。读数应在重锤稳定或张力调节器指针稳定指示规定的张力值时读取。当相对位移值较大时,要注意消除换孔误差。测点埋设后,第一次量测时间应在上次爆破后24h 内,并在下次爆破前进行。第一次量测的初读数是关键性数据,应反复测读;当连续量测 3 次的误差 $R \leq 0.18 \mathrm{mm}$ 时,才能继续爆破掘进(R 根据收敛计不同而异)。

(2)量测仪器

目前,我国公路隧道施工中常用的收敛计为机械式的收敛计。

收敛计一般由带孔钢尺、测微百分表、张力调节器、测点连接器组成。

①测点连接器有单向连接销式和球形铰接式两种,其中销式连接的测头预埋安装有方向的要求。

测点是将带销孔或圆球测头的长度为 20~30cm 的钢筋锚固于岩壁内作为测点,锚固方式同早强水泥砂浆锚杆,测头的位移即可代表岩壁表面该测点的位移。

②张力调节器有重锤式(如 SWJ-8 型、美国 SINCO-518115 型)、弹簧式(如 SLJ-80 型、QJ-81 型),应力环式(如 GSL 型、WRM-4 型)。其中应力环式张力调节器须经标准试验室标定,其测试精度较高。图7-7 是 QJ-81 型球铰连接弹簧式收敛计。

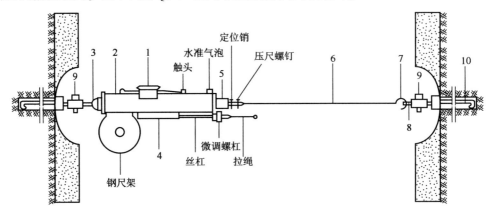

图7-7 QJ-81 型球铰连接弹簧式收敛计

1-百分表;2-收敛计架;3-钢球;4-弹簧秤;5-内滑管;6-带孔钢尺;7-连接挂钩;8-羊眼螺栓;9-连接销;10-预埋件

(3)原始记录和量测资料整理

在整个量测过程中,应做好详细记录,并随时检查有无错误。记录内容应包括断面位置、测点(测线)编号、初始读数、各次测试读数、当时温度以及开挖面距量测断面的距离等。

量测资料包括原始记录表及实际测点布置图,位移随时间以及开挖面距离的变化图,位移速度、位移加速度随时间以及开挖面距离的变化图。

(4)数据处理

量测数据整理包括数据计算、列表或绘图表示各种关系。

①坑道周边相对位移计算式为:

$$u_i = R_i - R_0 \tag{7-1}$$

式中:R_0——初始观测值;

R_i——第i次观测值;

u_i——第i次量测时,该两测点之间的相对位移值。

②当测尺为普通钢尺时,要消除温度影响,尤其当洞径大(测线长)、温度变化大时,应进行温度改正。其计算式为:

$$\Delta u_i^t = \alpha \cdot L \cdot (t_i - t_0) \tag{7-2}$$

$$u_i = R_i - R_0 - \Delta u_i^t \tag{7-3}$$

式中:α——钢尺的线膨胀系数,一般取$\alpha = 12 \times 10^{-6}/℃$;

L——钢尺长度;

t_0——鉴定钢尺的标准温度,$t_0 = 20℃$;

t_i——第i次量测时的温度。

③在量测过程中应及时计算出各测线的相对位移值、相对位移速率,以及其与时间和开挖断面距离之间的关系,并列表或绘图直观表示。常用的几种关系曲线如图7-8~图7-10所示。

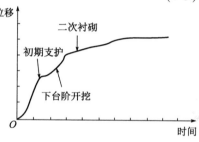

图7-8 位移(u)-时间(t)关系曲线

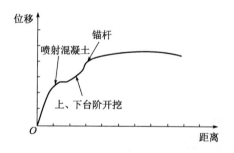

图7-9 位移(u)-开挖面距离(l)关系曲线

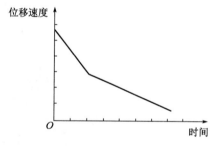

图7-10 位移速度(v)-时间(t)关系曲线

(5)收敛量测结果的应用

围岩稳定性、二次衬砌施作时间应根据所测得位移量或回归分析所得最终位移量、位移速度及其变化趋势、隧道埋深、开挖面大小、围岩等级、支护所受压力、应力、应变等进行综合分析判定。

单元四 拱顶下沉

 学习目标

(1)熟悉拱顶下沉测点的布置及其量测频率;

(2)掌握隧道拱顶下沉的量测方法。

拱顶围岩受重力作用影响,宜发生掉落或塌方,对施工人员危害大。施工时应引起足够重视,确保施工人员安全。

隧道拱顶内壁点垂直方向的绝对位移值称为拱顶下沉值。单位时间内拱顶下沉值称为拱顶下沉速度。在开挖后的拱顶壁面上及时安设测点,通过已知的高程水准点(通常借用隧道高程控制点),用悬吊铟钢尺和水准仪测量读出测点高程,两次测定的高程之差即为拱顶下沉值,根据拱顶下沉值和下沉速率,可判断围岩的稳定状态和支护效果。也可用非接触量测仪器测出拱顶相对于隧道边墙或隧底的位移。

1. 拱顶下沉测试原理

由已知高程的临时或永久水准点(通常借用隧道高程控制点),使用较高精度的水准仪,就可观测出隧道拱顶或隧道上方地表各点的下沉量及其随时间的变化情况。隧道底鼓也可用此法观测。通常这个值是绝对位移值。另外,也可以用收敛计量测拱顶相对于隧道底的相对位移。

隧道的拱顶是坑道周边上一个特殊点,是挠度最大的一个点,具有较强的代表性。浅埋隧道洞顶地表下沉量测应在隧道尚未开挖前就开始进行,借以获得开挖过程中的全部位移曲线。

拱顶下沉量测点一般布置在拱跨中间处和两侧拱腰,如图7-11、图7-12所示。

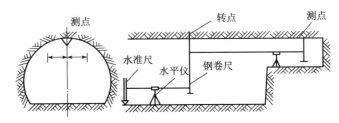

图7-11 拱顶下沉测试原理示意图

图7-12 拱顶下沉观测

2. 实践操作

(1)量测方法

对于浅埋隧道,可由地面钻孔,使用挠度计或其他仪表测定拱顶相对地面不动点的位移值。对于深埋隧道,可用拱顶变位计,将钢尺或收敛计挂在顶点作为标尺,后视点可设在稳定衬砌上,用水准仪进行观测。

(2)量测要求

①拱顶下沉量测断面间距、量测频率、初读数的测取等同收敛量测。

②每个断面布置1~3个测点,测点设在拱顶中心或其附近,采用分部开挖法时,每开挖分部拱部应至少布置一个测点。

③预留变形量不大于30mm时,量测精度为0.5mm;预留变形量大于30mm时,量测精度为1mm。

④量测时间应延续到拱顶下沉稳定后。一般来说,拱顶下沉量的历时变化在开挖后大致呈直线增加,一直到距开挖面1~3倍隧道开挖直径处后下沉发展变慢、坡率变缓、渐近稳定。

(3)量测仪器

拱顶下沉量测主要用隧道拱部变位观测计。

(4)量测资料

与收敛量测相同,用下沉量、下沉速度与时间关系图来表示。

单元五　地表下沉量测及拱脚下沉量测

(1)熟悉地表下沉、拱脚下沉的布置及其量测频率;

(2)掌握隧道地表下沉的量测方法;

(3)掌握拱脚下沉量测的方法。

隧道施工中围岩下沉是不可避免的现象,地表下沉、拱脚下沉量测可预报围岩下沉量。应按规范要求布置测点,进行地表下沉、拱脚下沉量测并进行数据处理。

一、地表下沉

1. 地表下沉量测任务分析

浅埋隧道和隧道的洞口段通常位于软弱、破碎、自稳时间较短的围岩中,施工方法不妥极易发生冒顶塌方或地表有害沉降,当地表有建筑物时会危及其安全。特别是城市隧道,地表下沉量测具有特殊意义。公路、铁路行业均将其列入必测项目,其目的在于了解以下内容:

(1)地表下沉的范围、量值。

(2)地表及地中下沉随工作面推进的规律。

(3)地表及地中下沉稳定的时间。

(4)施工方法和支护结构的合理性。

2. 实践操作

(1)量测方法

一般用精密水准仪量测,量测精度为±0.5mm。

(2)量测断面及测点的布置

量测断面沿纵向(隧道中线方向)布置,其间距为:当埋深$h > 2.5b$时,视情况而定;当埋

深 $b<h<2.5b$ 时,取 $10\sim20m$;当埋深 $h\leqslant b$ 时,取 $5\sim10m$(b 为隧道宽度,h 为隧道埋深)。每个隧道至少有两个断面。

横向测点布置间距范围为 $2\sim5m$;至少布置 11 个测点,隧道中线附近密些,远离隧道中线处疏些。地表下沉量测布置如图 7-13 所示。地表下沉观测现场如图 7-14 所示。

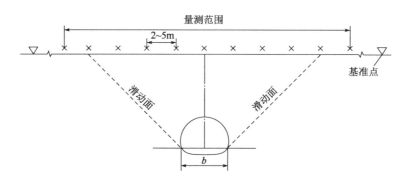

图 7-13　地表下沉横断面测点布置图

图 7-14　地表下沉观测

(3)量测频率

地表下沉量测应从开挖工作面前方 $H+h$(隧道埋置深度+隧道高度)处开始,直到衬砌结构封闭,下沉基本停止时为止。

开挖面距量测断面前后 $<2.5b$ 时,$1\sim2$ 次/d;开挖面距量测断面前后 $<5b$ 时,1 次/$(2\sim3)$d;开挖面距量测断面前后 $\geqslant5b$ 时,1 次/$(3\sim7)$d。

(4)原始记录和量测资料积累

分别作出纵向下沉-时间曲线和横向下沉-时间曲线。

二、拱脚下沉

拱脚下沉是施工规范新增的必测项目。在富水软弱破碎围岩、流沙、软岩大变形、含水黄土、膨胀土等不良地质和特殊性岩土段设置测点,用水准尺、铟钢尺或全站仪观测,测设精度为 0.5mm。仰拱施工前,量测频率为 $1\sim2$ 次/d。

单元六　监控量测数据处理与应用

学习目标

(1)了解监控量测数据处理的相关规定;
(2)熟悉围岩稳定性评定标准;
(3)掌握围岩稳定性评价方法。

监控量测数据处理后才可应用。监控量测数据应严格按规定的频率和方法进行观测。处理时应剔除错误数据,并计算准确。

1. 相关规定

(1)监控量测应及时进行数据整理和数据分析。绘制监控量测数据时态曲线和距开挖面距离变化曲线图;应绘制地表下沉值沿隧道纵向和横向变化量和变化速率曲线。

(2)对初期的时态曲线应进行回归分析,预测可能出现的最大值和变化速度,掌握位置变化的规律。数据异常时,应及时分析,提出对策和建议,并及时反馈有关单位。信息反馈程序可按图 7-15 组织。

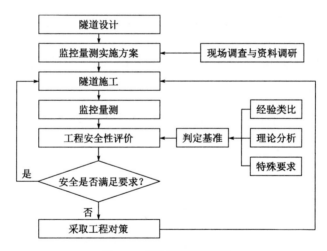

图 7-15　信息反馈程序框图

2. 围岩稳定性评定标准

(1)实测位移值不应大于隧道的极限位移,并按表 7-7 位移管理等级管理。一般情况下,将隧道设计的预留变形量作为极限位移。设计变形量应根据检测结果不断修正。

位　移　管　理　等　级　　　　　　表 7-7

管 理 等 级	管理位移(mm)	施工状态
Ⅲ	$U < (U_0/3)$	可正常施工
Ⅱ	$(U_0/3) \leq U \leq (2U_0/3)$	应加强支护
Ⅰ	$U > (2U_0/3)$	应采取特殊措施

注:U 为实测位移值;U_0 为设计极限位移值。

(2)根据位移速率判断:速率大于1.0mm/d时,围岩处于急剧变形状态,应加强初期支护;速率变化在0.2~1.0mm/d时,应加强观测,做好加固的准备;速率小于0.2mm/d时,围岩达到基本稳定。在高地应力软岩、膨胀岩土、流变蠕变岩土和挤压地层等不良地质和特殊岩土中,应根据具体情况制定判别标准。

(3)根据位移速率变化趋势判定:当围岩位移速率不断下降时,围岩处于稳定状态;当围岩位移速率保持不变时,围岩尚不稳定,应加强支护;当围岩位移速率上升时,围岩处于危险状态,必须立即停止掘进,采取应急措施。

(4)初期支护承受的应力、应变、压力实测值与允许值之比大于或等于0.8时,围岩不稳定,应加强初期支护;初期支护承受的应力、应变、压力实测值与允许值之比小于0.8时,围岩处于稳定状态。

3. 地质预报

地质预报就是根据地质素描来预测预报开挖面前方围岩的地质状况,以便考虑选择适当的施工方案调整各项施工措施。其包括以下内容:

(1)在洞内直观评价当前已暴露围岩的稳定状态,检验和修正初步的围岩分级。

(2)根据修正的围岩分级,检验初步设计的支护参数是否合理,如不恰当,则应修正。

(3)直观检验初期支护的实际工作状态。

(4)根据当前围岩的地质特征,推断前方一定范围内围岩的地质特征,进行地质预报,防范不良地质突然出现。

(5)根据地质预报,并结合对已做初期支护实际工作状态的评价,可预先确定下一循环的支护参数和施工措施。

(6)配合量测工作进行测试位置选取和量测成果的分析。

4. 周边位移分析与反馈

一般而言,坑道开挖后,若围岩位移量小,持续时间短,其稳定性就好;若位移量大,持续时间长,其稳定性就差。周边位移是围岩动态的最显著表现。

(1)判断标准

用围岩的位移来判断其稳定状态,判断标准包括三个方面:位移量(绝对或相对)、位移速率和位移加速度。

根据以上判断标准,如果围岩位移速度不超过允许值,且不出现蠕变趋势,则可以认为围岩是稳定的,则初期支护是成功的。若围岩表现出稳定性较好,则可以考虑适当加大循环进尺。

如果位移值超过允许值不多,且初期支护中的喷射混凝土未出现明显开裂,一般可不予补强。如果位移值超过允许值很多,则应采取处理措施,如在支护参数方面,可以增强锚杆,加钢筋网喷混凝土、加钢支撑、增设临时仰拱等;在施工措施方面,可以缩短从开挖到支护的时间,提前打锚杆,提前设仰拱,缩短开挖台阶长度和台阶数,增设超前支护等。

(2)净空位移量测数据处理

①根据记录绘制位移(u)与时间(t)的关系曲线。当位移-时间曲线趋于平缓时,应进行数据处理或回归分析,以推算最终位移和掌握位移变化规律。当位移-时间曲线出现反弯点时,则表明围岩和支护呈不稳定状态,此时应密切监视围岩动态,并加强支护,必要时暂停开挖。

②绘制位移(u)与开挖面距离(l)关系曲线。

③绘制位移速度(v)与时间(t)关系曲线。

这三条曲线,不一定每条测线都要绘制,一般情况下有一条即可。

按新奥法施工原则,当围岩或围岩加初期支护基本达到稳定后,就可以施作二次衬砌。位移-时间曲线是评价围岩稳定和确定二次衬砌(即模筑混凝土衬砌)时间的主要依据。

应当特别指出的是,在流变性和膨胀性强烈的地层中,单靠初期支护不能使围岩位移收敛时,就宜在位移收敛以前施作模筑混凝土二次衬砌,做到有效地约束围岩位移。

(3)注意的问题

①由于量测的偶然误差所造成的离散性,绘制的散点图总是上下波动和不规则的,因此必须进行数据处理才能获得合理的典型曲线,并以相应数学公式进行描述。回归分析是处理测读数据、最终绘制典型曲线的一种较好方法。

②位移与时间的正常曲线和反常曲线如图7-16所示。其中反常曲线是指非工序变化所引起的位移急骤增长现象。此时应加密监视,必要时应立即停止开挖并进行施工处理。

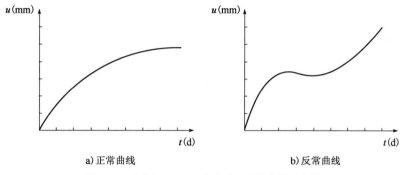

a)正常曲线　　　　　　　　b)反常曲线

图7-16　位移与时间的正常曲线和反常曲线示意图

③根据量测获得的位移与时间曲线,即能看出各时刻的总位移量、位移速度以及位移加速度趋势等。

5.地表下沉分析与反馈

对于浅埋隧道,可能由于隧道的开挖而引起上覆岩体的下沉,致使地面建筑的破坏和地面环境的改变。因此,地表下沉的量测监控对于地面有建筑物的浅埋隧道和城市地下通道尤为重要。

如果量测结果表明地表下沉量不大,能满足限制性要求,则说明支护参数和施工措施是适当的;如果地表下沉量大或出现增加的趋势,则应加强支护和调整施工措施,如适当加喷混凝土、增设锚杆、加钢筋网、加钢架、超前支护等,或缩短开挖循环进尺、提前封闭仰拱,甚至预注浆加固围岩等。

另外,还应注意对浅埋隧道的横向地表位移观测,横向地表位移带发生在浅埋偏压隧道工程中,应注意滑动影响。

 思考与练习

1.名词解释:

必测项目　拱顶下沉　周边位移　地表下沉

2.简述周边位移的观测频率是如何确定的?

3.简述拱顶下沉的观测过程。

4.简述地表下沉的观测过程。

模块八 防 排 水

单元一 防排水结构

学习目标

(1)了解隧道防排水的原则及要求;
(2)了解隧道防排水结构的主要类型;
(3)掌握复合式衬砌排水结构。

隧道防排水技术主要有以下三种类型:水密型防水、泄水型或引流自排型防水及防排结合的控制型防水。我国山岭公路隧道主要采用泄水型或引流自排型防水,普遍采用的是复合式防排水结构。施工前应熟悉隧道防排水结构。

1.隧道防排水的必要性

渗漏水是隧道的常见病害之一。隧道渗漏水的长期作用,将极大地降低隧道内各种设施的使用寿命和功能,使隧道的运营条件恶化,主要表现为:

(1)隧道渗漏水的长期作用可能造成隧道侵蚀破坏。

(2)路面积水,行车环境恶化,降低轮胎与路面的附着力,容易引发交通事故。

(3)在寒冷地区,尤其是在严寒地区,反复冻融循环,在衬砌内部造成衬砌混凝土冻胀开裂;在衬砌与围岩之间造成冻胀,引起拱墙变形、破坏;拱墙上悬挂冰柱、冰溜侵入隧道净空;在路面上形成冰坡、冰锥,使行车溜滑,甚至无法通行。

当前,公路隧道渗漏水的问题已被列为公路工程九大通病之一。解决好渗水问题,已经成为隧道设计与施工中的一个关键技术环节。

2.隧道防排水的基本原则及要求

《公路隧道设计规范 第一册 土建分册》(JTG 3370.1—2018)规定,隧道防排水应遵循"防、排、截、堵结合,因地制宜,综合治理"的原则,妥善处理地表水、地下水,洞内外防排水系统应完整畅通。

(1)高速公路、一级公路和二级公路隧道防排水应满足下列要求:

①拱部、边墙、路面、设备箱洞不渗水,路面无湿渍。

②有冻害地段的隧道衬砌背后不积水,排水沟不冻结。

③车行横通道、人行横通道等服务通道拱部不滴水,边墙不淌水。

(2)三级、四级公路隧道应防排水应满足下列要求:

①拱部不滴水、边墙不淌水,设备箱洞不渗水,路面不积水、不淌水。

②有冻害地段的隧道衬砌背后不积水,排水沟不冻结。

当采取防排水工程措施时,应注意保护自然环境。当隧道内渗漏水引起地表水减少,影响

居民生产、生活用水时,应对围岩采取堵水措施。

隧道防排水的首要任务是做好堵水和截水。堵水是在围岩破碎和涌水易塌地段直接向围岩体内压水泥浆或化学浆液,堵塞裂隙水和渗涌水孔。至于截水,则主要是防止地表水的下渗,其措施有铺砌、勾补、抹面,以及坑穴、钻孔等的填平、封闭等。

3. 隧道防排水结构主要类型

目前,隧道防排水技术根据"是以排为主,还是以堵为主"的指导思想区分,主要有以下三种类型。

(1)水密型防水:从围岩、结构和附加防水层入手,体现以防为主的防水,又称全包式防水。比如城市地铁隧道。

水密型防水结构适用于对保护地下水环境、限制地层沉降要求高的工程,可以为隧道结构的耐久性和安全运营提供良好的环境条件。但是造价较高,并且在很多条件下技术上是不可行的。

(2)泄水型或引流自排型防水:从疏水、泄水入手,体现以排为主的防水,又称半包式防水。这是我国山岭隧道采用的主要防排水类型。

泄水型或引流自排型防水结构适用于对保护地下水环境、限制地层沉降没有严格要求的工程,结合其他必要的辅助措施和设备,也可以为隧道结构的耐久性以及安全运营提供满足要求的环境条件。这种方式的直接造价相对较低,但运营维护成本相对较高。

(3)防排结合的控制型防排水。

控制型防排水是近年来为降低全包式防水结构的成本,且满足地下水环境保护、限制地层沉降而出现的一种新型的隧道防水措施。在半包式防水的基础上,可以根据对水位和地层变形的监测数据,及时自动或半自动地调整排水量,从而达到既降低一次性造价,又维持地下水平衡的目的。

4. 山岭公路隧道防排水结构主要类型

隧道防排水结构的主要类型有以下四种。

(1)复合式衬砌防排水结构

复合式衬砌是目前我国隧道工程中采用最多的一种结构形式。在此类结构形式中,最常用的是引流自排型防水结构。复合式衬砌结构的防水,是在初期支护与二次衬砌之间铺设防水层。防水层包括无纺布和防水板。无纺布通常采用土工织物,铺设在初期支护和防水板之间,起缓冲、滤水和导水作用。防水板通常采用高分子卷材,包括聚乙烯醋酸乙烯共聚物(EVA)、聚乙烯醋酸乙烯沥青共聚物(ECB)、PE(含DDPE、LDPE)等。山岭隧道排水盲管示意图如图8-1所示。建成的山岭隧道如图8-2所示。

二次衬砌是隧道最后一道防线,对二次衬砌混凝土自身的防水性能也有一定要求,隧道模筑混凝土的抗渗等级应满足抗渗要求,混凝土的抗渗等级不宜低于P8。为防止二次衬砌混凝土施工缝渗水,隧道中采取了中埋式止水带、背贴式止水带等施工止水材料。

①防水。

在初期支护上铺设的防水材料分为刷式、喷涂式和粘贴式三种。刷式防水层是将新型防水材料刷在初期支护上,形成隔水层。喷涂防水层是采用喷涂方法,在初期支护基面上形成一层防水层,以达到防水的目的。但是防水层外应设砂浆保护层,以防二次衬砌混凝土灌注时损伤喷涂层。目前使用最多的是粘贴式防水板,其优点为价格较为便宜,安装质量可以检验,合理安装后可保证不透水。

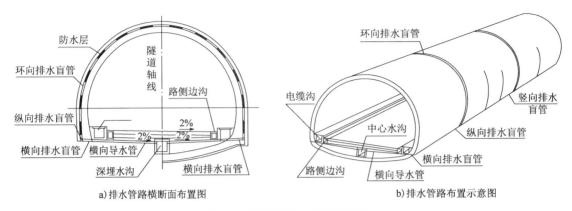

a) 排水管路横断面布置图　　　　b) 排水管路布置示意图

图 8-1　山岭隧道排水盲管示意图

图 8-2　建成的山岭隧道

②排水。

隧道内水的来源一般有两种：一种是由围岩中渗出的地下水，另一种是在隧道运营过程产生的污水。

隧道内路面污水由路缘侧排水沟排出；山体内渗水通过衬砌后面纵向汇水管汇集，再通过横向导水管流入路面下中央主排水管排出洞外；路面下路基山体渗水直接通过渗水层汇入中央主排水管排出洞外。

(2) 明洞防排水结构

①防水。

明洞的防水层一般是在明洞衬砌外模拆除后，在衬砌外侧覆盖防水卷材。传统做法是采用石油沥青油毡，如采用甲种、乙种、丙种防水层，根据地区气温不同分别选用油-60、油-30、油-10 的石油沥青。同时，在明洞衬砌填土中，采用黏土隔水层，以防地表水下渗。

随着高分子防水卷材的广泛使用，为确保洞身复合式衬砌防水层与明洞防水层的良好结合，对于长度较小的明洞，其防水层形式一般采用与暗挖法施工部分一致的高分子防水卷材防水层。

部分明洞结构采用喷涂或涂刷防水涂料形成防水层。

洞门的排水设施应与洞门工程配合施工,同步完成。洞门的排水沟砌筑在填土上时,填土必须夯实。明洞防水层施工应符合下列规定:防水层施工前应用水泥砂浆将衬砌外表涂抹平顺;防水卷材应与拱背粘贴紧密,接头搭接长度不小于100mm,铺设应自下而上进行,上下层接缝宜错开,不得有通缝;回填拱背的黏土隔水层应与边坡、仰坡搭接良好,封闭严密;靠山侧边墙顶或边墙墙后,应设置纵向和竖向盲管(沟),将水引至边墙泄水孔排出。

②排水。

明洞排水一般采用纵向、横向排水盲沟与地表排水沟、截水沟组合,保证排水畅通。同时,填土坡面应与原始坡面衔接平顺、密实,保证排水畅通。

目前,从设计角度看,公路隧道的防水、防冻做法已比较完善;而从施工角度看,由于工程条件千变万化,加上主观原因或客观原因,使设计思路难以到位。因此,做好隧道的防水、防冻工作,关键是要提高施工质量,加强工序间质量检查与检测。

(3)连拱隧道中隔墙排水结构

连拱隧道中隔墙排水结构主要与中隔墙的结构有关,常见的有以下两种形式:

①中隔墙为单一结构。

隧道中隔墙防排水可以看作由中央排水管、竖向排水管、墙顶防水板几部分组成。连拱隧道整体式中隔墙防排水示意图如图8-3所示。

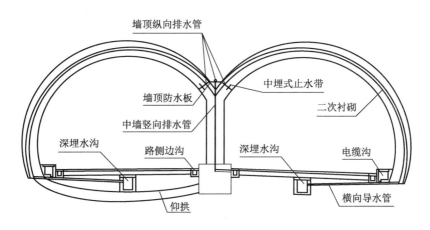

图8-3 连拱隧道整体式中隔墙防排水示意图

中央排水管顺隧道轴向铺设,在中隔墙上设置竖向排水管与中央排水管进行连接,接入隧道侧沟,与侧沟形成完整的排水系统。在中隔墙顶面上还应铺设防水板,位于中央排水管下方与拱墙防水板进行焊接成为整体,同时应注意在纵向排水管穿透防水板的地方要加强密封措施,防止地表水由间隙流入隧道内部。同时,通过混凝土的自身密实来达到防排水效果,对中隔墙顶部注化学浆液,并预埋纵向透水管,将水引至隧道洞口再排出,避免水渗入隧道内部。

②中隔墙为复合结构。

隧道中隔墙处的防排水与复合式衬砌相同。可以将中隔墙分两次浇筑,在先施作的中隔墙与其后作为二次衬砌的墙部之间安设防排水设施,与整个隧道的防排水设施连成一体。连拱隧道复合式中隔墙防排水示意图如图8-4所示。

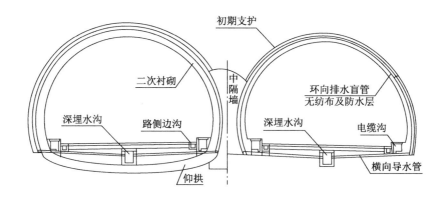

图 8-4　连拱隧道复合式中隔墙防排水示意图

(4) 单层式衬砌防排水结构

①防水。

我国目前仅在低等级公路隧道中使用单层结构。铁路隧道单层式衬砌防水结构处于试验阶段。国际上有的喷锚支护抗压强度高,几乎没有渗水,厚度一次成型,没有施工缝,不需设沉降缝,已经达到很高的防水效果。

②排水。

衬砌背后积聚的地下水如果导流不好,就会对支护形成较大水压力,一般要在设计中设置导流设施,使其顺利流至衬砌后面的纵向汇水管,特别是在涌水量较大的地段,设置导流设施显得更为必要。

排水一般采取顺壁而下的弹簧、软式透水管或波纹管盲沟的办法进行引流。

单元二　防排水材料

学习目标

(1) 熟悉常用防排水材料及主要性能;
(2) 了解防水卷材、土工织物检验项目;
(3) 熟悉混凝土抗渗性能试验的步骤及操作步骤。

隧道的常见病害之一是隧道渗漏水及路面冒水。故施工使用的防排水材料应满足国家、行业标准和设计要求。有出厂合格证明,并能按相关规范进行检验。不得使用有毒污染环境的材料。

隧道防排水材料包括注浆材料、合成高分子卷材、排水管和防水混凝土等。

1. 高分子防水卷材

隧道防水采用的高分子防水卷材主要是聚乙烯醋酸乙烯共聚物(EVA)、聚乙烯醋酸乙烯沥青共聚物(ECB)和低密度聚乙烯(LDPE)等。

常见隧道用高分子防水卷材的性能要求见表8-1。

隧道常用高分子防水卷材的性能要求　　　　　表8-1

项　目			单　位	指　标		
				聚乙烯醋酸乙烯共聚物(EVA)	聚乙烯醋酸乙烯沥青共聚物(ECB)	低密度聚乙烯(LDPE)
断裂拉伸强度		≥	MPa	18	17	18
断裂伸长率		≥	%	650	600	600
撕裂强度		≥	kN/m	100	95	95
不透水性(0.3MPa,24h)		≥		无渗漏	无渗漏	无渗漏
低温弯折性		≤	℃	-35,无裂缝	-35,无裂缝	-35,无裂缝
加热伸缩量	延伸	≤	mm	2	2	2
	收缩	≤	mm	6	6	6
热空气老化(80℃,168h)	断裂拉伸强度	≥	MPa	16	14	15
	扯断伸长率	≥	%	600	550	550
耐碱性[饱和Ca(OH)$_2$溶液,168h]	断裂拉伸强度	≥	MPa	17	16	16
	扯断伸长率	≥	%	600	600	550
人工气候老化	断裂拉伸强度保持率	≥	%	80	80	80
	扯断伸长率保持率	≥	%	70	70	70
刺破强度	1.5mm	≥	N	300	300	300
	2.0mm	≥	N	400	400	400
	2.5mm	≥	N	500	500	500
	3.0mm	≥	N	600	600	600

2. 土工织物

土工织物也称土工布,是透水性的土工合成材料,按制造方法分为无纺或非织造土工织物和有纺或机织土工织物。其具有过滤、排水、隔离、加筋、防渗和防护等作用。土工织物对隧道工程比较重要的工程特征有物理特性、力学特性和水力学特性。

土工织物力学性能包括抗拉强度及延伸率、握持强度及延伸率、抗撕裂强度、顶破强度、刺破强度、抗压缩性能等。抗拉强度是土工布的一个基本性能,在铺设或起增强作用时,土工布必须具有足够抗拉强度。其他各项强度也是在现场实际受力时必须具有的性能,而其抗压缩性能直接影响反滤和排水性能。

隧道用土工布的力学性能测试一般有条带拉伸试验、撕裂试验、顶破强度试验、刺破试验等。

土工布的渗透性表明其在反滤和排水方面的能力。根据工程需要,土工织物必须确定垂直于织物平面的渗透特性(垂直渗透系数及透水率)及沿织物平面排水的特性(平面渗透系数及导水率),这些试验已经纳入国际标准。

隧道用土工布必须具有以下特性。

(1)保土性:防止被保护围岩、衬砌的颗粒随水流流失。

(2)渗水性:保证渗流水通畅排走。

(3)防堵性:防止材料被细土粒堵塞失效。

这被称为反滤三准则,都与土工布的水力学性能密切相关。土工布的水力学性能主要包括两个方面:一是透水性与导水能力,二是阻止颗粒流失的能力。这些特性主要取决于土工织物的孔隙特征和渗透特性等。

土工织物的渗透特性有两个试验:垂直渗透系数试验、水平渗透系数试验。

3. 防水混凝土

(1)防水混凝土的种类

防水混凝土是以水泥、砂、石子为原料或掺入外加剂、高分子聚合物等,以调整配合比,减少孔隙率,增加各原材料界面间密实性或使混凝土产生补偿收缩作用,从而使水泥砂浆或混凝土具有一定抗裂、防渗能力,使其成为满足抗渗等级大于0.6MPa的不透水性混凝土,也就是自身抗渗性能高于0.6MPa的混凝土。

防水混凝土一般可分为普通水泥防水混凝土、外加剂防水混凝土和膨胀水泥防水混凝土等。

隧道工程常用防水混凝土的种类及其特性见表8-2。

隧道工程常用防水混凝土的种类及其特性   表8-2

种类	普通防水混凝土	外加剂类型				
		引气剂	减水剂	三乙醇胺	氯化铁	明矾石膨胀剂
抗渗压力(MPa)	>3.0	>2.2	>2.2	>3.8	>3.8	>3.8
主要技术要求	水灰比0.5~0.6;坍落度30~50mm;水泥用量≥320kg/m³;粗集料粒径≤40mm	含气量为3%~6%;水泥用量≥250~300kg/m³	加气型减水剂可以为缓凝、促凝和普通型的减水剂	可单独掺用三乙醇胺,也可以与氯化钠、亚硝酸钠配合	液体中氯化铁含量≥0.4kg/L,掺量一般为水泥质量的3%	必须掺入42.5级以上的普通矿渣、火山灰和粉煤灰水泥,不得单独代替水泥,外掺量为水泥质量的20%
适用范围	一般地下防水工程	抗冻性能要求高	含筋率高或薄壁结构	要求早强及抗渗要求高	水中结构	有后浇缝

(2)隧道工程防水混凝土的一般要求

①公路隧道模筑混凝土衬砌应满足抗渗要求,混凝土的抗渗等级不小于P8。

②当衬砌处于侵蚀性地下水环境中,混凝土的耐侵蚀系数不应小于0.8。

混凝土的耐侵蚀系数按式(8-1)计算:

$$N_s = R_{ws}/R_{wy} \qquad (8-1)$$

式中:N_s——混凝土的耐侵蚀系数;

R_{ws}——在侵蚀性水中养护6个月的混凝土试块抗折强度;

R_{wy}——在饮用水中养护6个月的混凝土试块抗折强度。

③当混凝土结构受冻融作用时,不宜采用火山灰质硅酸盐水泥和粉煤灰硅酸盐水泥。

④隧道工程防水混凝土的水泥用量不得少于320kg/m³,水泥强度等级不低于42.5,水胶比不大于0.50。当掺入活性细粉时,水泥用量不得少于280kg/m³。

⑤防水混凝土结构应满足以下条件:

a.裂缝宽度应不大于0.2mm,并不贯通。

b. 迎水面主钢筋保护层厚度不应小于50mm。
c. 衬砌厚度不应小于30cm。
⑥试件的抗渗等级应比设计要求提高0.2MPa。
⑦当采用防水混凝土时,应对衬砌的各种缝隙采取有效的防水措施,以使衬砌获得整体防水效果。
⑧防水混凝土的实际坍落度与要求坍落度之间的偏差一般不得超过要求值的30%。

(3)混凝土抗渗性试验
①试验目的和适用范围。
混凝土抗渗性试验主要用于检测混凝土硬化后的防水性能,以测定其抗渗等级。防水混凝土的抗渗等级可分为以下三种:
a. 设计抗渗等级。它是根据地下工程的埋深以及水力梯度(即最大作用水头与建筑物最小壁厚之比)综合考虑而确定的,由勘测设计确定。
b. 试验抗渗等级。它用于确定防水混凝土施工配合比时测定的抗渗等级,最终的抗渗等级在设计抗渗等级的基础上提高0.2MPa来确定。
c. 检验抗渗等级。它是对防水混凝土抗渗试块进行抗渗试验所测定的抗渗等级,检验抗渗等级不得低于设计抗渗等级。

混凝土抗渗性能试验应遵照《普通混凝土长期性能和耐久性能试验方法标准》(GB/T 50082—2009)执行,试验方法有渗水高度法与逐级加压法两种,下面以逐级加压法为例进行介绍。

②试件制备。
a. 每组试件为6个,如用人工插捣成型时,分两层装入混凝土拌合物,每层插捣25次,在标准条件下养护。如结合工程需要,则在浇筑地自制,每单位工程制件不少于两组,其中至少一组应在标准条件下养护,其余试件与构件在相同条件下养护,试块养护期不少于28d,不超过90d。
b. 试件成型后24h拆模用钢丝刷刷净两端面水泥浆膜,标准养护龄期为28d。
c. 试件形状有圆柱体和圆台体两种:圆柱体的直径、高度均为150mm;圆台体的上底直径为175mm、下底直径为185mm、高为150mm。

③仪器设备。
a. 混凝土渗透仪。其应能使水压按规定稳定地作用在试件上。常用的混凝土渗透仪有TH4-HP-4.0型自动调压混凝土抗渗仪、HS-4型混凝土抗渗仪、ZKS微机控制高精度抗渗仪、HS-40型混凝土抗渗仪。
b. 成型试模。
c. 螺旋加压器、烘箱、电炉、浅盘、铁锅、钢丝刷等。
d. 密封材料。如石蜡,内掺松香约2%。

④试验步骤。
a. 试件到期后取出,擦干表面,用钢丝刷刷净两端面,待表面干燥后,在试件侧面滚涂一层熔化的密封材料,然后立即在螺旋加压器上压入经过烘箱或电炉预热过的试模中,使试件底面和试模底平齐,待试模变冷后即可解除压力,装在渗透仪上进行试验。
b. 试验时,水压从0.2MPa开始,每隔8h增加水压0.1MPa,并随时注意观察试件端面情况,一直加至6个试件中有3个试件表面发现渗水,记下此时的水压力,即可停止试验。

c. 当加压至设计抗渗等级,经 8h 后第三个试件仍不渗水,表明混凝土已满足设计要求,也可停止试验。

⑤试验结果计算。

混凝土的抗渗标号以每组 6 个试件中 4 个未发现有渗水现象时的最大水压力表示。抗渗强度等级按式(8-2)计算:

$$P = 10H - 1 \tag{8-2}$$

式中:P——混凝土的抗渗强度等级;

H——第三个试件顶面开始有渗水时的水压力。

混凝土抗渗强度等级分级为 P2、P4、P6、P8、P10、P12,若加压至 1.2MPa,经 8h 后第三个试件仍不渗水,则停止试验,试件的抗渗强度等级以 P12 表示。

例如,在混凝土抗渗试验中,某组试件各块表面出现渗水现象时的最大水压力(单位:MPa)是 0.9、1.0、1.1、1.0、0.8、0.7,则试件各块表面出现渗水现象时的水压力依次为 0.7、0.8、0.9、1.0、1.0、1.1,第三个顶面开始有渗水的试块的水压力 $H = 0.9$MPa,则混凝土的抗渗强度等级 $P = 10H - 1 = 10 \times 0.9 - 1 = 8$。

单元三 防水层施工

学习目标

(1)熟悉防水层施工的基本要求及实测项目;
(2)熟悉防水层铺设的要求;
(3)掌握焊缝检查方法。

施工中需对防排水施工质量进行检测。施工人员需对隧道防排水实测项目、施工方法和检测方法熟悉,才能做好此项工作。

本单元主要介绍复合式衬砌防水和明洞衬砌防水。

一、防水层卷材施工工艺

1.防水层铺设应符合的规定

(1)防水层铺设应超前施工 1~2 个循环衬砌段。防水材料的质量、规格、性能等必须符合设计和规范要求。

(2)初期支护表面应平顺。不得有钢筋和锚杆头外露、尖锐物突凸、错台和急速凹凸现象。割除尖锐突出物后,割除部位用砂浆抹平顺。

喷射混凝土基面平整度应满足式(8-3)的要求。

$$D/L \leqslant 1/6 \tag{8-3}$$

式中:L——喷射混凝土相邻两凸面间的距离;

D——喷射混凝土表面相邻两凸面之间下凹的深度。

(3)防水层宜利用专用台车铺设。

(4)防水层应环向整幅铺设,拱部和边墙应无纵向搭接。

(5)无纺布与防水板应分别铺挂,无纺布铺挂完成后再挂防水板。

(6)无纺布应采用射钉加热熔垫固定,防水板应采用无钉铺挂。铺挂固定点间距拱部宜为 0.5~0.7m。侧墙宜为 0.7~1.0m,在凹处应适当增加固定点。

(7)防水板铺挂时应适当松弛,松弛系数根据超挖情况确定,一般取 1.1~1.2。防水板铺挂作业如图 8-5、图 8-6 所示。

a) 整体

b) 局部

图 8-5 防水板铺挂作业

图 8-6 隧道已完成铺挂的防水板

2. 明洞防水层施工基本要求

(1)防水卷材的质量、规格必须符合有关规范的要求。破损、老化的卷材不得使用。

(2)防水层施工前,明洞混凝土外部用砂浆涂抹平整,不得有钢筋露头漏出,以免对防水卷材造成损伤破坏。

(3)明洞外模拆除后应立即做好防水层和纵向盲沟,保证排水畅通。

(4)防水涂料的材料、规格、施工质量等应符合设计要求。

(5)明洞黏土隔水层应与边坡、仰坡搭接良好,密闭紧密,能防地表水下渗。

(6)坡面平顺、密实,排水畅通。

3. 防水层铺设

目前,防水卷材的铺设工艺有两种:一种是无钉热合铺设法,另一种是有钉冷黏铺设法。防水卷材的铺设宜采用无钉热合铺设法。

(1)无钉热合铺设法

无钉热合铺设法是指先将能与防水板热熔黏合的垫衬用机械方法固定在喷射混凝土基面上,同时将无纺布固定(图8-7)。然后采用电热压焊器把防水板粘贴在热熔固定垫上,将防水板固定(图8-8)。这是现在通常采用的方法。

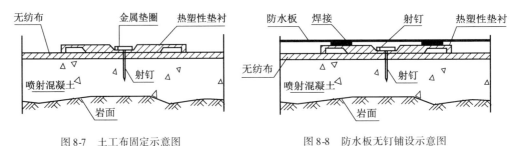

图8-7　土工布固定示意图　　　　　图8-8　防水板无钉铺设示意图

①隧道防水板的安装。

a.铺设基面检查。混凝土层表面不得有锚杆头或钢筋断头外露;对凸凹不平部位应修凿、喷补,使混凝土表面平顺;喷层表面漏水时,应及时引排。隧道断面变化处或转弯处的阴角应抹成半径不小于50mm的圆弧。

b.防水板垫衬的施工。在喷混凝土隧道拱顶正确标出隧道纵向的中心线,再使土工布的横向中心线与喷射混凝土上的这一标志线相重合,从拱顶开始向两侧铺设。

用塑料胀管、木螺钉或射钉枪和塑料垫片将土工布固定在已达基面要求的喷混凝土上。

c.热塑性塑料圆垫片的施工。热塑性塑料圆垫片是隧道复合式衬砌防水层施工的必要零部件。用塑料胀管和木螺钉或射钉枪、射钉将其覆盖在垫衬上,呈梅花形布设,一般拱部应为50~70cm,侧墙为70~100cm。在凹凸处应适当增加固定点。防水板焊接构造如图8-8所示。

衬垫层铺挂与热塑性塑料圆垫片的组合施工的方法之一是先用电钻在喷射混凝土钻孔,孔深视螺栓长度而定。清除孔内灰渣后,于孔内埋设$\phi 8$的塑料膨胀螺栓,再用$\phi 4$螺钉或圆钉,配上热塑性塑料垫圈,穿过无纺布将其拧入膨胀螺栓孔中,将垫层固定。

d.防水板的铺设。首先裁剪卷材,要考虑将卷材搭接在底板上,长度要有富余。先在隧道拱顶部位的聚乙烯泡沫塑料垫衬上正确标出隧道纵向中心线,再使防水膜的横向中心线与这一标志相重合,将拱顶部与塑料圆垫片热熔焊接,与聚乙烯泡沫塑料垫衬一样,从拱顶开始向两侧下垂铺设,边铺边与圆垫片热熔焊接。每组防水板环向从一边向另一边铺挂,铺挂要有松弛量(松弛系数为1.1~1.2),以确保防水层在浇筑衬砌混凝土时不产生强拉损伤且与围岩面密贴。在侧墙根部,防水板半包裹软式透水管,防止水渗入仰拱或路面底部。

在铺设防水板时,应注意为下一阶段预留不少于50cm的搭接余量。

②焊接工艺。目前,防水板接缝的焊接,一般采用自动爬焊机。

a.采用双焊缝焊接开始前,应在小块塑料片上试温。

b.焊接温度应控制在200~270℃,并保持适当的速度,速度控制在0.1~0.15m/min。焊接太快焊缝不牢固,太慢焊缝易焊穿、烤焦。焊接过程中要根据焊缝的热熔情况随时调节温度,直至焊缝熔达到最佳效果。焊缝应严密,单条焊缝的有效焊接宽度不应小于12.5mm。不得焊焦焊穿。EVA或LDPE膜在与圆垫片用压焊器进行热合时,一般10s即可。

c. 焊缝应尽可能一次完成,尽量减少间断和停机次数,避免不必要的修补。如有间断或停机,应及时对其进行修补。

d. 当防水板的纵向焊缝与横向焊缝叠合时,需先将焊好的焊缝边缘部位剪平约10cm,再进行另一条焊缝的焊接。然后用热风枪将两条焊缝的重叠部位焊接密实。

e. 用塑料热合机焊接材质较薄的防水膜时,还可以采用反弯法进行施工,即首先将两层膜对接,然后热合焊接,当双焊缝经检查合格后,将其弯向一侧点焊在卷材上,避免180°剥离。

图8-9为防水板焊过程接示意图。图8-10为防水板焊接过程。

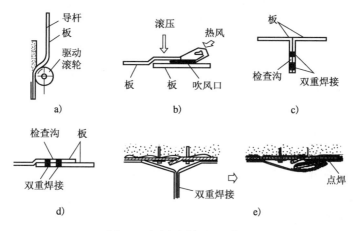

图8-9 防水板焊接过程示意图

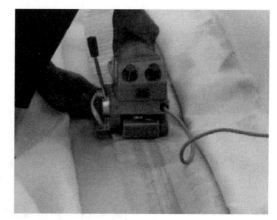

图8-10 防水板焊接过程

(2)有钉冷黏铺设法

①工艺与特点。

施工中,先将初期支护基面整平,将防水卷材自下而上或自外而内边涂胶边固定。固定时,采用射钉枪固定塑料垫片,塑料垫片外压防水卷材。卷材片间的黏结采用卷材厂家提供的专用胶,可冷涂施工。最后,用比固定塑料垫片稍大的卷材块涂胶后修补射钉孔。这种工艺的特点是防水卷材铺成的表面留有钉疤,接茬时用胶冷黏。

②施工检查。

有钉冷黏法施工质量的检查方法主要是直观检查。具体方法有以下几种:

用手托起塑料板,看其是否与喷射混凝土密贴,在拱顶 $1m^2$ 范围内,塑料板不得下凹或呈水平状;看塑料板是否有被划破、扯破、扎破等破损现象;看接缝处是否胶合紧密,有无漏涂胶现象;检查射钉补块是否严密,胶结强度能否满足施工要求。

二、防水层质量检查

1. 外观检查

检查方式:肉眼观察。

(1)防水层表面平顺,无褶皱、无气泡、无破损,与洞壁秘贴,松弛适度,无紧绷现象。

(2)焊接应无脱焊、漏焊、假焊、焊焦、焊穿,黏结应无脱黏、漏黏。

防水膜间焊缝一般用肉眼检查,当两层经焊接在一起的膜呈透明状、无气泡,即融为一体,表明焊接牢固严密。焊缝若有漏焊、假焊,应予补焊;若有烤焦、焊穿处以及外露的固定点,必须用塑料片焊接覆盖。

2. 充气检查

(1)检查方法

焊缝可抽样用充气法检查。检查方法如图 8-11 所示。将 5 号注射针与压力表相接,气筒充气,当压力表达到 0.25MPa 时,保持 15min,如压力下降在 10% 以内,焊缝质量合格。如压力下降超过 10%,证明有未焊好之处,用肥皂水涂在焊接缝上,产生气泡地方为焊接欠佳处。应对有气泡的地方重新补焊,直到不漏气为止。图 8-12 为施工人员进行防水板焊缝检查。

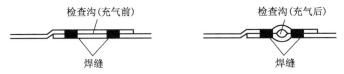

图 8-11 防水板焊缝检查示意图

图 8-12 防水板焊缝检查

(2)检查数量

每条焊缝均应做充气检查。

(3)焊缝强度检查

焊缝拉伸强度不得小于防水板强度的 70%,焊缝抗剥离强度不小于 70N/cm。

3. 复合式衬砌防水层检查

复合式衬砌防水层实测项目见表 8-3。

复合式衬砌防水层实测项目　　　　　　表8-3

项次	检查项目		规定值或允许偏差	检查方法和频率
1	搭接长度(mm)		≥100	尺量:每5环搭接抽查3处
2	缝宽(mm)	焊接	焊缝宽≥10	尺量:每5环搭接抽查3处
		黏结	黏缝宽≥50	
3	固定点间距(m)		满足设计要求	尺量:每20m检查3处
4	焊缝密实性		满足设计要求 (压力下降在10%以内)	充气法:压力达到0.25MPa时停止充气,保持15min;每20m检查1处焊缝

4. 明洞防水层检查

明洞防水层实测项目见表8-4。

明洞防水层实测项目　　　　　　表8-4

项次	检查项目		规定值或允许偏差	检查方法和频次
1	搭接长度(mm)		≥100	尺量:每环测3处
2	卷材向隧道暗洞延伸长度(mm)		≥500	尺量:检查5处
3	卷材向基底的横向延伸长度(mm)		≥500	尺量:检查5处
4	缝宽(mm)	焊接	焊缝宽≥10	尺量:每衬砌台车抽查1环,每环搭接测5点
		黏结	黏缝宽≥50	
5	焊缝密实性		压力下降在10%以内	充气法:压力达到0.25MPa时停止充气,保持15min;每10m检查1处焊缝

5. 防水层破损的检查与修补

防水层施工必须细心,防水层质量检查必须认真。

注意保护防水板:任何材料、工具应远离已铺设好防水板的地段堆放;挡头模板与防水板接触位置应采用软质物衬垫进行封堵;不得将敷设好防水板的位置作为挡头模板支撑杆件的支承点;钢筋焊接作业时,防水板应采用阻燃材料进行隔离遮挡;钢筋不得直接接触防水板,接触位置应用混凝土块隔离;浇筑混凝土时避免混凝土直接冲击防水板,必要时可在混凝土输送泵出口处设置挡板;振捣时应避免振捣器与防水板直接接触。

检查出防水层上有破坏之处,必须立即做出明显标记,以便做破损修补。修补后一般用真空检查法检验修补质量。补丁的具体要求有以下两点:

(1)补丁不得过小,离破坏孔边缘不小于70mm。

(2)补丁要剪成圆角,不要有正方形、长方形、三角形等的尖角。

三、止水带施工

在隧道防水结构中,衬砌施工缝、沉降缝及伸缩缝是隧道的薄弱环节,据调查,95%的渗漏水与施工缝和沉降缝有关。通常,隧道二次衬砌的施工缝、沉降缝及伸缩缝采取止水带、止水条等方式进行防水。

在围岩对衬砌有不良影响的硬软岩分界处,应设置沉降缝;在明洞衬砌与洞内衬砌交界处或不设明洞的洞口段衬砌在距洞口5~12m的位置应设沉降缝;在连续Ⅴ、Ⅵ级围岩每

30~80m应设沉降缝一道。在严寒地区,应在洞口和易受冻害地段设置伸缩缝。衬砌施工缝应与设计的沉降缝、伸缩缝结合布置。

止水带具有高弹性和压缩变形的特点,它在荷载的作用下产生弹性变形,能起到紧固、密封和有效防止接缝渗漏水的作用。衬砌施工缝和沉降缝一般都采用塑料止水带或橡胶止水带进行防水。

1. 止水带的类型

止水带品种较多,根据止水带在衬砌混凝土中的安装位置的不同,分为外贴式止水带、预埋式止水带、内贴式止水带三种;按照止水带的材料,有橡胶止水带、塑料止水带、沥青麻筋和膨胀橡胶止水条。

预埋式止水带,因构造简单、施工简便及质量可靠,使用较为普遍。外贴式塑料止水带一般与防水板组合使用,如图8-13、图8-14所示。

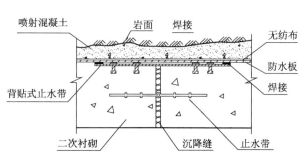

图8-13 外贴式止水带与止水条布置示意图

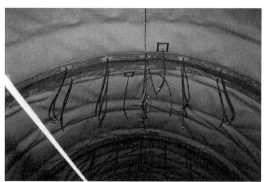

图8-14 外贴式止水带

随着隧道工程对防水要求的提高,遇水膨胀型止水条在施工缝堵水中的应用也在增加。中埋式止水带与遇水膨胀橡胶、嵌缝材料复合防水构造如图8-15所示。

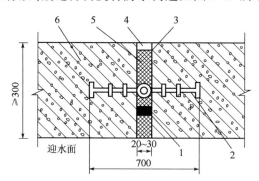

图8-15 中埋式止水带与遇水膨胀橡胶、嵌缝材料复合防水构造(尺寸单位:mm)
1-混凝土结构;2-填缝材料;3-嵌缝材料;4-背衬材料;5-遇水膨胀橡胶条;6-中埋式止水带

2. 止水带的检查内容

(1)基本要求

止水带材料规格、品种、形状、尺寸必须符合设计要求和有关标准的规定;止水带与衬砌端头模板应正交;浇筑混凝土衬砌时,要注意保护止水带。中埋式止水带及其截面图如图8-16所示。

图 8-16 中埋式止水带及其截面图

(2) 止水带实测项目

止水带实测项目见表 8-5。

止水带实测项目　　　　　　表 8-5

项　次	检查项目	规定值或允许偏差	检查方法和频率
1	纵向距离(mm)	±50	尺量:每衬砌台车检查1环,每环测3点
2	偏离衬砌中线(mm)	≤30	尺量:每衬砌台车检查1环,每环测3点
3	固定点间距(mm)	±50	尺量:每衬砌台车每环止水带检查3点

(3) 外观鉴定

止水带应无松脱、扭曲;止水带连接缝应无裂口、脱胶。

若拆模后,发现止水带偏离中心幅度过大,应适当凿除或填补部分混凝土,对止水带进行纠偏处理。如有破损,应及时修补。

3. 中埋式止水带施工检查

中埋式止水带的施工质量检查主要是止水带预埋位置检查和止水带接头检查。现以图 8-17、图 8-18 为例予以说明。

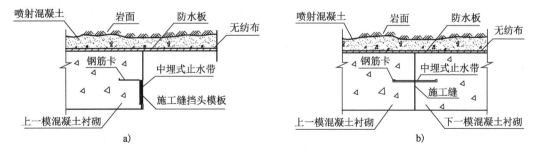

图 8-17 中埋式止水带安装位置示意图

(1) 止水带预埋位置检查

二次衬砌浇筑时总是由外向内或由内向外从一个方向一环一环地逐步推进。止水带通常在先浇的一环衬砌端头由挡头板固定,要保证止水带预埋位置准确。止水带在转角处应做成圆弧形,橡胶止水带的转角半径不应小于 200mm,钢片止水带不小于 300mm。

①止水带安装的横向位置。止水带预埋于衬砌厚度的 1/3~1/2 处,用钢卷尺量测内模到

图 8-18 中埋式止水带安装位置

止水带的距离,与设计尺寸相比,偏差不应超过 5cm。

②止水带安装的纵向位置。通常止水带以施工缝或伸缩缝为中心两边对称,即埋在相邻两衬砌环节内的宽度是相等的。用钢卷尺检查,要求止水带偏离中心不能超过 3cm。

③止水带应与衬砌端头模板正交。浇筑混凝土前应用角尺检查,否则会降低止水带在两侧的有效长度,并有可能影响混凝土的密实度。

④根据止水带材质和止水部位可采用不同的接头方法。每环中的接头不宜多于 1 处,且不得设在结构转角处。对于橡胶止水带,其接头形式应采用搭接或复合接;对于塑料止水带,其接头形式应采用搭接或对接。止水带的搭接宽度可取 10cm,对于冷黏或焊接的缝宽,止水带的搭接宽度不小于 5cm。

⑤为保证止水带预埋位置的准确,一般采用以下施工步骤:

a. 沿衬砌 1/3 厚度处的轴线在挡头板每隔 0.5m 钻一直径为 12mm 的钢筋孔。

b. 将制成的钢筋卡由待灌混凝土的一侧穿入另一侧,内侧钢筋卡卡紧止水带的一半,另一半止水带紧贴在挡头板上。

c. 待混凝土凝固后拆除挡头板,将原贴在挡头板上的止水带拉直后,弯曲钢筋卡卡套卡紧另一半止水带,浇筑施工另一半混凝土。

d. 止水带埋设在衬砌混凝土中,在浇捣混凝土与止水带定位时,应注意安装位置和浇捣压力,以避免粗集料将止水带刺破或造成偏移。

e. 加强混凝土振捣,排除止水带底部的气泡和空隙,使止水带和混凝土紧密结合。

f. 如发现止水带有破裂应及时修补,否则在接缝变形和受水压时,止水带所能抵抗外力和防水的能力就会大幅度降低。衬砌脱模后,若检查发现施工中有走模现象发生,致使止水带过分偏离中心,则应适当凿除或填补部分混凝土,对止水带进行纠偏。

(2) 止水带接头检查

止水带现场接头方式分对接、搭接和复合接三种。止水带的接头部位是止水带防水的薄弱环节。塑料止水带的接头,一种是焊接,另一种是熔接。焊接用焊枪以 180~200℃ 热风焊接为一体,在自然空气中冷却。熔接法是将塑料止水带加热至熔融状态下接合,再冷却至常温。这两种接头方式的性能要求为:焊接法为接头部位的抗拉强度达到母体抗拉强度的 70% 以上,熔焊法为接头部位的抗拉强度达到母体抗拉强度的 90% 以上。止水带常用接头方式如图 8-19 所示。

现场检查主要内容如下:

①接头留设部位与压荐方向。由于现场施工条件的限制,一般来说,接头部位的防水能力要较正常部位差些,所以留设止水带接头时,应尽量避开排水坡度小与容易形成壁后积水的部

位,最好留设在起拱线上下。其次,应检查接头处上下止水带的压茬方向,此方向应以排水顺畅、将水外引为正确方向,即上部止水带靠近围岩,下部止水带靠近隧道内壁。

②接头强度。现场施工往往忽视接头表面的清刷与打毛焊接或黏结后接头强度低而不密实,防水性极差。检查时,用手轻撕接头,观察接头强度和表面打毛情况,不合格时应重新黏结。

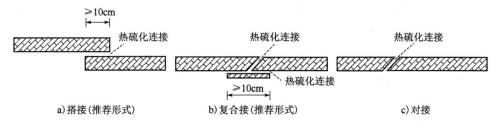

图 8-19 止水带常用接头形式示意图

(3)止水带施工的注意事项
①止水带不得被钉子、钢筋和石子刺破。如发现有割伤、破裂现象,应及时修补。
②在固定止水带和灌筑混凝土过程中应防止止水带偏移。
③加强混凝土振捣,排出止水带底部气泡,使止水带和混凝土紧密结合。
如设置止水带后仍有渗漏水,则需进行堵漏或设置排水暗槽进行处理。

4. 止水条施工检查

止水条的施工质量检查主要是预留槽检查、止水条嵌入施工和接头黏结检查。对于隧道衬砌施工缝和沉降缝防水采用的遇水膨胀止水条,采用预留槽嵌入法施工时,应符合下列规定:

(1)对有预留式的粘贴方式,在先浇混凝土中需预留止水条安放槽。端头应埋设表面涂有脱模剂的楔形硬木条(或塑料条),形成预留浅槽,槽应平直,槽宽比止水条宽1~2mm,槽深为止水条厚度的1/2~2/3,确保遇水膨胀止水条能够牢固地安装在预留浅槽内。

(2)拆除混凝土模板后,修整预留槽,凿毛施工缝,清除浮渣,使缝面无水、干净、无杂物。刷不低于结构混凝土强度等级的净浆或涂混凝土界面处理剂。将止水条嵌入槽内,可用配套的胶黏剂或水泥钉固定止水条,再浇筑下一环混凝土。

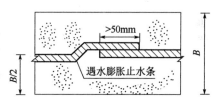

图 8-20 遇水膨胀止水条搭接示意图
B-衬砌厚度

(3)在遇水膨胀止水条接头处应重叠搭接后再黏结固定,沿施工缝及沉降缝形成闭合环路。止水条的搭接要求大于50mm,如图8-20所示。

单元四 排水系统施工质量检查

 学习目标

(1)了解排水系统施工的基本要求;
(2)熟悉排水系统的构造;
(3)掌握排水系统施工的基本检查方法。

施工是质量形成的关键时期,做好排水系统施工及质量检查就显得尤为重要。控制的重点是工序质量。

排水系统主要由环向排水盲管、纵向排水盲管、横向排水盲管、中心水沟、检查井、防寒泄水洞等组成。检查井、防寒泄水洞等这里不做介绍。山岭隧道常见地下水流向可以概括为:围岩—环向排水盲管—纵向排水盲管—横向排水盲管—中心水沟—洞外出水口。其质量检查内容主要是外观检查和安装检查。

1. 排水系统施工的基本要求

(1)设置在软弱围岩区段的盲沟、有管渗沟,周侧应做砂砾石反滤层,相邻层粒径比不宜小于1/4,层厚不宜小于15cm,集料粒径小于0.25mm者,其含量应小于5%。在黏土地质区不宜用土工布、无纺布包裹管材,以防粉土、黏土颗粒堵塞土工布、无纺布孔眼。

(2)墙背泄水孔必须伸入盲沟内,泄水孔进口处超挖部分应用同级混凝土或不透水材料回填密实。

(3)排水管接头应密闭牢固,不得出现松动。

(4)严寒地区保温水沟的施作应有防潮措施,防止保温层受潮,影响保温层的保温性能。修筑的深埋渗水沟,回填材料应满足保温、透水性好的要求,水沟周围应用级配集料分层回填,不得让颗粒物渗入沟内。排水沟应设置在冻胀线以下。

2. 环向排水盲管

(1)围岩渗流水引排。根据开挖时围岩的实际涌水情况,做好详细记录,并做好相应的引排措施。当涌水较集中时,喷锚前先用开缝摩擦锚杆进行导水;当涌水面积较大时,喷锚前设置树枝状软式透水管排水;当涌水严重时,设置汇水孔。喷锚完成后,使开挖岩石面与喷射混凝土之间形成排水用的汇水孔,使围岩涌水、渗漏水通过设置的汇水孔等排水装置流向墙角纵向排水盲管,再由横向排水盲管排到隧道中心水沟内。

(2)背面排水盲管安装。二次衬砌前,先对初期支护喷锚混凝土面进行检查,割掉喷锚混凝土表面的锚杆和钢筋网断头,并对凹凸不平的部位进行修凿、喷补,使混凝土表面平顺,符合铺挂柔性防水板的要求。然后按设计要求在拱部和边墙环向挂设软式透水管。喷混凝土表面有渗漏水时,根据渗漏水的多少采用透水管引导,或再增加环向软式排水盲管,并用塑料锚固螺栓绑牢。

目前,一些隧道采用上述两种措施组合的环向排水措施,应用于初期支护或整体式衬砌排水,如图8-21所示。

环向排水盲管的施工检查包括外观检查和安装检查。附贴式盲沟、软式透水管盲沟布置在防水板外侧紧贴喷射混凝土处,盲沟接触层表面应平顺。当影响盲沟布置时,应进行处理,盲沟用螺钉固定在喷层上。凡铺设软式透水管处,其上部应铺设防水板,防止堵塞透水管。

3. 纵向排水盲管

(1)外观检查。常见结构如图8-22所示。

①纵向排水盲管材质及规格检查。塑料制品若保存不当,极易发生老化,可目测管材的色泽和管身的变形;轻轻敲击,观察管体是否变脆;用卡尺或钢尺量管径与管壁,检查其是否与设计要求相符。

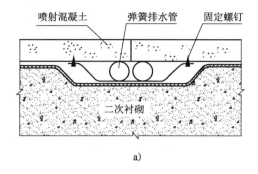 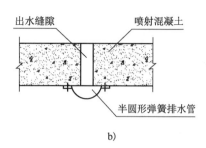

图 8-21 环(竖)向排水盲管安设示意图

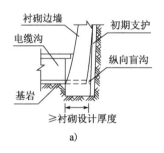 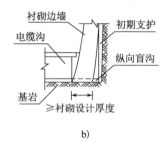 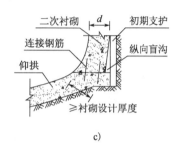

图 8-22 纵向排水盲管安设示意图

②管身透水孔检查。纵向排水盲管主要有两个作用：一个是将环向排水盲管下流之水经其排至横向排水盲管；另一个是将防水卷材阻挡之水经纵向排水盲管上部透水孔向管内疏导。为了实现第二个作用，盲管上的透水孔必须有一定的规格，并保证一定的间距。在纵向排水盲管安装前，必须用直尺检查钻孔的孔径和孔间距。

（2）安装检查。

纵向排水盲管安装如图 8-23、图 8-24 所示。

 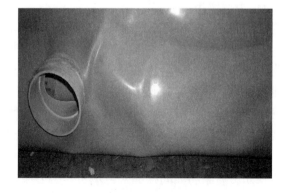

图 8-23 纵向排水盲管安设(纵向+横向出口)　　图 8-24 纵向排水盲管安设(横向出口)

①安装坡度检查。纵向排水盲管通常位于衬砌的墙脚部。当施工条件不利时，施工中较易出现管身高低起伏不定、平面上忽内忽外的现象。在这种情况下，隧道建成后纵向排水盲管

容易被淤砂封堵或被冰冻封堵,造成纵向排水不畅。因此,在施工中一定要为纵向排水盲管做好基础,用坡度规检查、测定纵向盲管的坡度,使地下水进入纵向排水盲管后在一定的坡度下按指定的方向流动。

②包裹安装检查。纵向排水盲管在布设时,必须注意其细部构造。首先,应用土工布将纵向排水盲管包裹,使泥砂不得进入纵向排水盲管。其次,应用防水卷材半裹纵向排水盲管,使从上部下流的水在纵向排水盲管位置尽量流入管内,而不让地下水在盲管位置纵横漫流。因此,施工时要认真检查纵向排水盲管的包裹安装情况,杜绝粗放施工。

③与上下排水管的连接检查。施工中应注意检查上部环向弹簧排水盲管与纵向排水盲管的连接。一般采用环向排水盲管出口与纵向排水盲管简单搭接的方式,避免两管之间被喷射混凝土隔断。其次,还应注意检查纵向排水盲管与横向排水盲管的连接。一般采用三通管连接,三通管留设位置应准确,接头应牢靠,防止松动脱落。

4. 横向排水盲管

横向排水盲管位于衬砌基础和路面的下部,其布设方向与隧道轴线垂直,是连接纵向排水盲管与中心水沟的水力通道。横向排水盲管通常为硬质塑料管。施工中先在纵向排水盲管上预留接头,然后在路面施工前接长至中心水沟。对横向排水盲管的检查主要是接头应牢靠、密实,与中心水沟间水路畅通,严防接头处断裂,由纵向排水盲管排出的水在路面下漫流,造成路面翻浆冒水,影响行车安全。此外,在横向排水盲管上部应有一定的缓冲层,以免路面荷载直接对横向排水盲管施压,造成横向排水盲管破裂或变形,影响其正常的排水能力。

5. 中心水沟

(1)外观检查。中心水沟位于路面下部,通常由预制混凝土管段构成。其作用主要有:一是集中排放由上游管路流来的地下水,二是通过其上部的众多小孔(直径约为12mm)疏排路面下的各种积水。

中心水沟的外观检查包括以下内容:

①预制管段的规整性。用钢尺量测管段直径,观察管身是否变形或有严重裂缝,检查管身上部透水孔是否畅通。

②管壁的强度。用石块轻敲管壁,检查混凝土强度是否满足设计与施工要求。对松散掉块者,不得使用。

(2)施工检查。

①中心水沟基础检查。中心水沟因隧道所在地区的不同,埋置深度为0.5~2m。施工时先挖基槽,整平基础,然后再铺设管段,最后回填压实。其中最重要的一个环节是处理管段基础。在软岩或断层破碎带区段施工中,应将不良岩(土)体用强度较高的碎石替换,并用素混凝土找平基面,使基础平整、密实。施工中应特别注意检查基础的坡度,不仅总体坡度应符合要求,而且局部的几个管段间的坡度也应符合要求,尽量避免高低起伏。

②管段铺设检查。管段铺设时,首先要保证将具有透水孔的一面朝上。管段逐个放稳后,再用水泥砂浆将管段间接缝密封填实。待砂浆凝固后,应逐段进行通水试验,发现漏水,及时处理。之后用土工布覆盖管段透水孔,注意横向盲管出口处与中央排水管的连接方式。回填时,注意保护管段的稳定及其上部的透水性。

思考与练习

1. 简述防水板的施工工艺。
2. 简述止水带的施工工艺。
3. 隧道中的水是如何排出洞外的?
4. 常用防水板材料有哪些?

模块九 辅助坑道

学习目标

(1) 了解辅助坑道的种类;
(2) 熟悉辅助坑道的结构;
(3) 掌握辅助坑道施工的相关安全规定。

隧道施工,特别是较长隧道的施工,因受工期或其他因素的控制,常常要利用辅助坑道增加工作面,将隧道分割成几段同时施工,形成"长隧短做",确保隧道的修建任务得以如期或尽可能快地完成。辅助坑道的作用除增加作业面外,还可以改善施工环境,减少施工干扰,满足逃生救灾要求,为合理布置施工中的各种管线提供有利条件。隧道施工时是否需要采用辅助坑道及采用何种辅助坑道,主要应根据隧道所在位置的具体条件、隧道长度及工期要求等因素全面考虑确定。辅助坑道为横通道、平行通道、斜井、竖井等。

辅助坑道洞口的截、排水工程和场地周围防护冲刷的设施,应在辅助坑道施工前完成。坑道口洞门应尽早建成。辅助坑道开挖后应及时支护。在辅助坑道施工期间,应制订防排水应急预案。辅助坑道废弃时,应按设计规定及时处理。

一、横通道

公路隧道横通道俗称横洞。当隧道较长时,如受工期控制,经过研究比较后,可以优先选用横通道。横通道一般用于傍山沿河、侧向覆盖层较薄的隧道,如图 9-1a) 所示。此外,当洞口处严重塌方或有大量土石方,或洞口位于悬崖陡壁下难以施工时,也可开辟横通道以进正洞施工。

横通道位置宜选在地质和地形条件较好的地方。宜避免穿越断层、破碎带等不良地质地段,不应顺断层、破碎带布设。横通道的长度不宜超过隧道长度的 1/10 ~ 1/7。

横通道在与隧道连接处的底面高程应与隧道开挖底部高程相同。为便于排水及出渣运输,横通道洞身应有向洞外不小于 0.3% 的下坡,如图 9-1a) 所示。

横通道中心线与隧道中心线平面交角一般为 90°,困难时不小于 40°,如图 9-1b) 所示。横通道与正洞的连接形式有单联式和双联式(表 9-1),且用圆曲线过渡。

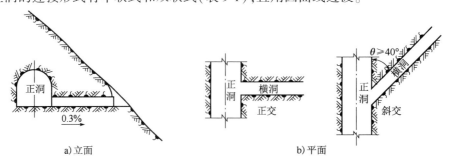

图 9-1 横通道示意图

横通道与正洞的连接形式 表9-1

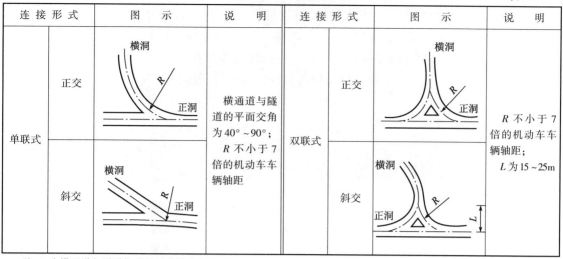

注：R 为横通道与隧道构成的平曲线半径。

横通道的断面有单车道断面、双车道断面及部分双车道断面三种。横通道施工时应注意及早进洞，做好洞口工程，并应根据地质条件及今后的利用情况施作局部或全部衬砌。

横通道具有施工简单、不需特殊机具设备、造价低等优点。

某隧道横通道如图9-2所示。

图9-2　某隧道横通道

二、平行通道

当隧道长度在4000m以上，又不便采用其他辅助坑道或有大量的地下水、瓦斯时，宜选用平行通道。平行通道也称平行导坑。平行通道应设在正线隧道的一侧，平行于隧道中线，并按一定间距设斜向横通道，作为与正线隧道相连的通道，如图9-3所示。已建成的秦岭终南山隧道通风通道如图9-4所示。

图9-3　平行通道的平面布置图（尺寸单位：m）

图 9-4　秦岭终南山隧道通风通道

1. 平行通道的作用

(1) 为正线隧道施工起超前地质勘探的作用。
(2) 有利于施工通风排水。
(3) 作为施工安全通道。
(4) 作为施工管路的敷设坑道。
(5) 可作为第二线隧道的导坑,以提高第二线隧道的施工效率。

2. 平行通道的布置

(1) 平行通道设在地下水来源的一侧,以便利用平行通道截住地下水。
(2) 平行通道的中线一般均与隧道中线平行,纵坡宜与主洞纵坡一致,坑底高程宜低于隧道底面高程 0.2～0.6m,以利排水和重车运输。平行通道排水应与主洞隧道排水统一设计。
(3) 平行通道与隧道间的净距,应根据地质条件、施工方法或第二线设计而定,一般为 15～20m。
(4) 平行通道是否全部贯通,应根据具体情况而定。如没有第二线计划,地下水又不多,则可以留下中间一段不贯通。如有第二线计划,或地下水量大,则以贯通为宜。
(5) 平行通道的横断面一般均做成单车道断面,以节省造价,并尽量采用喷锚支护。在其中相隔适当距离设置双车道断面的错车道,其长度一般为车长度的 1.5 倍。

3. 平行通道的施工

(1) 平行通道的开挖、装渣及运输方法与正线下导坑相同。在平行通道与横通道的交叉口,应在掘进时一次挖成并架设支撑。当其与正洞的距离小于 10m 时,应采用控制爆破技术。
(2) 平行通道应采用喷射混凝土或锚杆喷射混凝土作为临时或永久支护。
(3) 平行通道应根据设计要求、使用期限以及地质情况等因素,确定其是否施作永久衬砌。
(4) 平行通道的掘进应超前于正洞。超前距离可视施工条件确定,宜大于两个临时横通道的间距。临时横通道间的距离应根据施工需要、正洞工程进度及地质情况确定。

三、斜井

斜井由井口、井身、井底车场组成。斜井是在隧道侧面上方开挖的与隧道正洞相连接的倾斜坑道。应根据使用功能确定斜井井底与主隧道之间的距离。斜井与主隧道中线连接处的平面交角不宜小于40°。井口位置高程应高出洪水频率为1/100的水位至少0.5m。当隧道较长而埋深不大,地质条件较好,或隧道穿过地段的地表有低洼地形可利用时,可优先选为斜井的井口位置。斜井的立面布置如图9-5所示。

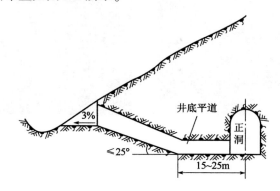

图9-5 斜井的立面布置图

1. 斜井的剖面

斜井倾角一般不宜大于25°;在井身内不应设变坡段。在井底与隧道相连接的地段采用平坡,平坡长为12~25m,平坡与斜井斜坡以竖曲线相连,其长度根据连接形式、调车作业、车组尺寸等条件选定。井底高程与隧道的底部开挖高程相同。井口外的场地应能满足调车作业、材料堆放及设置有关机械设备的要求,并应有向井口外不小于3%的泄水坡度。

2. 斜井的横断面尺寸

斜井宜采用马蹄形断面。断面内一侧应设宽度不小于0.75m的人行道,另一侧应设宽度不小于0.25m的间隙;出渣采用轨道运输时,两条轨道中心线之间的距离不应小于0.7m。有摘钩作业的车场,两列列车车体的最突出部分之间的间隙不应小于0.2m。

斜井井身断面可用单道、三轨双道及双道三种断面。一般用单道或三轨双道,在斜井中部错车地段应加设四轨双道错车线断面。

3. 出渣运输提升方式

有轨箕斗提升时,斜井倾角不宜大于35°;轨道矿车提升时,不宜大于25°;皮带运输机提升时;不宜大于15°;无轨运输时,不宜大于7°。

倾角大于30°的斜井,衬砌基础宜做成台阶状或设置基座。倾角在15°以上的斜井,采用轨道运输时,必须采取相应的安全措施,必须在适当位置设挡车设备,应有轨道防滑措施。

采用有轨提升运输时,应设避车洞;斜井倾角大于15°时,应设休息平台;采用无轨运输时,应根据需要设置错车道。

四、竖井

当隧道施工遇有较浅的埋深时可采用简易竖井(井深小于40m),但随着隧道施工技术的发展,一些长大隧道的修建中往往采用较长、较深的斜井及竖井,如秦岭终南山公路隧道,采用三竖井纵向分段式通风技术,其中2号竖井是目前世界最深的大口径通风竖井之一,采用直径12.4m深竖井全断面开挖,井深为661m。竖井是大断面硬岩隧道施工,采用双层施工吊盘保护技术、井底挖掘机装岩技术、伞钻和风钻最佳匹配凿岩技术、分瓣式机械一体化滑模衬砌技术等新技术的综合。竖井井架及伞钻如图 9-6、图 9-7 所示。

图 9-6 竖井井架

图 9-7 竖井施工所用伞钻

1. 竖井的位置

竖井应选在埋深较浅处或沟谷的两侧，并要避免受洪水的影响，同时竖井宜选在隧道一侧 15～20m 处，如图 9-8a）所示。井口位置的高程应高出洪水水位至少 0.5m。当竖井设在隧道一侧时，对正洞的施工没有影响，施工安全，但通风效果不好。当竖井选在正洞顶上时，虽然运输方便，通风效果好，造价低，但施工时对正洞有影响，不安全，故较少采用。

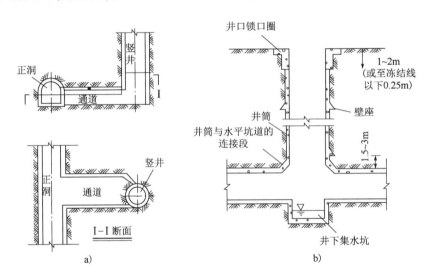

图 9-8 竖井

2. 竖井的横断面

竖井的横断面可采用圆形或矩形。圆形井筒受力条件好，能承受较大的围岩侧压力，可留作隧道的永久通风道，但开挖、支撑及衬砌比较困难，圆形竖井直径一般为 4.5～6.0m。矩形井筒施工较方便，但受力条件差。简易竖井一般多采用矩形断面，横断面参考尺寸为 2.5m × 3.5m。秦岭终南山公路隧道竖井施工如图 9-9 所示。

竖井横断面应根据斗车的尺寸（每侧加 0.2～0.3m 的安全距离）、通道尺寸（供施工人员上下用）、通风管路、压缩空气管路、排水设备等来确定。

图 9-9　竖井施工

3. 竖井的提升运输设备

(1) 装渣装料设备。装渣装料设备一般用可翻转的吊桶或罐笼。

(2) 提升用的钢丝绳。根据钢丝绳的荷重(重车全部重量、连接设备及钢丝绳重量之和),按照表 9-2 的安全系数来选用钢丝绳。

钢丝绳的安全系数　　　　　　　　表 9-2

用途或部件	仅提升石渣材料	人员升降	连接设备
安全系数	6.5	9	10

(3) 罐道。为方便吊桶或简易罐笼导向,要设置钢丝绳或钢、木等罐道。

(4) 井架。井架的高度应由车辆尺寸、提升高度及提升速度而定,井架下应做浆砌片石或混凝土底座。

(5) 卷扬机。选择适当的卷扬机,提升速度不大于 0.5m/s。

4. 竖井施工

竖井井身的施工特点是向下垂直开挖及支护。竖井的掘进一般采用钻眼爆破法,以人力装渣。一般开挖 2m 深即进行支护,可采用构件支撑或混凝土(喷射混凝土)护壁,竖井的井口地段均宜用混凝土锁口圈予以加固,以保安全。已建成的通风竖井井口,如图 9-10 所示。

图 9-10　已建成的通风竖井井口

5. 竖井施工中应注意的问题

(1) 竖井人员上下应利用楼梯间,不宜乘坐斗车或吊桶。

（2）提升设备及连接设备应有足够的安全系数，并应建立严格的规章制度，定期详细检查，防止发生事故。

（3）为了防止提升时主绳扭转及摇摆，应设置导向设备，并经常加以检查。

（4）提升主绳上应设置制动标志，当此标志一出井口即行制动，以防止发生过卷，绞车司机房与井口间必须保持良好的通视条件。

（5）井口、井底及绞车房应设置统一的色灯及声响信号并安装直通电话，以便统一指挥，避免发生事故。

（6）井口周围应有完善的排水沟，井架上及井口附近范围应有防雨设施，以防地表水流入井内。

五、竣工后辅助坑道的处理

隧道建成后，辅助坑道不再利用时，除设计有规定外，宜按下列方法处理：

（1）横通道、平行通道、斜井的洞口宜用浆砌片石封闭，无衬砌时封闭长度宜为 3~5m；有衬砌时封闭长度不宜小于 2m；竖井的井口宜用钢筋混凝土盖板封闭。

（2）横通道、平行通道的横通道、竖井或斜井的连接通道，在靠近隧道 15~20m 范围内应进行永久支护或衬砌。与隧道正洞连接处宜用 M5 浆砌片石封闭，其长度不宜小于 2m。竖井位于隧道顶部时，回填高度不应小于 10m。

（3）横通道、平行通道已进行衬砌或喷锚支护的地段以及无衬砌支护但围岩稳定的地段可不做处理，其余地段宜根据地质情况分段施作必要的支护。

（4）横通道、平行通道封闭前应结合排水需要，先做暗沟，并应设置检查通道，竖井、斜井有水时，应将水引入隧道侧沟。

（5）辅助坑道封闭时应设置安全检查设施。

思考与练习

1．名词解释：
横通道　平行通道　竖井　斜井
2．隧道施工常见的辅助坑道有哪几种？
3．横通道和平行通道的开挖应采用什么方法？
4．平行通道的掘进为何要超前于正洞？
5．横通道和平行通道为何都要设置完整通畅的排水系统？

模块十 辅助工程措施

(1) 了解常用的隧道辅助施工方法;
(2) 了解隧道施工辅助措施的类型及适用范围;
(3) 熟悉超前支护施工质量检测的主要内容和方法;
(4) 掌握注浆效果的检查方法。

在隧道浅埋段、严重偏压地段、围岩稳定性差的地段以及大面积淋水或涌水地段、塌方地段等特殊地层地段施工时,应根据现场实际情况,按地层稳定和安全施工要求,采取适当的辅助工程措施,以加固围岩,稳定掌子面,提高围岩的自承能力,提高施工的安全性和隧道的长期稳定性。

超前锚杆、超前小导管、管棚等是常见的辅助工程措施。

一、隧道施工辅助工程措施的类型

隧道施工辅助工程措施包括地层稳定措施和涌水处理措施两大类。

地层稳定措施主要有管棚、超前小导管、超前锚杆、超前钻孔注浆、超前水平旋喷桩、地表砂浆锚杆、地表注浆、长锚杆、锚索、护拱、临时支撑等。

涌水处理措施主要有超前围岩预注浆堵水、开挖后补注浆堵水、超前钻孔排水、坑道排水、井点降水和深井降水等。

围岩稳定措施的适用条件见表 10-1。使用表 10-1 时,可结合隧道所处的围岩状况、施工方法、进度要求、配套机械、工期等进行比选,有时可采用几种方法综合处理。

围岩稳定措施及其适用条件　　　　表 10-1

序号	辅助工程措施	适用条件
1	超前管棚	围岩及掌子面自稳能力弱开挖后拱部易出现塌方的地段,富水断层破碎带,塌方处理段,浅埋段,地面有其他荷载作用的地段,地面沉降有较高控制要求的地段,地质较差的隧道洞口段,岩堆(塌方)堆积体,回填土地层,砂土质地层段
2	超前小导管	在围岩自稳时间很短的砂土层、砂卵(砾)石层、薄层水平层状岩层、富水断层破碎带、开挖后拱顶围岩可能剥落或局部坍塌地段,塌方处理段,浅埋段,溶洞充填段
3	超前锚杆	无地下水的软弱地层,薄层水平层状岩层,开挖数小时内拱顶围岩可能剥落或局部坍塌的地段
4	超前玻璃纤维锚杆	软弱地层采用大断面开挖的隧道,浅埋地段严格控制地面沉降的隧道
5	超前钻孔预注浆	软弱围岩及富水断层破碎带,堆积土地层,隧道开挖可能引起掌子面突泥、流塌地段,进行隧道堵水及隧道周边或全断面预加固
6	超前水平旋喷桩	饱和软土、淤泥质黏土、黏性土、粉土、砂性土地段
7	围岩径向注浆	围岩稳定时间长、变形较大的地段
8	地表砂浆锚杆	地层松散、稳定性差的浅埋段、洞口地段和某些偏压地段
9	地表注浆	围岩稳定性较差、开挖过程中可能引起塌方的浅埋段、洞口地段
10	护拱	边、仰坡稳定性差的洞口段,顶部塌方段,严重偏压的半明半暗隧道
11	临时支撑	隧道施工中变形较大、施工工序转换较复杂或紧急抢险

二、地层稳定措施

地层稳定包括稳定开挖面和防止地表地层下沉。围岩加固有两种途径：一种是从地面对围岩进行加固，另一种是在洞内对围岩进行加固。地面加固措施包括地面砂浆锚杆、地表注浆、地面旋喷桩；洞内加固措施包括围岩超前注浆、围岩径向注浆、超前水平旋喷桩、长锚杆、锚索等。在围岩自稳性特别差的地段，有时需要采用多种围岩加固措施。使用时，可结合隧道所处的围岩条件、隧道施工方法、进度要求、机械配套、工期等进行比选。

隧道塌方处理相关资源请扫描"本教材配套资源索引"中的二维码，资源编号为 31。

1. 超前锚杆支护

超前锚杆是在开挖前，沿隧道拱部按一定角度设置的起着预加固围岩作用的锚杆，是一种超前预支护的方法。其一般适用于在浅埋松散破碎的地层内，如饱和软土、淤泥质黏土、黏性土、粉土、砂性土地段。首先用凿岩机或钻孔台车沿隧道外轮廓线向外钻孔，然后安设锚杆。超前锚杆根据围岩情况，可采用双层或三层。一般超前锚杆应保证前后两组支护在纵向有不小于1m的水平投影搭接长度。超前锚杆支护若采用一般砂浆作胶结物时，爆破后很可能影响其强度。为此宜采用早强砂浆作为锚杆与岩层孔壁间的胶结物，以使其尽早发挥超前支护作用。

（1）超前锚杆支护的基本要求如下：

①锚杆的材质、规格等应符合设计和规范要求。

②超前锚杆与隧道轴线外插角宜为 5°~12°，长度应大于循环进尺，宜为 3~5m。

③超前锚杆与钢架支撑配合使用时，应从钢架腹部穿过，尾端与钢架焊接。

④锚杆长度不小于设计长度。锚杆插入孔内的长度不得短于设计长度的95%。锚杆搭接长度应不小于1m。

⑤超前锚杆砂浆应饱满，宜采用早强水泥砂浆锚杆。

⑥超前锚杆与支撑围岩间出现间隙时，应采用喷射混凝土填满。

⑦超前锚杆施工完8h之后方可进行开挖。

⑧开挖时超前锚杆间仍有掉块时，应立即补打锚杆，加密锚杆间距，并应在下一环超前锚杆施工时适当加密。

（2）超前锚杆施工质量检查及质量控制见表10-2。

超前锚杆施工质量检查及质量控制　　　　　表10-2

项　次	检查项目	规定值或允许偏差	检查频率	检查方法
1	超前锚杆长度（mm）	不小于设计值	逐根检查	尺量
2	锚杆数量（根）	不小于设计值	逐环检查	目测
3	锚杆环向间距（mm）	±50	每环检查不少于5根	尺量
4	深度（mm）	±50	每环检查不少于5根	尺量
5	锚杆尾端支承	支承在钢架上并与钢架焊接	逐根检查	目测、敲击

2. 超前小导管预注浆支护

超前小导管周壁预注浆是在开挖前沿隧道开挖轮廓线向外将直径为38~70mm的带孔钢

管打入地层内,并以一定的压力向管内压注浆液。它既能将坑道周围岩体预先加固及堵住围岩裂隙水,又能起到超前预支护的作用。这种方法施工简单,且注浆时间短。其适用于围岩自稳时间很短的砂土层、砂卵(砾)石层、薄层水平层状岩层、富水断层破碎带、开挖后拱顶围岩可能剥落或局部坍塌地段、塌方处理段、浅埋段、溶洞填充段。

超前小导管施工相关资源请扫描"本教材配套资源索引"中的二维码,资源编号为32。

小导管超前支护示意图如图10-1所示,小导管超前支护实体工程图如图10-2所示。

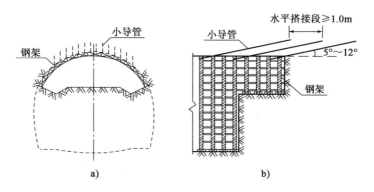

图10-1 小导管超前支护示意图

图10-2 小导管超前支护实体工程图

(1)超前小导管的基本要求如下:
①钢管的型号、规格、质量等应符合设计和规范要求。
②超前小导管尾端应支承在钢架上,并应焊接牢固。管口应设置注浆阀。
③超前小导管与围岩间出现间隙时,应采用喷射混凝土填满。
④超前小导管砂浆应饱满。
⑤超前小导管施工完8h之后方可进行开挖。
⑥开挖时超前小导管间仍有掉块时,应立即补打,加密间距,并应在下一环超前小导管施工时适当加密。

(2)超前小导管注浆施工质量检查及质量控制见表10-3。

超前小导管注浆施工质量检查及质量控制 表 10-3

项　次	检查项目	施工控制值	检查频率	检查方法
1	小导管长度(mm)	不小于设计值	逐根检查	尺量
2	小导管数量(根)	不小于设计值	逐环检查	目测
3	小导管环向间距(mm)	±50	每环检查不少于5根	尺量
4	钻孔深度(mm)	大于钢管长度设计值	每环检查不少于5根	尺量
5	小导管尾端支承	支承在钢架上并与钢架焊接	逐根检查	目测、敲击
6	小导管管内砂浆	密实饱满	每环检查不少于5根	目测、电测

（3）为加速注浆，可在小导管前安装分浆器，一次可注入 3～5 根小导管。注浆前的拌浆可按下列要点进行：

①水泥浆液搅拌应在拌和机内进行，根据拌和机容量的大小，严格按要求投料。

②搅拌投料的顺序为：在放水的同时，将外加剂一并加入搅拌，待水量加足后，继续搅拌 1min，再将水泥投入，搅拌时间不应小于 3min，并在注浆过程中不停地搅拌。

③压注水泥浆的水灰比一般为 1∶0.5～1∶1.0。当围岩破碎，岩体止浆效果不好时，亦可采用水泥水玻璃双液注浆，将浆液凝结时间控制在数分钟之内，注浆压力宜为 0.5～1.0MPa。

④配制水泥浆或稀释水玻璃浆液时，严防水泥包装纸及其他杂物混入。拌好的浆液在进入储浆槽及注浆泵之前均应对浆液进行过滤，未经过滤网过滤的浆液不允许进入泵内。

⑤配制的浆液应在规定时间内注完。

注浆后至开挖的时间间隔宜为 8h，这主要是为了保证注浆材料有充分的胶凝时间，使其与地层充分胶结硬化，达到加固、堵水的目的。

（4）超前小导管预注浆的施工应符合下列要求：

①超前小导管预注浆支护的钢管直径宜为 φ42～φ50，环向间距宜为 30～40cm，长度宜为 3～5m。按 15～20cm 交错钻眼，眼孔直径宜为 φ6～φ8，尾端应有 50cm 长不钻孔。并按设计要求加工。小导管构造如图 10-3 所示。

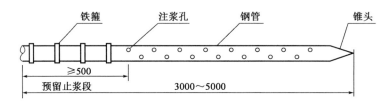

图 10-3　小导管构造(尺寸单位：mm)

②超前小导管沿隧道纵向开挖轮廓线向外以 5°～12°的外插角钻孔，将小导管打入岩层。

③小导管环向间距宜为 20～50cm，纵向搭接长度宜大于 0.5m。

④导管注浆前，应对开挖面及 5m 范围内的坑道喷射厚为 5～10cm 混凝土或用模筑混凝土封闭。

⑤注浆压力宜为 0.5～1.0MPa。必要时可在孔口处设置止浆塞。止浆塞应能承受规定的最大注浆压力或水压。

⑥注浆 8h 后可开挖施工，开挖时应保留 1.5～2.0m 的止浆墙，防止下一次注浆时孔口跑浆。

3.超前管棚支护

超前管棚支护是在开挖工作面的轮廓线外按一定外插角插入带孔的直径为 70～180mm 的钢管,压注水泥浆或水泥砂浆,并将钢管尾部与钢架焊接为一体,形成支护体系。超前管棚支护如图 10-4～图 10-6 所示,管棚钢管构造如图 10-7 所示。

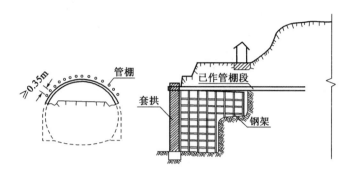

图 10-4　超前管棚支护(一)

图 10-5　超前管棚支护(二)

图 10-6　超前管棚支护(三)

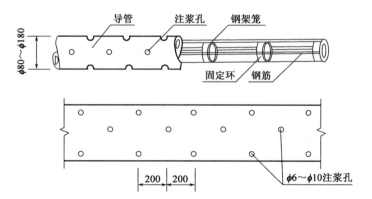

图 10-7　管棚钢管构造(尺寸单位:mm)

超前管棚支护适用于围岩及掌子面自稳能力弱开挖后拱部易出现塌方的地段,富水断层破碎带,塌方处理段,浅埋段,地面有其他荷载作用的地段,地面沉降有较高控制要求的地段,地质较差的隧道洞口段,岩堆(塌方)堆积体,回填土地层、砂土质地层地段。其检测项目等见表 10-4。

衬砌管棚施工质量检查及控制标准　　　　　表10-4

序　号	检查项目	施工控制值	检查频率	检查方法
1	管棚钢管长度(mm)	不小于设计值	逐根检查	尺量
2	管棚钢管数量(根)	不小于设计值	逐环检查	目测
3	管棚钢管环向间距(mm)	±50	每环检查不少于5根	尺量
4	钻孔深度(mm)	大于钢管长度设计值	逐根检查	尺量
5	管棚钢管管内钢筋笼	符合设计要求	每环检查不少于5根	目测、电测
6	管棚钢管管内砂浆	密实饱满	每环检查不少于5根	目测、电测
7	套拱中线位置(mm)	±50	每处检查	全站仪
8	套拱拱顶高程(mm)	±50	每处拱顶检查	水准仪
9	套拱厚度(mm)	±50	每处检查	尺量
10	套拱跨度(mm)	±100	每处检查	尺量

在遇有流塑状岩体或岩溶、严重流泥地段，采用超前管棚与围岩预注浆相结合的方法，也行之有效。

(1)管棚钢架超前支护施工流程为：

制作管棚钢架—测设中线及水平基点—检查已开挖断面的尺寸及形状—安设管棚钢架—钻管棚钢管孔眼—打设管棚钢管—开挖断面—喷射混凝土—安设初期支护钢架—锚喷。

(2)管棚超前支护施工应符合下列要求：

①为了便于检查开挖断面的尺寸及形状，在施工中应设置控制点。中线施工控制点在直线地段宜每10m设一个，在曲线地段宜每5m设一个，中线控制点应设在拱顶处。高程施工控制点宜每10m设一个。已开挖好的断面中线、高程等偏差应不超过±30mm。

②管棚钢管布置的形状与隧道开挖形状类似，钢管中心距开挖轮廓线的距离为100~200mm。超前管棚支护的钢管外径宜为$\phi80~\phi180$，钢管中心间距为管径的2~3倍，一般为35~50cm。外插角度宜为0.5°~2°。单节导管长度宜为1.6~4m，总长度应为10~45m。注浆孔孔径宜为6~10mm，间距宜为20~30cm。

③超前管棚支护的长度和钢管外径应满足设计要求。纵向搭接长度应不小于3m。

④管棚钢架在安设前应清除底脚处的虚渣，严禁将钢架置于虚渣上。

⑤钻设管棚钢管孔眼应采用与管棚钢管长度相适应的钻机进行。一般当长度小于15m时，可用钻孔台车或重型风钻钻孔；当长度大于15m时，可用地质钻机钻孔。当出现卡钻、塌孔时，应在注浆后再钻。也可直接将管棚钢管钻入，但开始钻孔时应低速成孔，成孔后可加压到1.0~1.5MPa。

4. 超前钻孔预注浆

超前钻孔预注浆是指在隧道掌子面采用水平钻机打孔并注浆，以达到封堵前方地下水及加固前方隧道周边或全断面围岩的目的。注浆钻孔孔径一般不小于75mm，注浆材料、注浆压力、注浆范围、注浆方式等具体参数应根据前方地质条件、工程要求等进行具体设计。超前钻孔注浆钻孔布置示意图如图10-8所示，周边孔预注浆示意图如图10-9所示。

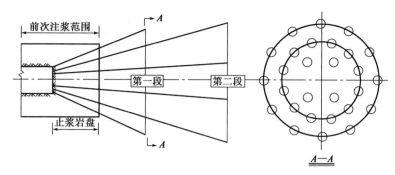

图 10-8 超前钻孔注浆钻孔布置示意图

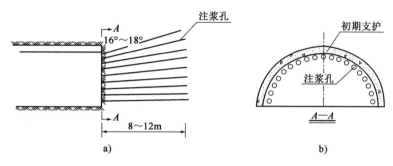

图 10-9 周边孔预注浆示意图

一般一次注浆长度在 30~50m，注浆范围控制在开挖线 3m 以内，注浆钻孔孔径不应小于 75mm。注浆压力根据现场试验确定。

(1) 注浆材料和要求。

一般情况下应采用水泥系浆材，不宜采用化学浆材。在细小裂隙岩层、断层泥、砂层中，可采用超细水泥类浆液或渗透性好、无毒及遇水膨胀的化学类浆液。在富水和动水条件下，可采用普通水泥-水玻璃双液浆。采用水泥浆液时，水胶比可采用 0.8:1~2:1。采用水泥-水玻璃浆液，应根据胶凝时间配制。一般水泥浆液的水胶比为 0.8:1~1.5:1；水玻璃浓度为 25~40°Bé，水泥浆与水玻璃的体积比宜为 1:1~1:0.3。注浆过程中应根据浆液的扩散情况、注浆量、注浆压力等参数调整注浆材料和配合比。

浆液扩散半径根据不同的地质条件、注浆压力、浆液种类等在现场试验确定，也可按工程类比法选定，并在施工中不断修正。

(2) 超前预注浆施工应符合下列规定：

① 注浆段的长度应满足设计要求，宜为 15~30m。

② 注浆管应根据设计要求选用相应规格的钢管加工。

8~15m 的浅孔可采用钻孔台车钻注浆孔；当孔深超过 15m 时，则应采用重型风钻或钻机钻孔。注浆孔孔径 $\phi 75 \sim \phi 110$；注浆终孔间距按 1.5~1.6 倍浆液扩散半径确定，一般为 2~3m。浆液扩散半径为 1~2m。注浆范围为开挖轮廓线以外 0~3m。

安装注浆管时，应在注浆管孔口处用胶泥与麻丝缠绕，使之与钻孔孔壁充分挤压塞紧，实现注浆管的止浆和固定。胶泥凝固到有足够强度后，方可进行注浆。

(3) 注浆压力应根据岩性、施工条件等因素在现场试验确定。

(4) 注浆方式可选用前进式、后退式或全孔式。

(5)注浆作业应符合下列要求:

①注浆前应进行压水或压入稀浆试验,判断地层的吸浆和扩散情况,确定浆液种类、浓度和注浆压力;发现与设计不符时,应立即调整。

②在涌水量大、压力高的地段钻孔时,应先设置带闸阀的孔口管,当出现大量涌水时,拔出钻具,关闭孔口壁上的闸阀,做好准备后,进行注浆;当掌子面围岩破碎时,应先设置止浆墙和孔口管。孔口管埋入止浆墙的深度应根据最大注浆压力确定。孔口管应为无缝钢管,直径不小于90mm。

③止浆塞应能承受注浆终压的要求。

④注浆施工记录应包括孔位、孔径、孔深、浆液配合比、注浆压力、注浆量、跑浆、串浆情况等。

⑤浆液的浓度、胶凝时间应符合设计要求。

(6)注浆结束的条件如下:

①单孔结束条件。注浆压力达到设计终压并稳定10min,且进浆速度小于开始进浆速度的1/4,或注浆量不小于设计注浆量的80%。

②全段结束条件。所有注浆孔均已符合单孔结束条件,无漏注情况。

(7)注浆后必须对注浆效果进行检查,如未达到要求,应进行补孔注浆。

(8)注浆材料及浆液配合比应根据地质条件、注浆目的、注浆工艺等因素确定。

(9)注浆后必须对注浆效果进行检查,检查方法通常有下列三种:

①分析法。分析注浆记录,查看每个孔的注浆压力、注浆量是否达到设计要求;注浆过程中漏浆、跑浆是否严重,从而以浆液注入量估算浆液扩散半径,分析是否与设计相符。

②检查孔法。用地质钻机按设计孔位和角度钻检查孔,提取岩芯进行鉴定,同时测定检查孔的吸水量(漏水量),单孔时应小于1L/(min·m),全段应小于20L/(min·m)。

③物探无损检测法。用地质雷达、声波探测仪等物探仪器对注浆前后岩体声波、波速、振幅及衰减系数等进行无损探测来判断注浆效果。

注浆效果如未达到设计要求时,应补充孔再注浆。

5. 地表砂浆锚杆

地表砂浆锚杆是指从隧道上方地表向下设置的砂浆锚杆,一般垂直向下设置,也可根据地形及主结构面具体情况倾斜设置。地表砂浆锚杆横向布置示意图如图10-10所示。

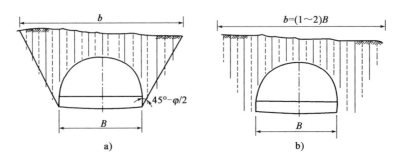

图10-10 地表砂浆锚杆横向布置示意图
b-隧道应加固的宽度;B-隧道开挖宽度

锚杆一般采用$\phi16 \sim \phi22$螺纹钢筋,由单根或多根钢筋并焊组成,间距宜为1.0~1.5m,呈梅花形布置。锚杆长度一般伸至距衬砌外缘0.5m,锚孔直径应大于杆体直径30mm,充填砂浆强度等级不低于 M20,以确保锚杆与围岩黏结形成整体。锚杆设置范围纵向一般超出不良地质地段 5~10m,横向为 1~2 倍隧道开挖宽度。

为使预加固有较好的效果,在锚固砂浆达到设计强度的 70% 以上时,才能进行下方隧道的开挖。地面砂浆锚杆是对地层预加固的一种方法,它适用于浅埋、洞口地段和某些偏压地段。

6. 地表注浆

地表注浆加固法是对隧道埋深小于 50m,围岩稳定性较差,开挖过程中可能引起塌方的不良地段,通过从地面向下钻孔注浆,对围岩、地层进行预先加固。

注浆孔一般竖向设置,注浆孔孔径不小于 110mm,按梅花形或矩形排列布孔,孔深低于隧道开挖底 1.0m。

地表注浆加固施工应满足下列要求:

(1) 注浆钢管宜垂直地表面或坡面设置。

(2) 考虑到加固带的厚度,钢管宜呈梅花形深浅不同错落布置。

(3) 根据注浆设计、注浆工艺、地表特点及地下地质条件进行各种材料、设备和浆液配合比选择和调整。

(4) 合理地进行注浆施工组织,制订严格的现场施工环境保护措施和预案,防止注浆施工破坏和污染环境。

(5) 其他要求参照超前预注浆施工的相关规定。

7. 其他措施

根据现场条件,也可选用正面喷射混凝土、护拱、临时仰拱、临时支撑、墙式遮挡、水平旋喷桩法、冻结法、特殊钢背板顶进法、锚索法、钢筋混凝土灌注桩或树根桩等方法稳定岩层。

(1) 正面喷射混凝土。正面喷射混凝土是采用的临时支护方法,可用早强水泥或普通水泥加速凝剂的喷射混凝土,一般在掌子面破碎、渗淋水严重的情况下使用,以防掌子面松弛,提高掌子面的自稳性或作为止浆墙。

(2) 护拱。护拱常用于明洞或溶洞空腔段、大塌方空腔段下方的衬砌外侧,其作用是提高衬砌结构的承载力和拱背的防护能力,其结构厚度、形式应根据其使用部位及拟达到的效果具体设计。

(3) 临时仰拱。临时仰拱是封闭断面、减少变形的有效方法。当变形异常时,及时增设仰拱进行断面封闭,工艺简单且实用,其设置区段应根据围岩地质和量测数据等确定。

(4) 临时支撑。临时支撑种类较多,在掌子面发生挤出、不能自稳,可能发生塌方或涌泥的地段,可采用喷锚支护、袋装土封闭掌子面;当分部开挖围岩变形大时,宜增设型钢临时仰拱或型钢、方木斜撑;当采用全断面开挖或正台阶开挖时,在围岩变形较大、初期支护开裂严重、拆换拱圈衬砌的地段,可采用拱形钢架支承、扇形钢架支承。当拱部沉降明显或地表沉陷要求严格时,可采用井形桁架、木垛支承。当需要对掌子面前方进行高压注浆时,临时止浆墙可采用 500~1500mm 厚的 C20 低强度混凝土挡墙或沙袋土封闭。

(5) 墙式遮挡。墙式遮挡是在隧道两侧(或一侧)从地表向下打入钢管、H 型钢、钢板桩或修筑的地下连续墙等遮挡壁式构造,以限制因隧道开挖造成围岩松弛的范围传到遮挡壁以外,从而保证地表建筑物的安全。

(6)水平旋喷桩法。在一些特殊的隧道,如有些城市浅埋暗挖隧道,隧道埋深浅、跨度大、地质条件差(如淤泥、流沙等)、地下水位高(隧道位于地下水位以下),隧道上方是交通繁忙的街道,还有纵横交错的管线,周围又紧邻高层建筑,这样的隧道施工绝对不能坍塌,而且不允许产生过大的沉降。在这种情况下应在隧道开挖轮廓线以外设置一环相互咬合的水平旋喷桩作为隧道超前支护和止水加固,它既可以防坍塌,又可以防止因隧道开挖而使地层过度失水引起地表沉降,是非常有利的一种新工艺。水平旋喷桩比常规的超前管棚注浆具有更强的适应能力,在止水加固、控制沉降方面具有比较明显的优势。

单桩的施工流程为:封闭掌子面—测放桩位—安装工作平台—钻机就位—浆液制备—钻进、送浆、搅拌—退钻、送浆、重复搅拌—封口成桩。

(7)冻结法。冻结法主要适用于以下两种情况:

①在透水层中施工时,必须要先降水、排水,在地层中形成降水漏斗后才能采用常规的方法进行施工,而降排水的过程需要耗费大量的电能。抽、排地下水会造成大面积的地面下沉,危害地面建筑的安全;地下水的抽、排也必然损失了宝贵的地下水。特别是当地层的渗透系数过大或地下水位过高时,常用的施工方法就不太适合,这时就可以采用冻结法。

②在含水量较高的软弱地层,一般采用小导管超前注浆法、长管棚法、化学浆液法可以用来加固土体,但是在饱和状态自稳能力极差的流沙状粉细砂层里,上述方法难以奏效。另外,在浅地层中埋设有光缆、电缆或无法拆移的管线的情况下,不能由地面钻孔注浆。多年来,国内外施工实践经验也证明冻结法施工可有效隔绝地下水,冻土强度可达5~10MPa。

冻结法的施工流程为:采用人工冻结技术,首先需要在准备冻结的地层中钻孔铺管,安装冻结器和盐水循环系统,然后利用人工制冷手段(低温盐水、液氮或干冰)提供冷量,通过低温在冻结器中循环,带走岩土热量,使岩土中的水结冰,将天然岩土变成冻土,形成整体性好、强度高、不透水的临时固结体,达到加固和稳定地层、隔绝地下水与地下工程开挖面的联系,以及安全、无水的施工环境的目的。地层局部冻结完成后,在冻结体的保护下可以按部就班地进行隧道开挖施工,待衬砌支护完成后,即可停止制冷,冻结地层逐步解冻,最后恢复岩土的原始状态。

(8)特殊钢背板顶进法。特殊钢背板顶进法是稳定开挖面的一种方法。它使用特殊加工的钢背板,用千斤顶将其水平压地压入围岩内,钢背板有空隙的部位要用楔块楔紧。此法需要设置推进基地,钢背板需钢支撑支持。其前段成为悬臂梁,受到土压后会下挠,故应注意其刚度及支撑间距。

(9)锚索法。锚索法与地面砂浆锚杆大致相同,只是用柔性的锚索取代锚杆。锚头应锚固在混凝土块体上。

(10)钢筋混凝土灌注桩或树根桩。在洞口附近,当地层承载力不足可能引起地表的不均匀沉降时,可根据地质条件、环境条件等选用钢筋混凝土灌注桩、树根桩法等进行加固。

三、涌水处理措施

隧道涌水处理时应符合"预防为主、疏堵结合、注重保护环境"的原则。在选择处置方案时,一定要考虑到隧道周围的环境条件,否则后患无穷。根据现场情况,可选择超前围岩预注浆堵水、开挖后径向注浆堵水、超前钻孔排水、坑道排水、井点降水等施工方法。具体见表10-5。

涌水处理措施及其适用条件　　　　　　　表 10-5

序　号	辅　助　工　程	适　用　条　件
1	超前围岩预注浆堵水	地下水丰富且排水时挟带泥沙引起开挖面失稳,或排水后对其他用水（如灌溉用水、工业用水、生活用水）生态环境影响较大,或斜、竖井施工时排水费用较注浆堵水高时
2	开挖后径向注浆堵水	已实施预注浆但开挖后仍涌（淋）水严重,且初期支护存在变异甚至破坏的涌水处理不彻底的地段
3	超前钻孔排水	开挖面前方有高压地下水或有充分补给水源的涌水,且排放地下水不会影响围岩稳定及隧道周围环境条件
4	坑道排水（泄水洞排水）	开挖面前方有高压地下水或有充分补给水源的涌水,且排放地下水不会影响围岩稳定及隧道周围环境条件
5	井点降水	均质砂土、亚黏土地段以及浅埋地段

1. 超前围岩预注浆堵水

超前围岩预注浆堵水是指以堵水为目的,对掌子面前方未开挖段的围岩进行注浆的措施。可根据地质条件和工程目的,选用超前帷幕预注浆、超前周边预注浆、超前局部断面预注浆等方式。注浆堵水的施作要点与注浆加固基本相同,但要求较高,当遇到高压涌水时,为使注浆堵水能取得较好的效果,除了采取先排水待降低地下水压后再进行注浆堵水的方法外,有时也可选择在地下水的稳定期或衰减终期进行。在动水条件下,为减少动水对浆液的稀释排挤作用,根据地质情况和涌水量的大小,可在浆液中掺入适量的速凝剂。否则,由于地下压力高,流速快,钻注施工困难,涌水对浆液的稀释作用强,注浆质量不易保证。

超前注浆圈厚度应结合涌水量、围岩地质条件和地下水压力等因素综合确定;注浆段长度根据掌子面前方围岩的地质条件、地下水压力、止浆墙厚度和施工机械水平及经济合理性等因素确定,厚度一般为隧道开挖半径的 1~3 倍,一次注浆段长度一般为 10~30m。注浆孔底中心间距以各孔浆液扩散范围相互重叠为原则,一般中心间距取 1.5~3.0m,为浆液扩散半径的 1.5~1.7 倍。注浆量和浆液扩散半径通常很难准确确定,只能根据地层孔隙、裂隙及连通性、注浆压力、浆液种类等在现场试验确定或按工程类比法选定。

2. 开挖后径向注浆堵水

根据围岩地质条件、涌水形态、涌水规模和防排水要求可选用全断面径向注浆、局部径向注浆和补注浆等措施。

开挖后径向注浆堵水施工应符合下列规定：

（1）注浆范围应根据地质条件、涌水量、允许排放量、环保要求等因素综合确定。径向注浆堵水注浆圈厚度宜在开挖轮廓线之外 2~6m 处。

（2）注浆类型应根据隧道开挖后的涌水规模及位置等因素确定选择,可选用全断面注浆或局部注浆等。

3. 超前钻孔排水

超前钻孔排水是防止承压水突然涌入的措施。为达到较好的效果,应对地质条件和水文地质条件进行详细调查分析,判明地下水流方向,估计可能发生的涌水量,然后确定钻孔位置、方向、数目和每次钻进深度。应备足抽水设备,在钻孔口预先埋管设阀,控制排水量,以防承压水冲击及淹没坑道等意外险情发生。

采用超前钻孔排水时,应符合下列要求:
(1)应使用轻型探水钻机或凿岩机钻孔。
(2)钻孔孔位(孔底)应在水流上方。钻孔时孔口应有保护装置,以防人身及机械事故发生。
(3)采取排水措施,保证钻孔排出的水迅速排出洞外。
(4)超前钻孔深度不宜小于10m,一般宜在20~50m之间,且满足孔底超前开挖面1~2个循环进尺。

山岭公路隧道超前钻孔排水是指利用超前钻孔方式,排出隧道前方高压地下水或有充分补给源的涌水,以减小地下水对开挖及支护稳定性的影响。超前钻孔排水孔径一般不小于76mm、钻孔深度不宜小于10m,孔底位置超前掌子面1~2个循环进尺,每断面钻孔数不少于3个,以达到充分排泄地下水的目的。

4. 坑道排水

采用辅助坑道排水,常可利用施工、通风、地质勘察等辅助坑道,也可经技术经济比较后,专门开挖一条辅助坑道排水。

采用坑道排水时,应符合下列要求:
(1)利用平行导坑、横洞和施工超前导洞等坑道排水,或专用坑道排水。
(2)平行导坑与正洞之间的距离应在确保安全的前提下尽可能缩短。
(3)平行导坑、横洞宜设在地下水流的上游。也可布置在不危及隧道围岩和结构稳定的隧道两侧或下方。对于有明显集中出水点或地下暗河的隧道,当地形条件允许时,也可以横向布设,以减小泄水洞长度及施工难度。洞底高程应低于正洞底高程。根据地下水类型和水流方向,洞底纵坡一般不小于0.5%,以保证自流排水。
(4)坑道宜超前正洞10~20m,至少应超前1~2倍循环进尺。

5. 井点降水

井点降水是在隧道内用来降低地下水的一种方法。其一般适用于渗透系数为0.6~80m/d的匀质砂土及亚黏土地段。井点应根据地层的渗透系数、降水范围及降水深度确定。井点降水分为轻型井点降水和深井井点降水。

(1)轻型井点降水系统

轻型井点降水系统包括管路系统(井点管和总管)和抽水设备两大部分。

抽水设备常用的有真空泵和射流泵,射流泵较真空泵功率消耗小、质量轻、结构简单、价格便宜,可优先选用。

轻型井点施工包括井管埋设和填砂、抽水设备安装及运转使用等。井管埋设常用的方法有高压冲枪冲孔埋管(冲管为$\phi50~\phi70$钢管)与钻孔埋管两种。钻孔埋管的步骤为:钻孔—设置井点管—周围回填砂。钻孔孔径不宜小于20cm。填砂的目的是作为过滤透水层,它直接影响井点抽水的效果。

为了提高抽水效率,滤水管应伸入到含水层中,且总管的高程宜尽量接近原有地下水位,总管应有1/500~1/300的下坡度朝向水泵设备。为避免滤管孔口的堵塞,抽水机一旦启用,最好能连续不间断地工作。

轻型井点降水施工应符合下列规定:
①根据降水要求,选择降水方法、降水设备,编制降水施工方案。

②井点的布置应符合设计要求。当降水宽度小于6m、深度小于5m时,可采用单排井点。井点间距宜为1～1.5m。

③在有地下水的黄土地段,当降水深度为3～6m时,可采用轻型井点降水;当降水深度大于6m时,就得采用深井井点降水。

④滤水管应伸入含水层,各滤水管的高程应齐平。轻型井点降水系统安装完毕后,应进行抽水试验,检查有无漏气、漏水情况。

⑤在降水过程中,应设水位观测井,及时测定动水位,调整降水参数,必要时应采取防护措施,保证降水效果。

⑥降水后水位线应低于隧底开挖线0.5～1m。

⑦重视降水影响范围内地表环境的保护,建立监控量测体系,制订回灌措施,防止地表超限下沉。

(2)深井井点降水

深井井点降水主要用于覆盖较浅的均质砂土及亚黏土地层中的隧道。

深井井点一般布置在地表面靠隧道两侧,它的特点是将水泵直接放入井管中,依靠水泵的扬程(可达30m以上)把地下水抽到地面。每井一泵,独立工作,在各井点之间不用集水管路连接。但深井井点降水打井的设备及安装费用较高,并需要有专业队伍操作。

目前常用的深井泵有将电动机设置在地面的深井泵和深井潜水泵两种。

深井井点降水施工应符合下列要求:

①在隧道两侧地表面布置井点,间距为25～35m。井底应在隧道底部以下3～5m。

②做好深井抽水时地面的排水工作。

 思考与练习

1. 隧道施工辅助稳定措施中常用的有哪几种?适用条件分别是什么?
2. 涌水处理措施中常用的有哪几种?
3. 简述隧道采用超前锚杆和超前小导管辅助施工质量控制要点。
4. 简述隧道采用超前小导管预注浆辅助施工步骤。
5. 试述隧道采用管棚拱架超前支护辅助施工的工艺流程。

模块十一　施工辅助作业

(1) 了解压缩空气供应与供水、排水；
(2) 了解通风防尘等职业健康问题；
(3) 了解施工供电与照明。

修建隧道时，为配合开挖、运输、支护及衬砌等基本作业而进行的其他作业，称为隧道施工辅助作业。其内容包括压缩空气的供应、施工供水与排水、施工通风与防尘、施工供电与照明等。

隧道的通风管、高压水管和高压风管称为三管。动力线、照明线称为两线。隧道三管两线的常见布置如图11-1～图11-3所示。这样布置的好处是可以防止互相干扰。通风管位于隧道的左上方。

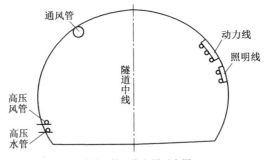

a) 隧道三管两线布置示意图

b) 实体隧道三管两线布置

图 11-1　隧道三管两线布置图

一、压缩空气的供应

1. 压缩空气

在隧道施工中，以压缩空气为动力的风动机械(具)设备得到广泛使用，常用的有凿岩机、装渣机、喷射混凝土机、锻钎机、压浆机等。这些风动机具所需的压缩空气是由空气压缩机(以下简称空压机)生产，并通过高压风管输送给风动机具。

图 11-2　隧道三管布置图

图 11-3　隧道两线布置图

压缩空气俗称高压风,即经空气压缩机压缩后的具有一定压力的空气。要保证风动机械(具)设备正常工作,压缩空气必须具有一定的风量和风压。

2. 空压机站

空压机站主要由空压机、配电设备、储风罐(俗称风包)、送风管及配件、循环水池(用于冷却空压机)等组成。图 11-4 为空压机,图 11-5 为储风罐。

图 11-4　空压机

图 11-5　储风罐

空压机按动力来源可分为电动和内燃两种。短隧道可采用移动式内燃空压机,长隧道可采用固定式大型电动空压机。

空压机站一般应靠近洞口,与敷设的高压风管路同侧,并注意防洪、防火、防爆破。机房要求地形宽敞,通风良好,地基坚固。空压机组采用并列式布置,两空压机之间的净距不小于1.5m。此外,还应考虑空压机出入、调换、加油、加水等作业空间。

各种轻型风动凿岩机,一般使用风压为0.4~0.6MPa。高压风管送风管末端的风压不小于0.6MPa,以保证高压风通过胶管到达风动机械(具)后仍能保持0.5MPa的风压。掌子面使用的风压应不小于0.5MPa,高压风管的直径应根据最大送风量、风管长度、闸阀等计算确定。

3. 高压风管管路敷设要求

(1)管道敷设要求平顺,接头密封,防止漏风,凡有裂纹、创伤、凹陷等现象的钢管不能使用。

(2)在洞外地段,当风管长度超过500m且温度变化较大时,宜安装伸缩器;靠近空压机150m以内,风管的法兰盘接头宜用耐热材料制成垫片,如石棉衬垫等。

(3)如高压风管道在总输出管道上,必须安装总闸阀以便控制和维修管道;主管上每隔300~500m应分装闸阀;按施工要求,一般每隔60m加设一个三通接头备用;管道前端至开挖面距离宜保持在30m左右,并用高压软管接分风器;分部开挖法通往各工作面的软管长度不宜大于50m,与分风器连接的胶皮软管长度不宜大于10m。

(4)当主管长度大于1000m时,应在管道最低处设置油水分离器,定期放出管中聚积的油水,以保持管内清洁与干燥。

(5)在管道安装前应进行检查,钢管内不得留有残杂物和其他脏物;各种闸阀在安装前清洗,并进行水压强度试验,合格者方能使用。

(6)高压风管道在洞内应敷设在电缆、电线的另一侧,并与运输轨道有一定距离,管道高度一般不应超过运输轨道的轨面,若管径较大且超过轨面,应适当增大与轨道之间的距离。如与水沟同侧时,不应影响水沟排水。

(7)高压风管道在使用时,应有专人负责检查、养护。

二、施工供水与排水

施工中的供水和排水与施工安全密切相关。坑道内出现地下水会软化围岩,引起落石塌方;若坑道底部积水不及时排除,则有碍钻眼、爆破和清底接轨;坑道顶部淋水对工人健康不利;水量过大时甚至会淹没工作面,迫使工作停顿,这是水对施工不利的一面。但是,坑道内凿岩、喷雾洒水、灌注衬砌、机械运转和施工人员日常生活等都离不开水。因此,隧道工程既要有供水设施,又要有排水设施,方能确保施工安全顺利进行。

1. 施工供水

施工供水主要应考虑水质要求、水量大小、水压及供水设施等几方面的问题。

(1)水质要求

凡无臭味、不含有害矿物质的洁净天然水,都可以用作施工用水,饮用水的水质则要求更为新鲜清洁。无论生活用水还是施工用水,均应做好水质化验工作。参照国家水质标准,符合施工用水水质要求。

(2)用水量估算

用水量与隧道工程的规模、施工进度、施工人员数量、机械化程度等条件有关,变化幅度较大,一般可参照表11-1估算1d的用水量,再加一定的储备量。

参考施工耗水量表　　　　　　　表11-1

用水项目	单位	耗水量	说明
凿岩机用水	t/(h·台)	0.20	—
喷雾洒水	t/(min·台)	0.03	每次爆破后喷雾30min
衬砌用水	t/h	1.50	包括混凝土拌和、养护及冲洗用水
空气压缩机用水	t/(台·d)	5.00	其中大部分可考虑循环使用
浴池用水	t/次	15.0	
生活用水	t/(人·d)	0.02	

(3) 供水方式

供水方式主要根据水源情况而定。在选择水源时,应根据当地季节变化,要求有充足的水量,保证不间断供水。通常应尽量利用自流水源,以减少抽水机械设备使用。一般是把山上的流水或泉水、河水或地下水(打井)用水管或抽水机引或扬升到位于山顶的蓄水池中,然后利用地形高差形成水压,通过管路送达使用地点。采用机械供水时,应有备用的抽水机。

蓄水池形式一般为开口式,如图11-6所示。水池容量根据最大计算用水量、水源及抽水机等情况确定。为防止抽水机发生故障或偶尔停电,还应考虑备用水量。根据经验可按1d用水量的1/2~2/3来修建蓄水池,容量通常为50~150m³。

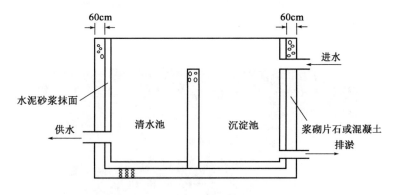

图11-6 蓄水池构造

蓄水池位置应选择在基底坚固的山坡上,避开隧道洞顶,以防水池下沉开裂后漏水渗入隧道,造成山体滑动或洞内塌方。

水池相对高度以水到达隧道最高工作面时的水压不小于0.3MPa为准,折合水柱高为30m。因此,水池与由它供水的最高工作面间的高差应为:

$$H \geqslant 1.2(30 + h_{损}) \tag{11-1}$$

式中：1.2——压力储备系数；

$h_{损}$——管路全部水头损失,$h_{损} = \sum h_{摩} + \sum h_{局}$,其中$\sum h_{摩}$为摩擦损失,$\sum h_{局}$为管路局部损失。

管路水头损失的计算可查阅有关手册。

(4) 供水管道布置

①洞内供水管不宜与电缆电线敷设在同一侧,不应妨碍运输和人行。

②在水池的输出管应设总闸阀;主管道每隔 300~500m 应安装一个闸阀,以便维修和控制管道。管道闸阀布置还应考虑一旦发生管道故障(如断管)时,能够暂时由水池或水泵房供水的布置方案。

③供水管在安装前应仔细进行检查,有裂纹、创伤、凹陷等现象时不得使用,管内不应保留有残余物和其他脏物。

④管路敷设牢固、平顺,接头严密、不漏水。

⑤洞内供水管不应妨碍运输、影响边沟施工。

⑥管路使用中应有专人负责检查、养护。

⑦洞内水管道前端至开挖面宜保持 30m,并用高压软管接分水器,洞内软管长度不宜超过 50m。分水器上与凿岩机间连接的胶皮管长度不宜大于 15m。应采取措施避免爆破飞石损坏水管。

⑧冬季应注意管道保温。

2. 洞内排水

隧道施工中应将洞内工程废水及地下水及时排出洞外,以防坑道浸水影响施工和淹没工作面。洞内排水方式应根据线路坡度大小和水量大小而定。按隧道开挖方向和线路坡度情况,洞内排水可分为以下两种:

(1)顺坡施工排水

向洞内开挖为上坡,叫作顺坡施工。顺坡施工需随着隧道延伸,在一侧(或两侧)开挖排水沟,使水顺坡自然排入隧道沉淀池,经处理符合环保要求后再排入周围水体。隧道沉淀池如图 11-7 所示。

图 11-7 隧道沉淀池

若设有平行导坑时,则平行导坑应比正洞低 0.2~0.6m,使正洞的水通过横通道引入平行导坑排出,有利于正洞的正常施工。

(2)反坡施工排水

向洞内开挖为下坡,叫作反坡施工。斜井开挖属于此类。因水向工作面汇集,需用机械排水,排水系统常用的布置方式有小集水坑排水和长距离集水坑排水两种。

①小集水坑排水。分段开挖反坡水沟,在分段处开挖集水坑,每个集水坑处设一抽水机,

把水抽至后一段反坡,最后一个抽水机把水排出洞外,如图 11-8 所示。

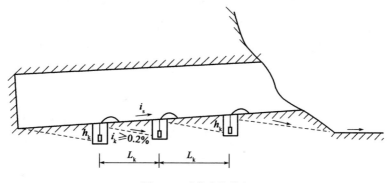

图 11-8　小集水坑排水

集水坑间距 L_k 按式(11-2)计算。

$$L_k = \frac{h_k}{i_s + i_k} \quad (11\text{-}2)$$

式中：h_k——反坡水沟最大开挖深度,一般不超过 0.7m；

　　　i_s——线路坡度；

　　　i_k——水沟底坡度,不小于 0.2%。

这种排水方式的优点是工作面无积水,抽水机位置固定,也不需要水管。其缺点是用的抽水机多,而且要开挖反坡水沟。一般隧道较短和坡度较小时采用此方法。

②长距离集水坑排水。隔开较长距离开挖集水坑,开挖面的积水用小水泵抽到最近的集水坑内,再用主抽水机将水排到洞外,如图 11-9 所示。

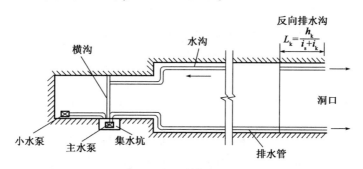

图 11-9　长距离集水坑排水

这种方式的优点是所需抽水机数量少,缺点是要安装水管,抽水机需随坑道掘进而拆迁前移。在隧道较长、涌水量较大时宜采用此方法。

对于反坡施工的隧道,应对地下水涌水量有足够估计,排水设施要有后备。必要时,应在坑道掌子面上钻较深的探水眼,防止突然遇到地下水囊、暗河等产生大量涌水进入坑道而造成事故。

另外,施工排水的一个特殊方面是要防止洞外洪水突然倒灌洞内。尤其在反坡施工及斜井施工时,洪水倒灌往往会造成重大安全事故。为此,应做好洞口地表排水、截水设施。

三、施工通风与防尘

在隧道施工中,由于凿岩、爆破、装渣运输、喷射混凝土等作业,会产生大量的粉尘,而且炸药爆炸还会释放大量的 CO、CO_2、NO_2、SO_2、H_2S 等有害气体；隧道穿过煤层或某些地层时,还会放出瓦斯、H_2S 等有害气体;洞内施工人员要消耗 O_2,呼出 CO_2 等;这些都会使洞内工作环境的空气恶化,降低洞内的施工效率,甚至会造成安全事故。此外,随着坑道不断向山体深部延伸,洞内的温度和湿度相应增高,对人体也会产生有害影响。

隧道施工通风的目的就是向洞内送进新鲜空气,排出有害气体,降低粉尘浓度和洞内温度,保障洞内施工人员的健康,改善劳动条件,从而保证施工安全和提高劳动生产率。

1. 通风防尘

(1)通风方式应根据隧道长度、断面大小、施工方法、设备条件等综合确定。当隧道施工独头掘进长度超过 150m 时,必须采用机械通风。独头掘进长度超过 1.5km 时,宜进行通风设计。主风流不顺畅、主风流改向、风速不符合规定等情况下,宜设置局部或诱导通风系统。巷道式通风宜优先利用辅助坑道。

(2)隧道施工通风应能提供洞内各项作业所需要的最小风量,洞内作业人员每人应供应新鲜空气 $3m^3/min$。采用内燃机械作业时,供风量不宜小于 $4.5m^3/(min·kW)$。全断面开挖时风速不应小于 $0.15m/s$,导洞内不应小于 $0.25m/s$,但均不宜大于 $6m/s$。

(3)通风管的安装应符合下列规定:

①送风管宜采用软管。靠近风机的软管应采用加强型。

②送风式的进风管口宜在洞口里程 30m 以外。

③送排风并用式通风的进风口与出风口宜错开 20m 左右。洞外排风管出口宜做成烟囱式,并高于压入式风机进风口。

④通风管靠近开挖面的距离应根据开挖面大小确定,送风式通风管的送风口距开挖面不宜大于 15m,排风式风管吸风口距开挖面不宜大于 5m。靠近开挖面的风管应可移动,爆破前从掌子面处移走。

⑤采用混合通风方式时,当一组风机向前移动,另一组风机的管路应相应接长,并始终保持两组管道相邻端交错 $20\sim30m$。局部通风时,排风式风管的出风口应引入主风流循环的回风流中。

⑥通风管的安装应平顺,接头应严密,每 100m 平均漏风率不得大于 2%,弯管半径不小于风管直径的 3 倍。

⑦通风管应设置专人定期维护、修理,如有破损,应及时修补或更换。

(4)通风机的功率与风管的直径应根据隧道供风风量、洞内风速、隧道独头掘进长度、出渣运输方式、断面大小和通风方式等计算确定。供风风量应按实际需要风量的 1.5 倍计算。通风管应与风机配套,同一管路的直径宜一致。独头掘进长度较长时,宜选用大直径风管。当通风管较长,需要提高风压时,可采用多台通风机串联;当巷道式通风无大功率通风机时,也可采用数台通风机并联。串联与并联的通风机应采用同一型号。

(5)通风机的安装与使用应符合下列规定:

①主风机安装应符合通风设计要求。

②压入式通风主机应设在洞外。

③洞内辅助风机应安装在新鲜风流中。

④通风机应装有保险装置,当发生故障时能自动停机。

⑤主风机应保持经常运转,需间歇时,因停止供风而受影响的工作面必须停止工作。

(6)施工必须采用综合防尘措施并符合下列规定:

①隧道施工应采取通风、洒水等防尘措施,并按规定时间测定粉尘和有害气体的浓度。

②钻眼作业应采用湿式凿岩,用高压水冲洗孔眼使岩粉变成浆液流出。当水源缺乏、容易冻结或岩性不适于湿式凿岩时,可采用带有捕尘设备的干式凿岩,采用防尘措施后洞内粉尘及有害气体浓度应符合规定的要求。

③凿岩机钻眼时必须先送水后送风。

④喷雾洒水不仅可以清除爆破、出渣所产生的粉尘,而且可溶解少量有害气体,并能降低坑道温度,使空气变得明净清爽。放炮后必须进行喷雾、洒水,出渣前应用水淋湿石渣和附近的岩壁。

⑤施工人员均应佩戴防尘面罩。

(7)洞内施工环境检查应符合下列规定:

①应测试通风的风量、风速、风压,检查通风设备的供风能力和动力消耗。

②应检测粉尘的浓度,测定方法应符合《工作场所空气中有害物质监测的采样规范》(GBZ 159—2004)的规定。

2. 职业健康

(1)作业场所空气中的有毒气体浓度必须符合表 11-2 的规定。

工作场所空气中有毒物质容许浓度(mg/m^3)　　　　表 11-2

名称			MAC	PC-TWA	PC-STEL
一氧化碳	非高原		—	20	30
	高原	海拔 2000~3000m	20	—	—
		海拔 >3000m	15	—	—
二氧化碳			—	9000	18000
一氧化氮				15	—
二氧化氮				5	10
氨				20	30
二氧化硫				5	10
硫化氢			10	—	—
丙烯醛			0.3		

注:1. MAC:最高容许浓度,指一个工作日内任何时间都不容许超过的浓度。
　　2. PC-TWA:时间加权平均容许浓度,以时间为权数规定的 8h 工作日、40h 工作周的平均容许接触浓度。
　　3. PC-STEL:短时间接触容许浓度,在遵守 PC-TWA 前提下的容许短时间(15min)接触浓度。

(2)空气中的粉尘浓度应符合表 11-3 的规定。

工作场所空气中粉尘容许浓度(部分内容)(mg/m^3)　　　　表 11-3

名　称	PC-TWA		临界不良健康效应
	总粉尘	呼吸性粉尘	
白云石粉尘	8	4	尘肺病
沉淀 SiO_2(白炭黑)	5	—	轻微呼吸道及皮肤刺激
大理石粉尘(碳酸钙)	8	4	眼、皮肤刺激,尘肺病
电焊烟尘	4	—	电焊工尘肺
沸石粉尘	5	—	尘肺病、肺癌

续上表

名　称		PC-TWA		临界不良健康效应
		总粉尘	呼吸性粉尘	
硅灰石粉尘		5	—	—
硅藻土粉尘(游离 SiO_2 含量 <10%)		6	—	尘肺病
滑石粉尘(游离 SiO_2 含量 <10%)		3	1	滑石尘肺
煤尘(游离 SiO_2 含量 <10%)		4	2.5	煤工尘肺
膨润土粉尘		6	—	鼻、喉、肺、眼、刺激,支气管哮喘
石膏粉尘		8	4	上呼吸道、眼和皮肤刺激,肺炎等
石灰石粉尘		8	4	眼、皮肤刺激,尘肺
石墨粉尘		4	2	石墨尘肺
水泥粉尘(游离 SiO_2 含量 <10%)		4	1.5	水泥尘肺
炭黑粉尘		4	—	
矽尘	10% ≤游离 SiO_2 含量 ≤50%	1	0.7	硅肺
	50% <游离 SiO_2 含量 ≤80%	0.7	0.3	
	游离 SiO_2 含量 >80%	0.5	0.2	
稀土粉尘(游离 SiO_2 含量 <10%)		2.5	—	稀土尘肺,皮肤刺激
萤石混合性粉尘		1	0.7	硅肺
云母粉尘		2	1.5	云母尘肺
珍珠岩粉尘		8	4	眼、皮肤、上呼吸道刺激
蛭石粉尘		3	—	眼、上呼吸道刺激
重晶石粉尘		5	—	眼刺激,尘肺
其他粉尘		8	—	—

注:1. 表中的其他粉尘指游离 SiO_2 含量低于10%、不含石棉和有毒物质而尚未制定容许浓度的粉尘。
　　2. 表中列出的各种粉尘,游离 SiO_2 高于10%者,均按吸尘容许浓度对待。
　　3. PC-TWA:时间加权平均容许浓度,以时间为权数规定的8h工作日、40h工作周的平均容许接触浓度。
　　4. 总粉尘:可进入整个呼吸道(鼻、咽、喉、胸腔支气管、细支气管和肺泡)的粉尘,简称"总尘"。技术上是指用总粉尘采样器按标准方法在呼吸带测得的所有粉尘。
　　5. 呼吸性粉尘:按呼吸性粉尘标准测定方法所采集的可进入肺泡的粉尘粒子,其空气动力学直径均在 $6.07\mu m$ 以下,空气动力学直径为 $5\mu m$ 粉尘粒子的采样效率为50%,简称"呼尘"。

（3）空气中氧气的含量在作业过程中始终保持在19.5%以上。严禁用纯氧通风换气,可通过加大通风量等措施提高空气中的氧气含量。

（4）高海拔隧道施工应符合下列规定:

①根据高程、人员数量、制供氧条件等因素采取弥散式、分布式、单体便携式等方式供氧。

②高程超过1500m时,应了解高原反应及应急救援相关知识,准备应急供氧设施。

③高程超过2400m时,应提醒高原反应注意事项。宜为5%～10%的人员准备供氧设施。供氧设施可采用分布式或单体便携式。

④高程超过3500m时,安排工作应考虑高原反应适应性。宜为10%～30%的人员准备供氧设施。供氧设施可采用弥散式。

⑤高程超过4600m时,应控制工作时间和强度,为包括临时到场人员在内的所有人员准备足够的供氧设施和氧气。可对办公室、宿舍、二次衬砌工作面、开挖工作面进行弥散式供氧。

⑥弥散式供氧应具有氧气浓度控制、监测、显示报警、终止等功能;氧气出口应远离明火并设置禁止烟火标志。不同海拔弥散式供氧浓度可按表11-4控制。

弥散式供氧浓度控制表　　　　　　　表11-4

海拔(m)	氧浓度设定值(%)	氧浓度上限(%)	氧浓度下限(%)
3000	25.0	25.7	24.3
3500	25.5	26.3	24.7
4000	25.9	26.8	25.0
4500	26.4	27.5	25.3
5000	26.8	28.1	25.5
5500	28.0	28.7	27.3

⑦供氧室二氧化碳浓度应符合规定要求。

⑧氧气站建设和使用应符合《氧气站设计规范》(GB 50030—2013)的规定。

(5)隧道施工中,人员接触噪声40h等效声级应不大于85dB(A)。洞口位于居民区时,噪声声级限值应不大于70dB(A)。

(6)隧道内温度不宜高于28℃。隧道内气温高于28°时,宜采用通风、洒水、加冰等措施降低温度。

(7)含有毒气体地层、含放射性物质地层按规范要求执行。具体内容详见隧道施工规范。

3.施工通风方式

隧道施工通风方式有自然通风和机械通风两类。

自然通风是利用洞室内外的温差或高差来实现通风的一种方式,受洞外气候条件的影响极大,一般仅限于短直隧道。

机械通风按照通风类型、通风机安装位置的不同,可分为风管式、巷道式两大类。而管道通风根据隧道内空气流向的不同,又可分为压入式、吸出式和混合式三种。

(1)风管式通风

此种通风形式的风流经由管道输送,可分为以下三种形式。

①压入式通风。压入式通风如图11-10a)、图11-11所示,这种通风方式的特点为:风机将洞外新鲜空气通过风管压送到工作面,而工作面的污浊空气沿巷道排出洞外,以达到通风的目的。若采用大功率、大管径的风管,则其适用范围将更广。

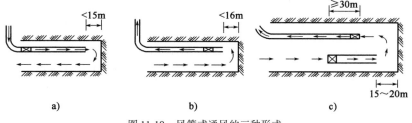

图11-10　风管式通风的三种形式

②吸出式通风。吸出式通风如图11-10b)所示,这种通风方式的特点为:风机将工作面的污浊空气吸入风管而排出洞外,巷道内空气新鲜而工作面附近空气污浊;风机离工作面距离较近时,易被爆破飞起的石块砸坏。这种通风方式一般不宜单独使用,常与压入式风机配合组成

混合式通风。

图 11-11　秦岭终南山铁路隧道采用压入式通风

③混合式通风。混合式通风如图 11-10c)、图 11-12 所示,这种通风方式的特点为:设置两套风机与风管,一套为吸出式,将洞内污浊空气排出洞外;另一套为压入式,向工作面输送新鲜空气。混合式通风既保持了前述两种通风方式的优点,又避免了它们的不足,因此其是施工现场常采用的通风方式。但混合式通风的管路、风机等设施多,在管径较小时可采用,若采用大管径、大功率风机,则其经济性不如压入式通风。

图 11-12　某隧道采用混合式通风

采用混合式通风时,压入和吸出两台风机必须同时起动;吸出风机的通风能力应比压入风机的通风能力大 20% ~30%;吸出风机和压入风机的位置布置最小要交错 30m,以免在洞内形成短循环风流;压入风机的风管端部与工作面间的距离应在风流有效射程之内,一般为 15~20m。

(2)巷道式通风

巷道式通风是利用隧道本身(包括成洞、导坑及扩大地段)和辅助坑道(如平行导坑)组成主风流和局部风流两个系统互相配合而达到通风的目的。现以铁路隧道设有平行导坑的隧道为例说明,如图 11-13 所示。

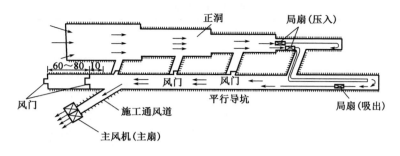

图 11-13　巷道式通风(尺寸单位:m)

①主风流循环系统。

利用平行导坑与正洞的横向联络通道作为风道,在平行导坑口侧面的风道口处设置主风机(主扇),通风时把平行导坑口设置的两道挡风门关闭。当主扇向外吸风时,平行导坑内空气产生负压,正洞外面新鲜空气即通过正洞向洞内补充,污浊空气经由最前端横通道进入平行导坑,再经施工通风道排出洞外,从而形成以坑道为通风道的主风流循环系统,使主风流范围内的污浊空气很快被排出洞外。

挡风门是巷道式通风的关键环节之一,为此必须做到以下三点:

a.在平行导坑口设置两道风门,其间距为 1.2~1.5 倍出渣列车长度,一般为 60~80m。设置两道风门,是为保证当列车通过平行导坑口时,始终有一道风门处于关闭状态,而不出现风流短路。

b.不作运输的横通道应及时关闭,以减少风流损失。

c.挡风门应做到顺风关、逆风开,要做到严密不漏风,应派专人看守和维修。

②局部风流循环系统。

在正洞及平行导坑开挖作业区必须配置风扇,以形成局部风流循环系统,在正洞开挖作业区布置一台压入式风机,压入新鲜空气,工作处的污浊气体即随主风流系统经横通道、平行导坑排出洞外。为了提高平行导坑开挖作业区的通风效果,可布置成以吸出式为主、压入式为辅的混合式通风。主风流中部分新鲜空气由压入式风机压送到平行导坑工作面,而污浊气体则由吸出式风机吸出到平行导坑中排出洞外。

(3)通风方式的选择

①风管式通风适用于独头掘进坑道,如导坑独头掘进、全断面法开挖等,目前在长大隧道的施工中采用较多。当风量需要较大,风压需要较高时,可采用两台或数台同型号的通风机串联。

②巷道式通风通常与辅助坑道配合使用,是解决长大隧道通风的主要方法之一。当风压需要较高,无大功率通风机时,可采用数台同型号的通风机并联。另外,巷道式通风还有风墙式、通风竖井、通风斜井、横洞形式等。

随着我国独头掘进技术的提高,开挖断面的增大,通风方式更趋向于采用大功率、大管径的压入式通风。秦岭铁路隧道Ⅱ线平导的开挖断面积为 $28m^2$,独头掘进长 9.5km。通风设计分为两个阶段:第一阶段采用 PF-110SW55 型风机,$\phi1.3m$ 的聚氯乙烯(PVC)塑布软风管的单机压入式通风,通风长度可达 6km;第二阶段在 4.5~5km 处设通风站,采用混合式通风,总通风长度可达 10km。

4.公路隧道推荐通风方式

规范推荐的通风方式见表 11-5。

推 荐 通 风 方 式　　　　　表 11-5

通风方式		示意图	说明
1.抽出式	集中式		在洞外按需风量总和设置大容量风机，风管吸风口设在开挖面附近，通过风管排出废风。 优点：排烟速度快，且风流主要在回风段调节，对行人、运输影响小；掌子面风压呈负压状态，对主扇停机时瓦斯等有毒有害气体突然涌出为有利因素。 缺点：要求风管距掌子面不超过 5m，布置困难，常常因此造成通风效果差。新鲜空气流经全洞，到掌子面时已不太新鲜。污风通过主扇，腐蚀性较大
	串联式		在风管内设置小型风机，随开挖面推进，可接长风管和增加风机，通过风管排出废风。 优点：动力有保证。 缺点：设备要求高
2.压入式	集中式		设备与集中抽出式相同，但是将风管送风口设在开挖面附近，通过风管将新鲜空气从洞口吹入开挖面，并由隧道排出废风。 优点：可以使用柔性风管，风管体积小、质量轻，便于运输、安装、拆除，费用较低，有利于无轨出渣运输方式。 缺点：风管风压高于洞内，容易漏风
	串联式		设备与串联排风式相同，将新鲜空气通过风管送入开挖面，并由隧道排出废风。 优点：动力有保证。 缺点：设备要求高
3.送排风并用式	集中式		轴流风机分别设置在洞外和洞内。 优点：通风效果好。 缺点：噪声大
	串联式		设备由串联排风式和串联送风式构成。 优点：动力有保证。 缺点：设备要求高

续上表

通风方式	示意图	说明
4.送排风混合式		由下导坑或侧壁导坑作超前开挖时,在超前导坑部采取送风式,在全断面部(扩挖处)采取排风式。 优点:可有效增加通风长度。 缺点:内管容易损坏
5.竖井排风、正洞送风方式		长隧道时,利用竖井排风,并在正洞口内竖井底口附近设送风机送风至开挖面。 优点:通风效果好。 缺点:成本高
6.巷道式通风方式		特长隧道时,利用辅助坑道作排风道,正洞作进风道,在辅助坑道的洞口附近安设大容量风机。 优点:通风系统布置方便,通风效果好。 缺点:成本高
7.局部风机(风扇)方式		在开挖面附近局部地方设置风机(风扇),或者在横洞处设置局部风机,诱导通风

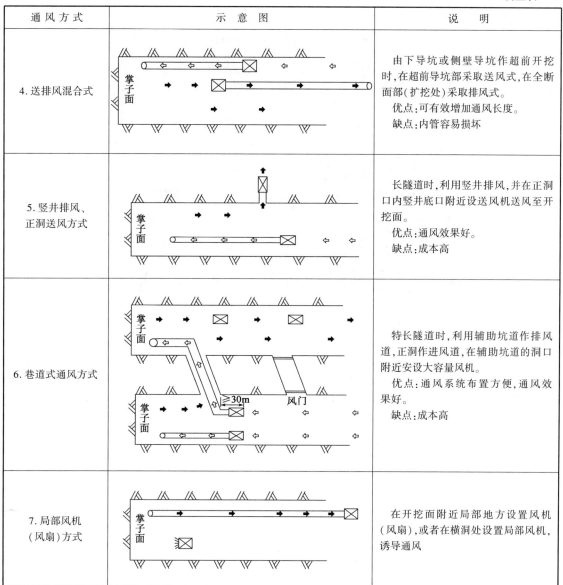

四、施工供电与照明

在隧道施工中,电动机械及照明都需要用电。因此,保证洞内供电非常重要。

1. 施工供电

隧道施工供电,应采用220V/380V 三相五线电力系统;成洞地段照明采用220V,工作地段照明采用24~36V。宜采用总配电箱、分配电箱、末级配电箱三级配电系统;应采用二级漏电保护系统;应采用电源中性点直接接地;应采用TN-S 接零系统。

非瓦斯隧道固定式照明电压应不大于220V,线路末端的电压降不应大于10%。手持式或移动式照明设施电压应不大于36V。图11-14 所示为成洞地段采用220V 供电。

供电线路不得与人行道布置在同一侧。照明和动力线路安装在同一侧,应分层架设。电线悬高度挂 400V 以下不应小于 2.5m,6～10kV 不应小于 3.5m。瓦斯地段的电缆应沿侧壁铺设,不得悬空架设。

图 11-14 施工供电

36V 低压变压器应设在安全、干燥处,机壳接地,输电线路长度不应大于 100m。分配电箱与末级配电箱的距离不宜超过 30m。动力末级配电箱与照明末级配电箱应分别设置。配电箱中心与地面的垂直距离宜为 1.4～1.6m。落地安装的配电箱底部距离地面应不小于 0.2m。配电箱的进出线不应承受外力。

2. 施工照明

隧道施工采用电灯照明,照明光线要充足均匀。

隧道施工各作业的照明标准见表 11-6。

隧道施工照明标准　　　　表 11-6

施工作业地段	照度标准(lx)(平均照度不小于)
开挖作业面	50
混凝土、钢筋作业面,交叉运输区段	50
运输通道	15
特殊作业地段	50
成洞地段	10
竖井内	15

 思考与练习

1. 隧道三管两线的常见布置形式是如何设计的?
2. 隧道施工如何排水?
3. 隧道施工通风有哪几种方式?各有何特点?各适用于何种情况?
4. 隧道内不同作业地段的照明标准各有什么规定?

模块十二　不良地质和特殊岩土地段施工

隧道施工要确保安全,了解膨胀岩土施工的相关规定对隧道施工安全非常重要。

不良地质是指对工程可能造成危害的地质作用或现象。这些不良地质包括滑坡、崩塌体、岩溶、采空区、大变形、岩爆、瓦斯、断层、富水软弱破碎带、流沙、冻融循环土、盐渍土等。

特殊性岩土是指在特定的地理环境或人为条件下形成的,具有特殊物理力学性质和工程特征、特殊物质组成或者具有特殊构造的岩土,包括堆积层、黄土、膨胀岩土、砂层、冻土。

不良地质和特殊性岩土地段隧道在施工前,必须根据设计提供的工程及水文地质资料,结合现场实际情况,制订专项施工技术方案,并进行评审。施工技术方案应包括应急预案,以防止地质灾害的发生。

不良地质和特殊性岩土地段隧道围岩具有变形大、变化快、事故具有突发性的特点,对隧道工程的安全、经济有重大影响,应准确探明其位置、规模和对工程的影响程度。要求认真熟悉勘察资料、熟悉设计图纸、理解设计意图,与施工过程揭示的实际现象对照,及时修订施工方案,以应对各种突发的情况。应积极进行围岩变形量测,及时了解变形量、变形时间及变化规律是非常有益的。尽量减少施工中人为主观因素的影响等。

单元一　膨胀岩土地段施工

(1)认识常见的膨胀岩土;
(2)了解膨胀岩土的特性和对隧道施工的危害;
(3)掌握膨胀岩土防排水的原则;
(4)了解膨胀岩土施工的相关规定。

1. 膨胀岩土

泥岩、凝灰岩、页岩、蛇纹岩、泥质凝灰岩以及有地热效应的土质地层等具有膨胀特性。膨胀岩土隧道开挖后,岩壁缓慢向洞内挤入,挤压支承或衬砌使其承受很大的土压。膨胀变形土压随着时间逐渐增大。有时刚开挖的土压并不大,但数天至数十天之后形成强大的地压力。有时地压和增长率并不大,但可持续数年之久,收敛期长。膨胀变形土压有时出现在隧道拱部、边墙、底部等局部范围,膨胀岩土与洞内水作用分布有关。

膨胀岩土在成岩过程中一般都含有膨胀土。膨胀土是指土中黏土矿物成分主要由亲水性矿物组成(亲水矿物主要有蒙脱石、伊利石土和高岭土),同时具有吸水显著膨胀软化和失水收缩硬裂两种特性,另外还有湿胀干缩往复变形的高塑性黏性土的性能。决定膨胀性的亲水矿物主要是蒙脱石,黏土矿物在含水率增加时出现膨胀,而伊利石和高岭土则发生有限的膨胀。

我国是世界上膨胀岩土分布面积最广的国家之一,遍及西南、西北、东北、长江与黄河中下游及东南沿海地区。

2.膨胀岩土的特性

膨胀岩土的基本特性主要有以下三方面:

(1)膨胀岩土大多具有原始地层的超固结特性,使土体中储存有较高的初始应力。当隧道开挖后,引起围岩应力释放,强度降低,产生卸荷膨胀。因此,膨胀岩土常常具有明显的塑性流变特性,开挖后将产生较大的塑性变形。

(2)膨胀岩土中发育有各种形态的裂隙,从而形成土体的多裂隙性。膨胀岩土实际上是土块与各种裂隙和结构面相互组合形成的膨胀土体。由于膨胀土体在天然原始状态下具有高强度特性,隧道开挖后洞壁土体失去边界支撑而产生膨胀,同时因风干脱水使原生裂隙张开,围岩强度急剧衰减。因此,在隧道施工开挖过程中,常有初期围岩变形大、发展速度快等现象。

(3)膨胀岩土因吸水而膨胀,失水而收缩,土体在干湿循环中产生胀缩效应。胀缩效应一方面使土体结构破坏,强度衰减或丧失,围岩压力增大;另一方面造成围岩应力变化,无论膨胀压力或收缩压力,都将破坏围岩的稳定性,特别是膨胀压力将对增大围岩压力起叠加作用。

3.膨胀岩土对隧道施工的危害

(1)围岩裂缝。隧道开挖后,由于开挖面上膨胀土体的原始应力释放而产生开裂,又因表层土体外露风干而失水产生收缩裂缝。这两种因素促使膨胀岩土裂缝宽度扩大,尤其是拱部围岩更容易产生张拉裂缝与上述裂缝贯通,形成拱顶局部变形脱离区。

(2)坑道下沉。由于坑道下部膨胀土体的承载力较低,加之坑道上部围岩压力过大,坑道下沉变形明显。

(3)围岩膨胀凸出和坍塌。隧道在开挖过程中和开挖后,围岩产生膨胀变形,周边膨胀土体向洞内膨胀凸出,造成开挖断面缩小。在膨胀土体丧失支撑(支撑失效)或支撑力度不够的状态下,由于围岩压力与膨胀压力的叠加作用,使围岩土体产生局部破坏,形成坍塌现象。

(4)隧道底部隆起。在坑道底部开挖,洞底围岩的上部竖向压力解除,尚无仰拱支护体约束时,由于膨胀地压力释放,洞底围岩产生卸荷膨胀;又因坑道易积水,使洞底土体产生浸水膨胀,因此易造成洞底隆起变形。

(5)衬砌变形和破坏。

①拱顶受挤压下沉,也有向上凸起的情况。拱顶外缘经常出现纵向贯通张拉裂缝(一般是在拱圈封顶后几小时到几天内出现),而拱内缘出现鱼鳞状挤裂、脱皮、掉块现象。

②在拱腰部位出现纵向裂缝,这些裂缝有时可逐渐发展到张开、错台。

③由于围岩压力和膨胀压力的作用,拱脚内移,同时发生不均匀下沉,拱脚支撑受力增大,发生向上扭曲变形或折断现象。

④曲边墙也有出现水平裂缝的情况。

⑤当底部未做仰拱或仅做一般铺底时,有时会出现底部隆起(膨起)现象,铺底被破坏。

4.膨胀岩土隧道施工时应符合的规定

膨胀岩土隧道应采取"以防为主,防、截、堵、排相结合"的防排水原则。施工时应符合下列规定:

(1)隧道开挖前,根据设计要求填平浅埋地段地表低洼处,封闭洞顶小河沟谷。

(2)洞内出露的地下水应及时归入沟、管、槽,引排至洞内水沟。

(3)顺坡施工排水,严禁挖沟直接排放,应设置防渗漏排水沟槽。反坡施工排水应采用设备完好系统完善的抽排水设施,严禁水渗流至开挖工作面。

(4)衬砌的施工缝、变形缝应根据防水要求,结合地下水情况、防水材料特点等因素合理设置。

5. 膨胀岩土隧道开挖应符合的规定

(1)宜采用开挖分部少、可尽快全断面闭合的开挖方法。

(2)施工时应采取措施预防因分部开挖而引起的围岩压力及偏压力增大。

(3)短进尺逐次开挖各分部断面,应依序紧跟,不得超前独进。

(4)隧道周壁开挖应圆顺,可优先采用人工或机械开挖。

(5)开挖后,应及时封闭暴露的岩体。

(6)预留变形量应适当加大,根据现场情况进行调整。

6. 膨胀岩土隧道施工规定

(1)膨胀岩土隧道施工,应根据围岩变形、土压增长、结构受力状态、地下水活动状态等因素综合确定施工方法。采用合理的施工方法对隧道的稳定性有着十分重要的作用。

(2)应加强调查、量测围岩的压力和流变,对混凝土和衬砌与围岩接触面处的应力状态进行跟踪监测和控制。

(3)膨胀岩土隧道洞门施工应避开雨季。膨胀岩土风干脱水或浸水,都将引起围岩体积变化,产生胀缩效应。应防止围岩湿度变化。

(4)膨胀岩土隧道开挖后,应对围岩及时采取支护措施并闭合成环,必要时可采取钢纤维喷射混凝土。

(5)施工时各道工序应紧密衔接,连续施工,分段完成。

(6)衬砌结构应与围岩充分密贴,及早闭合。当混凝土的强度达到设计要求时,方可拆模。

(7)在施工中遇到围岩变形急剧增大,应及时采取果断措施,利用强支撑缓解围岩变形,进而查找原因,采取措施进行处理。

(8)不同强度的膨胀岩土隧道,其支护参数除应按设计要求确定外,锚杆、钢架、钢筋网、变形缝、预留变形量也要和膨胀围岩相适应。

工程实例:阿尔及利亚东西高速公路T1、T2隧道,拱顶沉降量高达2.0m,造成初期支护侵限。地表出现宽度20~30cm的横向裂缝,边仰坡坍塌,洞顶出现陷坑(图12-1)。具有流变特性,T2隧道进口初期支护完成大约1个月后,仍出现开裂。

工程采用刚性支护、柔性支护、刚柔并济组合技术。

(1)增加初期支护强度和刚度,采用双层或多层初期支护,增加长锚杆(索);

(2)适当加大开挖预留变形量,宁超勿欠,避免换拱;

(3)增打掌子面长玻璃纤维锚杆(新意法),增加钢架托梁和锁脚钢管桩;

(4)设置临时仰拱或竖向分块,利于初期支护尽早闭合,减缓支护沉降速度;

(5)二次衬砌紧跟,结构加强;

(6)加强防排水,软岩对水极为敏感,初期支护表面打深孔引水;

(7)对于后期压力会持续增长的流变性围岩地段,设缓冲层或预留变形空间,有必要时留补强空间。

图 12-1 隧道变形开裂

单元二 黄土地段施工

(1) 了解黄土的特性和对隧道施工的危害;
(2) 掌握黄土防排水的原则;
(3) 了解黄土施工的相关规定。

黄土是在干燥气候条件下形成的一种具有褐黄、灰黄或黄褐等颜色,并有针状大孔、垂直节理发育的特殊性土。

黄土在我国分布较广,黄河中游的陕西和甘肃大部分地区,山西南部、河南西部地区为我国黄土和湿陷性黄土的主要分布区。这些地区的黄土地层分布连续,厚度较大,发育较典型。其在青海、新疆、河北、山东、内蒙古和东北各地也有所分布。在黄土地层修筑隧道和地下工程时,应了解黄土地层对隧道施工的影响。

1. 黄土的分类

黄土的分类有以下两种方法:

(1) 按照其形成的地质年代划分,见表 12-1。

黄土按地质年代分类　　　　表 12-1

类　别	地 层 时 代		地 层 名 称
砂黄土	全新世	Q_4	新黄土
新黄土	晚更新世	Q_3	马兰黄土
老黄土	中更新世	Q_2	离石黄土
红色黄土	早更新世	Q_1	午城黄土

(2) 根据其物理性质不同,按塑性指数的大小划分,见表 12-2。

黄土按塑性指标分类　　　　　　　　　　表 12-2

分类名称	塑性指数 I_p
黄土质黏砂土	$1 < I_p \leqslant 7$
黄土质砂黏土	$7 < I_p \leqslant 17$
黄土质黏土	$I_p > 17$

2. 黄土地层对隧道施工的影响

（1）黄土节理。红棕色或深褐色的古土壤黄土层常具有各方向的构造节理，并有一定的延续性。在隧道开挖时，土体容易顺着节理张松或剪断。如果这种地层位于坑道顶部，则极易产生"塌顶"；如果位于侧壁，则普遍出现侧壁掉土，若施工时处理不当，常会引起较大的坍塌。

（2）黄土冲沟地段。当隧道在较长范围内顺着黄土冲沟或塬边平行走向，而覆土又较薄或偏压很大时，就很容易发生较大的坍塌或滑坡现象。

（3）黄土溶洞与陷穴。黄土溶洞与陷穴是黄土地区经常见到的不良地质现象，若隧道修建在其上方，则有基础下沉的危害；若隧道修建在其下方，常有发生冒顶的危险；若隧道修建在其邻侧边，则有可能承受偏压，使围岩与衬砌结构处于不利的受力状态。

（4）水对黄土地层隧道施工的影响。由于黄土在干燥时很稳固，承受压力的能力较强，因而在干燥黄土层施工时较为顺利。但当黄土受水浸湿后，因其湿陷性，会突然发生下沉现象，使开挖后的围岩迅速丧失自稳能力。如支护措施满足不了变化后的情况，极易造成坍塌。

3. 黄土隧道施工防排水应符合的规定

（1）应采取"严防进入、加快排出"的原则，在雨季前按设计做好洞顶、洞门及洞口的防排水系统。排水沟及其施工缝、变形缝，应采取防止漏水措施。

（2）应在雨季前做好隧道洞门。

（3）对地表冲沟、陷穴、排水沟、地表裂缝等应封闭，并采取回填夯实、填土反压、改变地表水径流的措施，将水排至隧道范围之外。

（4）应控制施工用水下渗。

（5）地层含水率大时，上台阶宜开挖横向水沟，将水引至隧道中部纵向排水沟排出洞外，防止浸泡拱脚。

（6）可采用井点降水等措施将地下水位降至隧道衬砌底部以下，保证施工顺利进行。

（7）雨季施工应采取可靠措施确保施工安全。

（8）对有明显流向和稳定补给的地下水，应采取节水导坑或者封堵措施，防止隧道开挖后出现大量涌水。

4. 黄土围岩隧道施工的有关规定

（1）认真调查黄土地层中节理的产状与分布状况。对因构造节理切割而形成的不稳定部位加强支护，采取必要措施，防止塌方事故的发生。

（2）黄土隧道的施工应采用机械挖机，不易采用钻爆法施工。初期支护紧跟开挖面施作。

（3）施工中遵循"管超前、短进尺、强支护、早封闭、勤量测"的施工原则。

（4）应根据隧道开挖断面的大小选择合理的开挖方法。黄土隧道的施工宜采用环形开挖留核心土法、双侧壁导坑法、中隔壁法等分部开挖法。不得采用长台阶法、中导洞超前法等分部独进开挖方法。

(5)根据不同围岩级别、含水率和自稳情况,开挖循环进尺采用0.5~1.5m。墙脚、拱脚应预留300mm人工开挖,严禁超挖。

(6)锚杆宜采用煤矿螺旋杆钻成孔;宜采用药包式或早强砂浆式锚杆。喷射混凝土时喷射机的压力值不宜超过0.2MPa。宜分多次复喷至设计厚度。不得在喷射混凝土前用水冲洗开挖面。

(7)基底承载力不足时,宜采用树根桩、锁脚锚杆、灰土挤密桩、注浆、换填等处理措施加固隧道基底。

(8)施工中应加强量测、观测,发现不安全因素时,应暂停开挖,加强临时支护,调整施工方案。

(9)应综合考虑水平收敛和拱顶下沉速度、初期支护表面裂纹等因素,应尽早施工二次衬砌。拱墙二次衬砌应整体灌注。仰拱应超前,并应一次灌注成型,仰拱距离掌子面宜控制在20~30m以内。

5. 黄土隧道存在的主要问题

(1)进洞段受过大变形沉降以及节理面、水的影响易出现洞口坡体失稳,甚至诱发山体滑坡。图12-2为黄土边坡失稳滑坡。

(2)隧道以整体下沉为主,拱顶下沉大于水平收敛,每次分部开挖后初期支护都有下沉,容易造成拱顶侵限甚至塌方,初期支护拱顶、拱腰纵向开裂,因此施工中应以控制"垂直变形"为主。

(3)浅埋段施工导致地表开裂,裂缝随掌子面前进而前移,甚至发生塌方冒顶。图12-3为某黄土隧道施工塌方冒顶至地表。图12-4为某黄土隧道洞内施工塌方。

图12-2 黄土边坡失稳滑坡　　　　　图12-3 某黄土隧道施工塌方冒顶

(4)新黄土隧道变形收敛量普遍较大,老黄土隧道变形收敛量普遍要小,在初期支护仰拱封闭成环后收敛变形趋于稳定,要控制初期支护的变形量就必须尽早封闭仰拱或临时仰拱。

(5)雨水下渗后土体含水率增大,使土体侧向和垂直压力变大,导致隧道变形会加剧;洞身含水较大地段在开挖土体临空后,土体孔隙间薄膜水、孔隙水在重力的作用下,缓慢向临空面汇集,使土体承载能力降低,引起初期支护整体下沉,拱顶下沉速率和下沉量均较大。图12-5为雨水渗入黄土隧道。

图 12-4　某黄土隧道洞内施工塌方

图 12-5　雨水渗入黄土隧道

（6）仰拱施作质量差，路面底鼓、纵向开裂。

（7）黄土隧道不宜形成承载拱，一旦发生塌方，影响范围很大，且塌方先兆不是很明显。

6. 黄土隧道工程实例的施工要点

（1）遵循"管超前、非爆破、严控水、强支护、早衬砌"的理念。

（2）突出"一短、二快、三及时"（即短进尺、快支护、快封闭、及时量测、及时反馈、及时二次衬砌），加强工艺、工序控制。

（3）对于双车道，老黄土段可控制在 10~15cm，新黄土段控制在 20~25cm。对于三车道，老黄土段可控制在 20~25cm，新黄土段控制在 30~35cm。含水率较大时还应加大 5~10cm。

（4）对于湿陷性黄土，应加强基底加固，控制围岩变形。

单元三　流沙地层段施工

学习目标

（1）了解流沙的特性和对隧道施工的危害；

（2）掌握流沙防排水的原则；

（3）了解流沙施工的相关规定。

1. 流沙

流沙是沙土或粉质黏土在水或其他因素的作用下丧失其内聚力后形成的，多呈糊浆状，对隧道危害极大。流沙可引起围岩失稳坍塌，支护结构变形，甚至倒塌破坏。因此，治理流沙必先治水，以减少沙层的含水率为主。

2. 流沙的处理要点

（1）加强调查，制定方案。施工中应调查流沙特性、规模，了解地质构成、贯入度、相对密度、粒径分布、塑性指数、地层承载力、滞水层分布、地下水压力和透水系数等，并制定出切实可行的治理方案。

（2）因地制宜，综合治水。防止沙层流失，防止沙土液化。当隧道通过流沙地段时，地下水的处理是解决隧道流沙、流泥施工难题中的首要关键技术。施工时,应因地制宜,采用"防、截、排、堵"的治理方法。

①防。建立地表沟槽导排系统,进行仰坡地表局部防渗处理,防止降雨和地表水下渗。

②截。在正洞之外水源一侧,采用深井降水,将储藏丰富的构造裂隙水,通过深井抽水排走,减少正洞的静水和动水压力,对地下水起到拦截作用。

③排。采用井点降水技术降低地下水,防止水稀释沙层和挟走沙粒;其集水管可用加气砂浆充填。

④堵。采用注浆、冻结等方法止水、加固。

应根据工程地质、水文地质条件和地下水的性质、类型、储存部位以及工期要求和经济效益等因素综合分析,合理选用以上几种施工方法。

(3)先护后挖,加强支护。

①宜采取超前加固和超前支护措施。

②开挖时宜采用超短台阶法、环形开挖留核心土法人工开挖,并严格控制开挖长度,防止上部两侧不均匀下沉。

③先护应及时,边挖边封闭,遇缝必堵,严防砂粒从支撑缝隙中漏出。

④流沙出现后应采用沙袋、喷射混凝土等措施迅速封堵。

⑤在流沙溢出口附近较干燥的围岩处,应尽快打入锚杆或施作喷射混凝土层,加固围岩,防止溢出扩大。

⑥开挖地段的排水沟应浆砌,或用管、槽等将水引至洞外。

⑦可在洞内合适位置设蓄水池,将泥水经沉淀后排出洞外。池内沉积的淤泥应及时清除。蓄水池应采用圬工结构。

(4)尽早衬砌,封闭成环。在流沙地段隧道仰拱应紧跟开挖面,适当缩短一次浇筑长度,及时封闭成环。这样,即使围岩中出现流沙,也不会对洞身衬砌造成破坏。

工程实例:神木一号隧道(图12-6),位于榆神高速公路,进出口为砂岩、中间风积沙段;左线117m、右线122m通过风积沙地层。其施工总结如下:

(1)流沙地层施工采取"强超前、防漏滑、短开挖、快支护、勤量测、紧封闭"的施工原则。

(2)超前支护技术优先选用水平旋喷桩进行超前支护。旋喷注浆固结体咬合度高,单轴抗压强度达11MPa,固沙效果较好。

(3)施工方法采用台阶临时仰拱分部开挖法施工,尽早闭合,有效控制变形。图12-7为采用台阶临时仰拱分部开挖法。

图12-6 神木一号流沙隧道

图12-7 台阶临时仰拱分部开挖法

(4)风积沙隧道深浅埋分级深度为 5D,其中 D 为隧道开挖宽度。

(5)风积沙隧道施工采取步距控制原则。

上台阶与下台阶间距为 5m、二次衬砌施作长度为 5m,能相对较好地控制围岩位移。

(6)施工过程位移控制基准:

收敛变形在 400mm 以内(Ⅲ级),可正常施工;收敛变形达到 400~500mm(Ⅱ级),此时应及时采取加强支护措施,或施作二次衬砌;隧道变形达到 650mm 及以上(Ⅰ级),此时应立即停工,并采取加固措施。

当变形速率小于 10mm/d 时,属于正常变化范围;变形速率在 10~20mm/d 时应加强监控量测,控制变形速率;当变形超过 20mm/d 时,围岩处于极不稳定状态,应立即停止掌子面掘进。如图 12-8 所示,流沙漏滑使地表塌方。

图 12-8 流沙漏滑使地表塌方

单元四 岩爆地层段施工

学习目标

(1)认识岩爆现象;
(2)了解岩爆的特性和对隧道施工的危害;
(3)了解岩爆施工的相关规定。

1. 岩爆

对于埋藏较深的隧道工程,在高应力、脆性岩体中,由于施工爆破扰动原岩,岩体受到破坏,使掌子面附近的岩体突然释放出潜能,产生脆性破坏,这时围岩表面发出爆裂声,随之有大小不等的片状岩块弹射剥落出来,这种现象称为岩爆。岩爆有时频繁出现,有时甚至会延续一段时间后才逐渐消失。

岩爆多发生在埋藏很深、整体、干燥和质地坚硬的岩层中。产生岩爆的时间一般在开挖后几小时内,但也有的是在较长时间后发生。隧道中常遇见的岩爆以顶部或拱腰部位为多。

2. 岩爆的特点

(1)岩爆在未发生前,并无明显的预兆,虽然经过仔细找顶,但并无空响声。一般认为不会掉落石块的地方,也会突然发生岩石爆裂,石块有时应声而下,有时暂不坠下。在没有支撑的情况下,岩爆对施工安全威胁甚大。它与隧道施工中的一般掉块落石现象有明显的不同。

(2)岩爆时,石块由母岩弹出,常呈中间厚、周边薄、不规则的片状。

(3)岩爆发生的地点多在新开挖工作面及其附近,个别的也有距新开挖工作面较远。岩爆发生的时间,多在爆破后 2~3h。

(4)在溶孔较多的岩层里,不发生岩爆。

3. 岩爆产生的主要条件

国内隧道工程的实践表明,判断产生岩爆有5个方面的主要指标:

(1)岩石强度 $R_b \geqslant 80 \text{MPa}$。

(2)岩层原始地应力 $\sigma_0 \geqslant (0.15 \sim 0.20)R_b$。

(3)围岩级别为Ⅰ、Ⅱ或Ⅲ级。

(4)隧道埋深 $H \geqslant 50\text{m}$。

(5)岩石干燥无水,呈脆性,节理基本不发育。

一般发生岩爆的隧道基本上能同时满足这5个条件,也有极少数的隧道,在未完全满足这5个条件的情况下,也出现了岩爆。因此,为了更具普遍性,只要满足其中任意3项指标,即可判定岩爆的存在。

4. 山岭隧道岩爆的基本特征

根据山岭隧道岩爆的基本特征,将其划分为三类。

(1)破裂松脱型:围岩呈块、板、鳞片状爆裂,爆裂声微弱。爆裂的岩块需经过一段时间后才从母岩表面弹射下来,弹射距离较小。弹射速度一般小于2m/s,部分岩块是自上而下的坠落。此类型为微弱的岩爆。

(2)爆裂弹射型:岩片的弹射及岩粉的喷射,爆裂声响如同鞭炮,爆出的岩块成片状弹射或剥离,射出来的岩块多为中间厚、周边薄的鳞片,其较大的块体达到直径 $D = 0.3 \sim 0.5\text{m}$,厚度 $H = 0.1 \sim 0.3\text{m}$。岩片弹射的速度一般 $2 \sim 5\text{m/s}$,发生的部位一般在工作面及其附近的拱部。岩爆发生前连续发生有如破竹般的噼啪声,发生后有岩粉尾随出现。岩爆的洞壁岩面一般光滑平整。此类型为中等岩爆。

(3)爆炸抛石型:巨石抛射,声响如炮弹爆炸,抛石体积有数立方米至数十立方米,抛射距离数米至一二十米。弹射的速度一般大于5m/s。岩爆部位集中于爆破后的开挖面。岩爆发生在爆破后数分钟内,并很快趋于平稳。此类型为强烈岩爆。

5. 发生岩爆后应采取的措施

(1)停机待避,必要时人机撤至安全地段。

(2)观察工作面,并记录岩爆的位置、强度、类型、数量以及山鸣等。

(3)每循环内对暴露的岩面找顶2~3次。

(4)根据岩爆程度和特性,按设计文件和施工方案要求,采取技术措施释放围岩内部应力,采取对应防护、支护措施。

6. 岩爆的防治措施

防止岩爆发生的措施主要有二:一是强化围岩,二是弱化围岩。

强化围岩的措施有喷射混凝土或喷射钢纤维混凝土、锚杆加固、喷锚支护、喷锚网联合、钢支撑网喷联合、混凝土衬砌等。这些措施可以延缓或抑制岩爆的发生。弱化围岩的措施有注水、超前预裂爆破、排孔法、切缝法等。注水的目的是改变岩石的物理力学性质,降低岩石的脆性和储存能量的能力。后三者的目的是解除能量,使能量向有利的方向转化和释放。排孔法和切缝法可有效地防治岩爆。如图12-9所示,强化围岩措施如喷锚支护,弱化围岩措施如切缝法。

图 12-9　强化围岩和弱化围岩措施

推荐的技术措施如下：

微弱岩爆地段，可洒水浇湿开挖面。中等岩爆地段，可在拱部及边墙开挖线以外 100～150mm 范围内，通过钻孔喷灌高压水。强烈岩爆地段，可先开挖 15～30m² 小导洞，使岩层中的应力得到部分释放，再扩挖导洞至隧道轮廓。

岩爆产生的前提条件取决于围岩的应力状态与围岩的岩性条件。在施工中控制和改变这两个因素就可能防止或延缓岩爆的发生。

单元五　岩溶地层段施工

学习目标

(1) 认识溶洞；
(2) 了解溶洞的特性和对隧道施工的危害；
(3) 掌握溶洞防排水的原则；
(4) 了解溶洞施工的相关规定。

1. 溶洞

溶洞是以岩溶水的溶蚀作用为主，间有潜蚀和机械塌陷作用而造成的基本沿水平方向延伸的通道。溶洞是岩溶现象的一种。岩溶是指可溶性岩层，如石灰岩、白云岩、白云质灰岩、石膏、岩盐笋等，受水的化学和机械作用产生沟槽、裂缝和空洞以及由于空洞的顶部塌落使地表产生陷穴、洼地等现象和作用。我国石灰岩分布极广，常会遇到溶洞。

溶洞是常见的不良地质现象。隧道遇到形态各异的溶洞，处理不好会给施工带来一定的困难，影响施工和结构安全，并可能给隧道运营埋下安全隐患，甚至带来灾难性后果。岩溶不良地质包括岩溶水、溶蚀带、空腔溶洞、充填溶洞和地下暗河等地质形态，其发育规模、空间位置、充填情况和储水补给条件等对隧道的开挖方式、处置措施、结构方案影响很大。因此，了解岩溶性质、规模、与隧道的位置关系、地下水等情况就显得至关重要。除了设计文件提供信息

外,还需在隧道的开挖中逐段核实和掌握更为详细的情况。为了达到这些目的,需要采取超前物探和超前钻孔探测等多种超前地质预报手段进行探测,为隧道施工提供依据。

2. 岩溶对隧道施工的影响

(1)当隧道穿过可溶性岩层时,有的溶洞位于隧道底部,充填物松软且深,隧道基底难于处理。

(2)有的溶洞岩质破碎,容易发生坍塌。

(3)当遇到大的水囊或暗河时,岩溶水或泥砂夹水会大量涌入隧道。

(4)有时遇到填满饱含水分的充填物溶槽,当坑道掘进至其边缘时,含水充填物会不断涌入坑道,难以遏止,致使地表开裂下沉,山体压力剧增。

(5)有时溶洞、暗河迂回交错,分支错综复杂,范围宽广,处理起来十分困难。

3. 隧道施工遇到溶洞的处理措施

隧道在溶洞地段施工时,应根据设计文件有关资料及现场实际,查明溶洞分布范围、类型情况(大小、有无水、溶洞是否在发育中,以及有无充填物)、岩层的稳定程度和地下水流情况(有无长期补给来源、雨季水量有无增长)等,分别以避、引、堵、越、绕等措施进行处理。

(1)避。在勘察设计阶段,"避"是总的原则,就是选线尽量避开岩溶特别发育的地区。实在避不开时,尽量垂直穿过,使溶洞对线路的影响最小。

(2)引。当暗河和溶洞有水流时,宜排不宜堵。在查明水源流向及其与隧道位置的关系后,采取设暗管、涵洞、小桥等设施,宣泄水流,或开凿泄水洞,将水排出洞外。

当水流的位置在隧道上部或高于隧道时,应在适当距离外,开凿引水斜洞(或引水槽),将水位降低到隧道底部位置以下,再行引排。

(3)堵。对已停止发育、径跨较小、无水的溶洞,可根据其与隧道相交的位置及其充填情况,用混凝土、浆砌片石或干砌片石予以回填封闭,再根据地质情况决定是否需要加深边墙基础。

对于拱部以上空溶洞,可视溶洞的岩石破碎程度采用喷锚支护加固,或加设护拱及拱顶回填的办法处理。

(4)越。当溶洞较大较深时,可采用梁、拱跨越。但梁端或拱座应置于稳固可靠的基岩上,必要时用圬工加固。

(5)绕。当施工中遇到一时难以处理的溶洞时,可采用迂回导坑绕过溶洞区,继续进行隧道施工,再行处理溶洞。

4. 岩溶地段隧道施工的注意事项

(1)岩溶地区隧道施工前,应结合地质勘察资料,采取综合超前地质预报手段,探清岩溶发育规模、溶洞分布、岩溶充填、地下水及其流向等情况,核实岩溶与隧道空间位置关系,探测精度应满足工程施工需要。

(2)对隧道安全施工有影响的岩溶,应制定施工处置方案。

(3)当施工达到溶洞边缘时,宜采用分步开挖,当溶洞出现在隧道一侧时,应先开挖该侧,待初期支护完成后,再开挖另一侧。在Ⅱ~Ⅲ级围岩中,仅出现稳定性较好的小溶洞、溶隙时,可采用全断面法开挖。应严格控制开挖循环长度,每循环炮眼钻孔宜多达眼、打浅眼。掌子面应有不少于5个加深探测炮孔。加深探测炮孔深度宜比装药炮孔深3m以上,直径易与装药炮孔相同;不得在爆破残留孔中打设加深探测炮孔。应严格控制单段最大爆破药量,控制爆破振动。

5个加深探测炮孔布置在隧道断面上、中、下、左、右位置,目的是在掌子面开挖前方有一定稳定岩墙之前发现前方溶洞。

(4)揭露的暗河通道应查明暗河水源流向及其与隧道位置关系,调查暗河丰水期流量。采取适当保护和疏通措施,保持暗河水流畅通。不得阻断原有过水通道,严禁向暗河通道弃渣。

隧道上跨暗河时可采用埋设暗管、修建涵洞或小桥等构造物跨越。暗河通道被隧道截断时,应改移或新建暗河连接通道。暗河连接通道断面的过水能力应满足丰水期过水需要。暗河位置在隧道顶部或高于隧道顶部时,应避开丰水期施工。可采用围岩注浆堵水措施,必要时可采取截流引排措施。

(5)充填溶洞施工,应根据溶洞规模等条件决定是否清理充填物,溶洞规模较大时不易清理充填物。应采取超前支护和预加固处理措施。应采用分部法开挖。隧道底部承载力不足时,可采用桥梁跨越、换填、打桩等措施。应对地下水进行引排、疏导,应配备应急处置物资设备和器材。

单元六　瓦斯地层段施工

(1)认识瓦斯地层;
(2)了解瓦斯地层的特性和对隧道施工的危害;
(3)了解瓦斯地层通风的规定。

1.瓦斯

瓦斯是从煤和围岩中溢出的由甲烷、二氧化碳和氮气等组成的无色、无嗅、无味的混合气体,是地下坑道内有害气体的总称。

当隧道穿过煤层、油页岩或含沥青等岩层,或从其附近通过,而围岩破碎、节理发育时,可能会遇到瓦斯。如果洞内空气中的瓦斯浓度已达到爆炸限度,瓦斯与火源接触就会引起爆炸,对隧道施工会带来很大的危害和损失。所以,在有瓦斯的地层中修建隧道时,必须采取相应的措施,才能安全顺利施工。

2.瓦斯的性质

(1)瓦斯(沼气)为无色、无嗅、无味的气体,与碳化氢或硫化氢混合在一起时,会发出类似苹果的香味,由于空气中瓦斯浓度增加,氧气相应减少,很容易人窒息或发生死亡事故。

(2)瓦斯相对密度为0.554,仅为空气的一半,所以在隧道内,瓦斯容易存在坑道顶部,其扩散速度比空气快1.6倍,很容易透过裂隙发达、结构松散的岩层。

(3)瓦斯不能自燃,但极易燃烧,其燃烧的火焰颜色随瓦斯浓度的增大而变淡。空气中含有少量瓦斯时火焰呈蓝色,当浓度达5%左右时火焰呈淡青色。

3.瓦斯在煤矿采煤作业和隧道施工中的危害性

(1)燃烧

当坑道中的瓦斯浓度小于5%时,遇火能在火焰外围形成燃烧层,瓦斯只是在火源附近燃烧而不会爆炸;当瓦斯浓度大于16%时,瓦斯一般不爆炸,但遇火能燃烧。

(2)爆炸

当空气中瓦斯浓度为5%～16%时,遇火会引起爆炸。

(3)缺氧窒息

当空气中瓦斯浓度过高,超过50%时,能引起人员窒息死亡。

(4)发生煤(岩)与瓦斯突出事故

会发生煤(岩)与瓦斯突出事故,摧毁、堵塞巷道,可引起人员窒息死亡、甚至瓦斯爆炸,对工程危害极大。

瓦斯浓度爆炸界限见表12-3。

瓦斯浓度爆炸界限　　　　表12-3

瓦斯浓度(%)	爆炸界限	瓦斯浓度(%)	爆炸界限
5～6	瓦斯爆炸下界限	8	最易点燃
14～16	瓦斯爆炸上界限	低于5或大于14～16	不爆炸,与火焰接触部分燃烧
9.5	爆炸最强烈		

瓦斯燃烧时,遇到障碍而受压缩,即能转燃烧为爆炸。瓦斯爆炸时能产生高温,封闭状态的爆炸(即容积为常数)温度可达2150～2650℃,能向四周自由扩张时的爆炸(即压力为常数)温度可达1850℃。坑道中发生瓦斯爆炸后,坑道中完全无氧,而充满氮气、二氧化碳及一氧化碳。这些有害气体很快扩散到邻近的坑道和工作面,凡是来不及躲避的人,都会中毒窒息,甚至死亡。

瓦斯爆炸时,爆炸波运动造成暴风在前、火焰在后,暴风遇到积存瓦斯,使它先受到压力,然后被火焰点燃发生爆炸。第二次瓦斯受到的压力比原来的压力大,因此其爆炸后的破坏力也更剧烈。

4.瓦斯放出的类型

瓦斯从岩层中放出的类型可分为三种。

(1)瓦斯的渗出:瓦斯是缓慢地、均匀地、不停地从煤层或岩层的暴露面空隙中渗出,延续时间很长,有时带有一种"嘶嘶"的声音。

(2)瓦斯的喷出:比上述渗出强烈,瓦斯从煤层或岩层裂缝或孔洞中放出,喷出的时间有长有短,通常伴有较大的响声和压力。

(3)瓦斯的突出:在短时间内,瓦斯从煤层或岩层中突然猛烈地喷出,喷出的时间可能从几分钟到几小时不等,喷出时常伴有巨大轰响,并夹有煤块或岩石下落。

以上三种瓦斯放出类型中,以第一种放出的瓦斯量为最多。

5.组织管理

瓦斯隧道施工组织应坚持"加强通风、勤测瓦斯浓度、严控火源"的基本原则。

(1)隧道内甲烷浓度日常管理限值及处理措施应符合表12-4的规定。

隧道内甲烷浓度日常管理限值及处理措施　　　表12-4

序号	瓦斯工区	地点	限值	超限处理措施
1	微瓦斯	任意处	0.25%	超限处20m范围内立即停工,查明原因,加强通风和瓦斯监测
2	低瓦斯	任意处	0.5%	超限处20m范围内立即停工,查明原因,加强通风和瓦斯监测
3	高瓦斯和瓦斯突出	局部瓦斯积聚(体积大于0.5m³)	1.0%	超限处附近20m停工、撤人、断电,及时进行处理,加强通风
4		开挖工作面风流中	1.0%	停止电钻钻孔,超限处停工,撤人,切断电源,查明原因,加强通风
5		回风巷或开挖工作面风流中	1.0%	停工、撤人,进行处理
6		放炮地点附近20m风流中	1.0%	严禁装药放炮
7		过煤系地层段放炮后工作面风流中	1.0%	继续通风,不得进入
8		局部风机及电器开关10m范围内	0.5%	停机、通风,进行处理
9		电动机及开关附近20m范围内	1.0%	停机、撤人、断电,进行处理

(2)瓦斯监测与管理应符合下列规定:

①非瓦斯工区、微瓦斯工区、低瓦斯工区配备低浓度光干涉式甲烷测定器,宜配备瓦斯自动检测报警断电装置。

②高浓度瓦斯工区和煤(岩)与瓦斯突出工区应同时配备低浓度光干涉式甲烷测定器和高浓度光干涉式甲烷测定器,应配备自动检报警测断电装置。

③高瓦斯工区应严格按照表12-5规定的甲烷浓度实施实行分级管理,甲烷浓度超限时应采取相应的瓦斯防治措施。

高瓦斯工区安全管理安全施工管理等级表　　　表12-5

序号	瓦斯工区	地点	限值	超限处理措施
1	微瓦斯	任意处	0.25%	超限处20m范围内立即停工,查明原因,加强通风和瓦斯监测
2	低瓦斯	任意处	0.5%	超限处20m范围内立即停工,查明原因,加强通风和瓦斯监测
3	高瓦斯和瓦斯突出	局部瓦斯积聚(体积大于0.5m³)	1.0%	超限处附近20m停工、撤人、断电,及时进行处理,加强通风
4		开挖工作面风流中	1.0%	停止电钻钻孔,超限处出停工,撤人,切断电源,查明原因,加强通风等
5		回风巷或开挖工作面风流中	1.0%	停工、撤人,进行处理
6		放炮地点附近20m风流中	1.0%	严禁装药放炮
7		过煤系地层段放炮后工作面风流中	1.0%	继续通风,不得进入
8		局部风机及电器开关10m范围内	0.5%	停机、通风,进行处理
9		电动机及开关附近20m范围内	1.0%	停机、撤人、断电,进行处理

(3)瓦斯工区安全管理应符合下列规定：

①任何人员进入隧道前应在洞口外进行登记并接受检查。

②严禁携带烟草及点火物品、手机、钥匙等违禁物品进入隧道。

③严禁穿戴易于产生静电的化纤服装等进入瓦斯工区。

④进入高瓦斯工区和煤（岩）与瓦斯突出工区的作业人员应携带个人自救器。

⑤瓦斯工区内严禁擅自动火作业，对易燃、可燃物应进行严格控制与管理；铲装石渣前应将石渣浇湿，铲装作业不得产生火花。

⑥通风用风道的风筒、风道、风墙等设施，应保持密闭、固定牢固，应派专人维修和保养；不得频繁开启风门。

⑦装药前和爆破前，放炮员、瓦检员、安全员应同时检查，遇有下列情况之一时，未经妥善处理，严禁装药或起爆。

放炮地点附近20m以内风流中甲烷浓度：微瓦斯超过0.25%、低瓦斯超过0.5%、高瓦斯超过1%时；隧道内通风量不够，风向不稳或局部有循环风时；炮口内有异状，温度骤高骤低，煤岩松散或有显著瓦斯涌出时；炮孔内煤岩粉末未清除干净时；炮孔无炮泥、封堵不足或不严时。

⑧在有煤尘爆炸危险地段开挖作业时，除加强通风外，放炮前、后开挖工作面附近20m内应喷雾洒水。

瓦斯工区钻爆作业、瓦斯隧道揭煤、半煤半岩与全煤层段开挖、支护、衬砌施工及电器设备和作业机械都应遵守规范相关规定，这里不再赘述。

（4）必须严格执行的有关制度：

①瓦斯检查制度：指定专人定时进行检查，严格执行瓦斯允许浓度的规定。瓦斯检查手段可采用瓦斯遥测装置、定点报警仪和手持式光波干涉仪。发现异常时，应及时报告技术人员，采取措施进行处理。

②进洞人员检查制度。洞内严禁使用明火，严禁将火柴、打火机、手电筒及其他易燃品带入洞内。

③安全教育制度。进洞人员必须经过瓦斯知识和防止瓦斯爆炸的安全教育。

④培训制度。瓦斯检查员、爆破员、电工、焊工等必须挑选工作认真负责、有一定业务能力、经过专业培训、考试合格者持证上岗。抢救人员未经专门培训，不准在瓦斯爆炸后进洞抢救。

以上仅介绍了瓦斯隧道施工的几项主要制度，施工时要按照瓦斯防爆的技术安全规程与有关制度严格执行。

 思考与练习

1. 名词解释：
不良地质　特殊性岩土　黄土
2. 黄土隧道施工时应注意什么？
3. 膨胀土围岩的施工要点是什么？
4. 隧道施工中遇到溶洞采用什么方法进行处理？
5. 瓦斯隧道施工时，施工人员进洞要检查什么？

模块十三　超前地质预报

学习目标

(1) 了解超前地质预报的目的、原则、内容、程序、方法等；
(2) 熟悉各种地质预报方法的适用条件；
(3) 掌握地质调查法。

通过超前地质预报工作，可以及时掌握反馈隧道地质条件信息，调整和优化隧道设计参数、防护措施，为优化隧道施工组织、制定施工安全应急预案、控制工程变更设计提供依据。做好隧道超前地质预报工作，可以为各类突发地质灾害发生提供预警，以便采取积极措施降低地质灾害发生频率，实现隧道工程安全、质量、工期、环境和投资目标控制，将直接或间接地创造巨大的经济利益和社会效益。

一、超前地质预报

隧道超前地质预报是在分析既有地质资料的基础上，采用地质调查、物探、超前地质钻探、超前导坑等手段，对隧道开挖工作面前方的工程地质与水文地质条件及不良地质体的工程性质、位置、产状、规模等进行探测、分析判释及预报，并提出技术措施和建议，并对前方围岩级别进行综合判断。

图 13-1 为某隧道机械施工逃生管道。

超前坑道法、正洞超前导坑法、先行施工的隧道法、弹性波反射法和地质雷达法除用于分析判定不良地质外，还可提供围岩级别的判定；超前取芯钻探法在钻孔数量较多时可提供预报段围岩级别判定；各种电法、红外探测法等不能提供围岩级别判定。

图 13-1　某隧道机械施工逃生管道

1. 超前地质预报的目的

隧道超前地质预报应达到以下目的：

(1) 在施工前期地质勘察成果的基础上，进一步查明掌子面前方一定范围内围岩的地质条件，进而预测前方不良地质以及隐伏的重大地质问题。
(2) 为信息化设计和施工提供依据。
(3) 为降低地质灾害发生风险提供预警。
(4) 为编制交竣工文件提供地质资料。

2. 超前地质预报的原则

(1) 隧道超前地质预报是保证隧道施工安全的重要环节和重要技术手段，列为隧道施工的必要工序。

(2)隧道超前地质预报应进行地质复杂程度分级,确定重点预报地段,并遵循动态设计原则,根据预报实施工作中掌握的地质情况,及时调整隧道区段的地质复杂程度分级、预报方法和技术要求等。

(3)隧道超前地质预报应以地质分析为基础,运用地质调查与物探相结合、长短探测相结合、洞内与洞外相结合、物探与钻探相结合、超前导坑与主洞探测相结合、地质构造探测与水文探测相结合的综合预报方法,并相互验证。

(4)隧道设有平行导坑、正洞超前导坑或为线间距较小的两座隧道时,应充分利用平行超前导坑、正洞超前导坑、先行施工的隧道开展隧道超前地质预报工作。

3. 超前地质预报分类与分级

(1)超前地质预报可采用长距离预报、中长距离预报和短距离预报,预报长度的划分和预报方法的选择可执行以下规定。

①长距离预报:预报长度在100m以上。可采用地质调查法、地震波反射法及100m以上的超前钻探法等。

②中长距离预报:预报长度为30~100m。可采用地质调查法、弹性波反射法、电法(瞬变电磁法)及30~100m的超前钻探法等。

③短距离预报:预报长度在30m以内。可采用地质调查法、弹性波反射法、电磁波反射法、红外探测及小于30m的超前钻探法等。

(2)隧道复杂程度分为复杂、较复杂、中等复杂和简单四级。

隧道超前地质预报设计前,应根据隧道的工程地质与水文地质条件、地质因素对隧道施工影响程度及诱发环境问题的程度等,对隧道分段进行地质复杂程度分级。隧道超前地质预报应根据不同的地质复杂程度分级,针对不同类型的地质问题,选择不同的方法和手段进行,并贯穿于隧道施工全过程。

4. 超前地质预报的工作程序

隧道地质预报可按图13-2所示的工作程序进行。

5. 超前地质预报的内容

超前地质预报应包括以下主要内容:

(1)地层岩性预测预报,特别是对软弱夹层、破碎地层、煤层及特殊岩土的预测预报。

(2)地质构造预测预报,特别是对断层、节理密集带、褶皱轴等影响岩体完整性的构造发育情况的预测预报。

(3)不良地质预测预报,特别是对岩溶、人为坑洞、瓦斯等发育情况进行预测预报。

(4)地下水预测预报,特别是对岩溶管道水及富水断层、富水褶皱轴、富水地层中的裂隙水等发育情况进行预测预报。

6. 超前地质预报的方法

超前地质预报方法从专业技术方面可分为常规地质法和物探法两大类,对于复杂地质地段,要坚持地质方法与物探方法相结合。

(1)常规地质法包括:地质调查法、超前钻探法、超前导坑预报法等。

(2)物探法:包括弹性波反射法(地震波反射法、水平声波剖面法、陆地声呐法等)、电磁波反射法(地质雷达探测)、红外探测、高分辨率直流电法等。

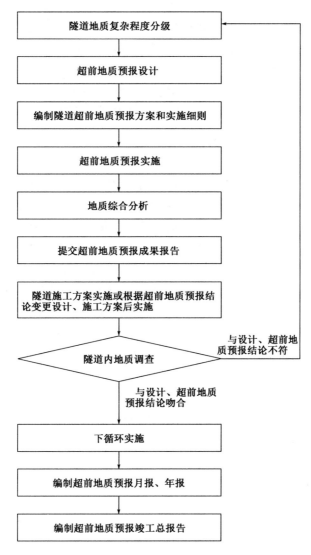

图 13-2　隧道地质预报的工作程序

二、地质调查法

地质调查法是根据隧道已有勘察资料、地表补充地质调查资料和隧道内地质素描,通过地层层序对比、地层分界线及构造线地下和地表相关性分析、断层要素与隧道几何参数的相关性分析、邻近隧道内不良地质体的前兆分析等,利用常规地质理论、地质和趋势分析等,推测开挖工作面前方可能揭示地质情况的一种超前地质预报方法。把地质分析法归纳为断层参数预测法、地质体投影法、掌子面编录预测法。

1. 隧道地表补充地质调查

隧道地表补充地质调查应包括以下主要内容:
(1) 对已有地质勘察成果的熟悉、核查和确认。
(2) 地层、岩性在隧道地表的出露及接触关系,特别是对标志层的熟悉和确认。
(3) 断层、褶皱、节理密集带等地质构造在隧道地表的出露位置、规模、性质及其产状变化情况。

(4)地表岩溶发育位置、规模及分布规律。

(5)煤层、石膏、膨胀岩、含石油天然气、含放射性物质等特殊地层在地表的出露位置、宽度及其产状变化情况。

(6)人为坑洞位置、走向、高程等,分析其与隧道等的空间关系。

(7)根据隧道地表补充地质调查结果,结合设计文件、资料和图纸,核实和修正超前地质预报的重点区段。

2. 隧道内地质素描

隧道内地质素描是指将隧道所揭露的地层岩性、地质构造、结构面产状、地下水出露点位置及出水状态、出水量、煤层、溶洞等准确记录下来并绘制成图表,是地质调查法工作的一部分,分为开挖工作面地质素描和洞身地质素描。隧道内地质素描包括以下主要内容。

(1)工程地质

①地层岩性:描述地层时代、岩性、层间结合度、风化程度等。

②地质构造:描述褶皱、断层、节理裂隙特征、岩层产状等,断层的位置、产状、性质、破碎带的宽度、物质成分、含水情况以及与隧道的关系,节理裂隙的组数、产状、间距、充填物、延伸长度、张开度及节理面特征、力学性质,分析组合特征、判断岩体完整程度。

③岩溶:描述岩溶规模、形态、位置、所属地层和构造部位,充填物成分、状态,以及岩溶展布的空间关系。

④特殊地层:煤层、沥青层、含膏盐层和含黄铁矿层等应单独描述。

⑤人为坑洞:影响范围内的各种坑道和洞穴的分布位置及其与隧道的空间关系。

⑥地应力:包括高地应力显示性标志及其发生部位,如岩爆、软弱夹层挤出、探孔饼状岩芯等现象。

⑦塌方:应记录塌方部位、方式、规模及其随时间的变化特征,并分析产生塌方的地质原因及其对继续掘进的影响。

⑧有害气体及放射性危害源的存在情况。

(2)水文地质

①地下水的分布、出露形态及围岩的透水性、水量、水压、水温、颜色、泥沙含量测定,以及地下水活动对围岩稳定的影响,必要时进行长期观测。地下水的出露形态分为渗水、滴水、滴水成线、股水(涌水)、暗河。

②进行水质分析,判定地下水对结构材料的腐蚀性。

③出水点和地层岩性、地质构造、岩溶、暗河等的关系分析。

④必要时进行地表相关气象、水文观测,判断洞内涌水与地表径流、降雨的关系。

⑤必要时应建立涌突水点地质档案。

(3)围岩稳定性特征及支护情况

记录不同工程地质、水文地质条件下隧道围岩稳定性、支护方式以及初期支护后的变化情况。发生围岩失稳或变形较大的地段,应详细分析、描述围岩失稳或变形发生的原因、过程、结果等。

(4)围岩分级

进行隧道施工围岩分级。

(5)影像

隧道内重要的和具代表性的地质现象应进行摄影和录像。

3.地质调查法的工作要求及资料编制

地质调查法隧道超前地质预报应编制以下资料:

(1)地质调查法预报报告。

(2)开挖工作面地质素描图,比例尺根据需要确定。

(3)隧道洞身地质展视图,比例尺为1∶100~1∶500。

(4)地层分界线及构造线隧道内和地表相关性分析预报图(必要时作),比例尺根据需要确定。

(5)地质复杂地段纵、横断面图,比例尺为1∶100~1∶500。

(6)地质监测与测试资料。

(7)有关影像资料。

三、超前钻探法

超前地质钻探法适用于各种地质条件下的隧道超前地质预报,在富水软弱断层破碎带、富水岩溶发育区、煤层瓦斯发育区、重大物探异常区等地质条件复杂地段必须采用。超前地质钻探主要采用冲击钻和回转取芯钻,二者应合理搭配使用,提高预报准确率和钻探速度,减少占用开挖工作面的时间。

一般地段采用冲击钻。冲击钻不能取芯,但可通过冲击器的响声、钻速及其变化、岩粉、卡钻情况、钻杆震动情况、冲洗液的颜色及流量变化等粗略探明岩性、岩石强度、岩体完整程度、溶洞、暗河及地下水发育情况等。

复杂地质地段采用回转取芯钻。回转取芯钻岩芯鉴定准确可靠,地层变化里程可准确确定,一般只在特殊地层、特殊目的地段、需要精确判定的情况下使用。比如煤层取芯及试验、溶洞及断层破碎带物质成分的鉴定、岩土强度试验取芯等。图13-3为某隧道超前地质钻探。

图13-3 某隧道超前地质钻探

1.超前地质钻探的技术要求

(1)孔数

①在断层、节理密集带或其他破碎富水地层每循环可只钻1孔。

②在富水岩溶发育区每循环宜钻3~5个孔,揭示岩溶时,应适当增加,以满足安全施工和溶洞处理所需资料为原则。

③煤层瓦斯预报超前钻探孔数应符合超前地质预报实施的要求。

(2)孔深

①不同地段、不同目的钻孔应采用不同的钻孔深度。

②钻探过程中应进行动态控制和管理,根据钻孔情况可适时调整钻孔深度,以达到预报目的为原则;煤层瓦斯超前钻孔深度应符合超前地质预报实施的要求。

③在需连续钻探时前后两循环钻孔应重叠5~8m。

（3）孔径

钻孔直径应满足钻探取芯、取样和孔内测试的要求。

（4）钻孔位置

钻孔起孔位置一般位于开挖面中下部。多个钻孔时，可在开挖面下部两侧和拱部位置。两侧和拱部位置钻孔的终孔位置一般需位于隧道开发轮廓线以外，在富水岩溶发育区超前钻探应终孔于隧道开挖轮廓线以外5~8m。

2. 超前地质钻探的工作要求

（1）实施超前地质钻探的人员应进行技术培训和考核，考核合格后方可上岗。

（2）钻探前地质技术人员应进行技术、质量交底。

（3）钻探过程监理应有作业地质工程师跟班。

（4）应在现场做好钻探记录，包括钻孔位置、开孔时间、终孔时间、孔探、钻进压力、钻进速度随钻孔深度变化情况、冲洗液颜色和流量变化、涌砂、空洞、振动、卡钻位置、突进里程、冲击声音的变化等。

（5）应及时鉴定岩芯、岩粉，判定岩石名称，对于断层带、溶洞填充物、煤层、代表性岩土等应拍摄照片备查，并选择代表性岩芯整理保存。

（6）在富水地段进行超前钻探时必须采取防突措施；测钻孔内水压时，需安装孔口管，接上高压球阀、连接件和压力表，压力表读数稳定一段时间后即可测得水压。

（7）应编制探测报告，内容包括工作概况、钻孔探测结果、钻孔柱状图，必要时应附钻孔布置图、代表性岩心照片等。

四、物探法

物探法包括弹性波反射法、电磁波反射法（地质雷达探测）、红外探测、高分辨率直流电法等。其中弹性波反射法是利用人工激发的地震波、声波在不均匀地质体中产生的反射波特征来预报前方地质情况的一种物探方法，它包括地震波反射法、水平声波剖面法、负视速度法和小偏距高频反射连续剖面法（简称陆地声呐法）等方法。

弹性波反射法适用于划分地层界限、查找地质构造、探测不良地质的厚度和范围。要求探测对象与相邻介质应存在较明显的波阻抗差异并具有足以被探测的规模；断层或岩性界面的倾角应大于35°，构造走向与隧道轴线的夹角应大于45°。

1. 地震波反射法

地震波反射法（TSP），其原理是通过小药量爆破所产生的地震波信号沿隧道方向以球面波的形式传播，在不同岩层中地震波以不同的速度传播，在其界面处被反射，并被高精度的接收器接收。TSP的预报原理如图13-4所示。

通过计算机软件得到各种围岩构造界面与隧道轴线相交所呈现的角度及掌子面的距离，可初步测定岩石的弹性模量、密度、泊松比等参数，以供参考。进一步分析隧道前方围岩性质、节理裂隙密集带分布、软弱岩层及含水状况等。

该法适用于划分地层界线、查找地质构造、探测不良地质体的厚度和范围。但仪器在作业过程中对环境的要求较高，若噪声过大，则会影响采集数据的准确性。

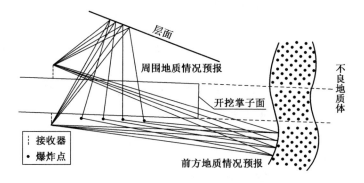

图 13-4　地震波反射法(TSP)预报原理

(1) 预报距离

地震波反射法连续预报时前后两次应重叠 10m 以上,预报距离应符合以下要求:

①在软弱破碎地层或岩溶发育区,一般每次预报距离为 100m 左右。

②在岩体完整的硬质岩地层,每次预报距离宜为 150m 内。

③当隧道位于曲线上时,预报距离不宜太长。

(2) 观测系统设计

①收集与隧道相关的地质勘察和设计资料。

②根据隧道施工情况及地质条件,确定接收器(检波器)和炮点在隧道左右边墙的位置。

③接收器和炮点位置应在同一平面和高度上。

④当隧道情况特殊或需要探测复杂地质隐患时,必须根据相关理论精心设计观测系统。

(3) 现场数据采集

①标志。在隧道现场,根据设计的观测系统,确定所有接收点和炮点的位置,并做出相应的标志。

②钻孔。

a. 应按设计的要求(位置、深度、孔径、倾角等)钻孔。

b. 一般情况下,钻孔位置不应偏离设定的位置;特殊情况下,以设定的位置为圆心,可在直径 0.2m 的范围内移位。

c. 孔身应平直顺畅,能确保耦合剂(用来排除探头和被测物体之间的空气)、套管或炸药放置到位。

d. 当在不稳定的岩层中钻孔时,采用外径与孔径相匹配的薄壁塑料管或 PVC 管插入钻孔,防止塌孔。

③安装套管。

用环氧树脂、锚固剂或加特殊成分的不收缩水泥砂浆作为耦合剂,安装接收器套管。用电子倾角测量仪测量接收器的几何参数,并做好记录。

④填装炸药。

在填装炸药前,用电子倾角测量仪和钢卷尺测定炮孔的倾角和深度,并做好记录。炸药量的大小应通过试验确定。用装药杆将炸药卷装入炮孔的最底部。在激发前,炮孔应用水或其他介质填充,封住炮孔,以确保激发能量绝大部分在地层中传播。

⑤仪器安装与测试。

用清洁杆清洗套管内部。将接收单元插入套管,并应确保接收器的方向正确。采集信号前应对接收器和记录单元的噪声进行测试。

⑥数据采集。

a. 设置采集参数。采集参数主要包括采样间隔、采集数、传感器分量(应用 X、Y、Z 三分量接受)以及接收器。

b. 噪声检查。数据采集前,应对仪器本身及环境的噪声进行监测。仪器工作正常,当噪声幅峰值小于 $-78dB$ 时,方可引爆雷管炸药,接收记录。

c. 数据记录。放炮时,准确填写隧道内记录,在放炮过程中应采用炮序号递增或递减的方式进行,确保炮点号正确。

⑦质量控制要求。通过检查显示地震道的特征,进行数据质量控制。

(4) 采集信号的评价要求

①单炮记录质量评定。单炮记录质量评定分为合格、不合格两种。凡有缺陷的记录,应为不合格记录。

②总体质量评定。总体质量评定依据所有的单炮记录,按偏移距大小重新排列显示(地震显示)进行。总体质量评定可分为合格、不合格两种。当符合以下要求时,总体质量评定结果为合格:

a. 观测系统(炮点、接收点等设计)正确,采集方法正确。

b. 记录信噪比高,初至波清晰。

c. 单炮记录合格率大于 80%。

当有以下缺陷之一时,总体质量评定结果为不合格:

a. 隧道内记录填写混乱,记录序号(放炮序号)与炮孔号对应关系不清;

b. 采用非瞬发电雷管激发,或者初至波时间出现无规律波动(延迟);

c. 连续 2 炮以上(含 2 炮)记录不合格或空炮,或者存在相邻的不合格记录或空炮;

d. 空炮率大于 15%。

(5) 资料分析与判释

资料判释应结合隧道地质勘察资料、设计资料、施工地质资料、反射波成果分析显示图及岩体物理力学参数等进行。综合上述成果资料,推断隧道开挖工作面前方围岩的工程地质与水文地质条件,如软弱夹层、断层破碎带、节理密集带等地质体的性质、规模和位置等。岩体物理力学参数、围岩软硬、含水情况、构造影响程度、节理裂隙发育情况等资料参照有关规范可对围岩级别进行初步评估。

2. 电磁波反射法

电磁波反射法超前地质预报主要采用地质雷达探测(Ground Penetrating Radar, GPR)。地质雷达探测是利用电磁波在隧道开挖工作面前方岩体中的传播及反射,根据传播速度和反射脉冲波走时和波形进行超前地质预报的一种物探方法。

地质雷达用于探测浅层地层、岩溶、空洞、不均匀体,具有快速、无损伤、可连续、可单点方式探测、实时显示等特点。图 13-5、图 13-6 为地质雷达主机及雷达屏蔽天线。

(1) 探测前提

①探测目的体与周边介质之间应存在明显介电常数差异,电磁波反射信号明显。

②探测目的体具有足以被探测的规模。

③不能探测极高电导屏蔽层下的目的体。

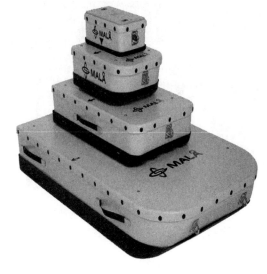

图 13-5 地质雷达主机　　　　图 13-6 雷达屏蔽天线(从下到上依次为 100 兆、250 兆、500 兆、800 兆)

(2)探测距离

地质雷达在完整灰岩地段预报距离宜在 30m 以内,在岩溶发育地段的有效探测长度则应根据雷达波形判定。连续预报时前后两次重叠长度应在 5m 以上。

(3)地质雷达探测仪表的技术指标

①系统增益高。

②信噪比大。

③采样间隔应根据使用频率和采样定理及仪器设置选定。

④具有可选的信号叠加、实时滤波、点测与连续测量、手动与自动位置标记等功能。

(4)地质雷达探测的数据采集要求

①通过试验选择雷达天线的工作频率,确定介电常数。当探测对象情况复杂时,应选择两种及以上不同频率的天线。当多个频率的天线均能符合探测深度要求时,应选择频率相对较高的天线。

②测网密度、天线间距和天线移动速度应反映出探测对象的异常,测线宜采用十字或网格形式布设。

③选择合适的时间窗口和采样间隔,并根据数据采集中的干扰变化和效果及时调整探测工作布局或工作参数。

④采用连续测量的方式,不能连续测量的地段可采用测点。

⑤隧址区内不应有较强的电磁波干扰;现场测试时应清除或避开测线附近的金属物等电磁干扰物;当不能清除或避开时应在记录中注明,并标出位置。

⑥支撑天线的器材应选用绝缘材料,天线操作员应与工作天线保持相对固定的位置。

⑦测线上天线经过的表面应相对平整、无障碍,且天线易于移动;测试过程中,应保持工作天线的平面与探测面基本平行,距离相对一致。

⑧现场记录应注明观测到的不良地质体与地下水体的位置与规模等。

⑨重点异常区应重复观测,当重复性较差或超差(在全测量范围内和同一工作条件下,同一操作者从同方向对同一输入值进行多次连续测量所获得的随机误差)应查明原因。

地质雷达探测质量检查的记录与原探测记录应具有良好的重复性,波形一致,没有明显的位移。图 13-7 为用 100 兆屏蔽天线做超前预报。

(5)地质雷达探测的资料与解释

①参与解释的雷达剖面应清晰。

②解释前宜做编辑、滤波、增益等处理。当情况较复杂时,还宜进行道分析、FK 滤波、正常时差校正、褶积、速度分析、消除背景干扰等处理。

图 13-7 地质雷达用 100 兆屏蔽天线做超前预报

③结合地质情况、电性特征、探测体的性质和几何特征综合分析。必要时应考虑影响介电常数的各种因素,制作雷达探测的正演和反演模型。

(6)探测报告

地质雷达法预报应编制探测报告,内容包括探测工作概况、采集及解释参数、地质解译结果、测线布置图(表)、探测时间剖面图等,其中时间剖面图中应标出地层的反射波位置或探测对象的反射波组。

3. 高分辨直流电法

高分辨直流电法是以岩石的电性差异(电阻率差异)为基础,在全空间条件下建立电场,电流通过布置在隧道内的供电电极在围岩中建立起全空间稳定电场,通过研究地下电场或电磁场的分布规律,预报开挖工作面前方储水、导水构造分布和发育情况的一种直流电法探测技术。

高分辨直流电法适用于探测任何地层中存在的地下水体位置及相应含水量大小,如断层破碎带、溶洞、溶隙、暗河等地质体中的地下水。

现场采集数据时必须布置三个以上的发射电极,进行空间交汇,区分各种影响,并压制不需要的信号,突出隧道前方地质异常体的信号,该方法也称为三极空间交汇探测法。

高分辨直流电法有效预报距离不宜超过 80m,连续探测时应重叠 10m 以上

4. 红外探测法

红外探测法是根据红外辐射原理,即一切物质都在向外辐射红外电磁波的原理,通过接收和分析红外辐射信号,探测局部地温异常现象,判断地下脉状流、脉状含水带、隐伏含水体等所在的位置进行超前地质预报的一种物探方法。

红外探测法适用于定性判断探测点前方有无水体存在及其方位,不能定量给出水量大小等数据。其有效预报长度应在 30m 以内,连续预报时前后两次重叠长度应在 5m 以上。

五、不良地质体预报

1. 断层预报

(1)邻近断层破碎带的前兆标志主要有以下几种:

节理组数急剧增加;岩层牵引褶皱的出现;岩石的强度明显降低;压碎岩、碎裂岩、断层角砾岩、断层泥出现;邻近富水断层前断层下盘泥岩、页岩等隔水岩层明显湿化、软化,或出现淋水和其他涌突水现象。

(2)预报方法。

断层预报应能说明断层的性质、产状、富水情况、在隧道中的分布位置、断层破碎带的规模、物质组成等,并分析其对隧道的危害程度。断层预报应以地质调查法为基础,以弹性波反射探测和地质雷达法探测为主,必要时采用高分辨直流电法、瞬变电磁法、红外探测法探测断层带地下水的发育情况及超前钻探法验证。

当隧道施工接近规模较大的断层时,多具有明显的前兆,可通过地表补充地质调查、洞内地质调查、地表与地下构造相关性分析、断层趋势分析等手段预报断层的分布位置。

断层破碎带与周围介质多存在明显的物性差异,可采用弹性波反射法探测破碎带的位置及分布范围。

若断层为面状结构面,可采用超前钻探法较准确地预报其位置、宽度、物质组成及地下水发育情况等。

(3)断层预报可按以下步骤进行:

①根据区域地质资料、工程地质平面图与纵断面图以及必要的地表补充地质调查,进一步核实断层的性质、产状、位置与规模等。

②采用弹性波反射法确定断层在隧道内的大致位置和宽度。

③采用隧道内地质素描、断层趋势分析等手段预报断层的分布位置。

④进行地质综合判析,提交地质综合分析成果报告。

2. 岩溶预报

(1)邻近大型溶洞水体或暗河的前兆标志主要有以下几种:

裂隙、溶隙间出现较多的铁染锈或黏土;岩层明显湿化、软化,或出现淋水现象;小溶洞出现的频率增加,且多有水流、河砂或水流痕迹;钻孔中的涌水量剧增,且夹有泥沙或小砾石;有哗哗的流水声;钻孔中有凉风冒出。

(2)预报方法。

岩溶预报应探明岩溶在隧道内的分布位置、规模、充填情况及岩溶水的发育情况。分析其对隧道的危害程度。岩溶预报应以地质调查法为基础,以超前钻探法为主,结合多种物探手段进行综合地质预报,并应采用宏观预报指导微观预报、长距离预报指导中短距离预报的方法。图13-8为隧道开挖中遇见的溶洞。

图13-8 隧道开挖中遇见的溶洞

(3)岩溶预报可按以下步骤进行:

①研究岩溶发育规律。充分收集、分析、利用已有区域地质和工程地质资料,辅以工程地质补充调绘,分析岩溶发育的规律,宏观掌握区域地质条件,指导超前地质预报工作。

②核查、领会设计中地质复杂程度分级和超前地质预报方案设计。根据隧道内地质素描结果,验证、调整地质复杂程度分级和超前地质预报方案。

③物探探测。根据地质条件,可采用弹性波反射法进行长、中长距离探测,以探明断层等结构面和规模较大、足以被探测的岩溶形态;采用高分辨率直流电法、红外探测进行中长、短距离探测,可定性探测岩溶水;采用地质雷达进行短距离探测,以查明岩溶位置、规模和形态。

④超前地质钻探。根据地质复杂程度分级、隧道内地质素描、物探异常带进行超前地质钻

探预报和验证,对富水岩溶发育地段,超前地质钻探必须连续重叠式进行。超前钻探揭示岩溶后,应适当加密,必要时采用地质雷达及其他物探手段进行短距离的精细探测,配合钻探查清岩溶规模及发育特征。

3. 煤层瓦斯预报

(1)煤与瓦斯突出的前兆标志主要有以下几种:

开挖工作面地层压力增大,鼓壁、深部岩层或煤层的破裂声明显,响煤炮,掉渣,支护严重变形;瓦斯浓度突然增大或忽高忽低,工作面温度降低,闷人,有异味等;煤层结构变化明显,层理紊乱,由硬变软,厚度与倾角发生变化,煤由湿变干,光泽暗淡,煤层顶、底板出现断裂、波状起伏等;钻孔时有顶钻、夹钻、顶水、喷孔等动力现象;工作面发出瓦斯强涌出的嘶嘶声,同时带有粉尘;工作面有移动感。

(2)预报方法。

煤层瓦斯预报应探明煤层分布位置、煤层厚度,测定瓦斯含量、瓦斯压力、涌出量、瓦斯放散初速度、煤的坚固性系数等,判定煤的破坏类型,分析判断煤的自燃及煤尘爆炸性、煤与瓦斯突出危险性,评价隧道瓦斯严重程度及对工程的影响,提出技术措施和建议等。煤层瓦斯预报应以地质调查法为基础,以超前钻探法为主,结合多种物探手段综合超前地质预报。

(3)煤层瓦斯预报可按以下步骤进行:

①根据区域地质资料、工程地质勘察报告、工程地质平面图与纵断面图、煤层地表钻探资料和必要的地表补充调查,通过地质作图进一步核实煤层的位置与厚度等。

②采用物探法确定煤层在隧道内的大致位置和厚度。

③采用洞内地质素描,利用地层层序、地层厚度、标志层和岩层产状等,通过作图分析确定煤层的里程位置。

④接近煤层前,必须对煤层位置进行超前钻探,标定各煤层准确位置,掌握其赋存情况及瓦斯状况,并应符合以下规定:

a. 应在距煤层15~20m(垂距)处的开挖工作面上钻1个超前钻孔,初探煤层位置。

b. 在距初探煤层位置10m(垂距)处的开挖工作面上钻3个超前钻孔,分别探测开挖工作面前方、上部及左右部位的煤层位置,并采取煤样和气样进行物理、化学分析和煤层瓦斯参数测定,在现场进行瓦斯及天然气含量、涌出量、压力等测试工作。

c. 按各孔见煤、出煤点计算煤层厚度、倾角、走向及与隧道的关系,并分析煤层顶、底板岩性。

d. 掌握并收集钻孔过程中的瓦斯动力现象。

⑤揭煤前应进行瓦斯突出危险性预测,并应符合以下规定:

a. 在瓦斯突出工区施工时,应在距煤层垂距5m处的开挖工作面打瓦斯测压孔,或在距煤层垂距不小于3m处的开挖工作面进行突出危险性预测。

b. 瓦斯突出危险性预测应从瓦斯压力法、综合指标法、钻屑指标法、钻孔瓦斯涌出速度法、"R"指标法五种方法中选出两种方法,相互验证。石门揭煤可采用瓦斯压力法、综合指标法、钻屑指标法;煤巷掘进宜采用钻屑指标法、钻孔瓦斯涌出初速度法、"R"指标法。

c. 突出危险性涌出方法中有任何一项指标超过临界值表,该开挖工作面即为有突出危险工作面。其预测时的临界指标应根据实测数据确定,当无实测数据时,可参照表13-1中列出的危险性临界值。

突出危险性预测指标临界值　　　　　　　　　　　　　　　　　　表 13-1

序号	预测类型	预测方法	预测指标	突出危险临界值
1	石门揭煤突出危险性预测	瓦斯压力法	P(MPa)	0.74
		综合指标法	D	0.25
			K	20(无烟煤)、15(烟煤)
		钻屑指标法	Δh_2(Pa)	160(湿煤)、200(干煤)
			K_1[mL/(g·min$^{1/2}$)]	0.4(湿煤)、0.5(干煤)
2	煤巷开挖工作面突出危险性预测	钻孔瓦斯涌出初速度法	Q	4
		"R"指标法	R_m	6
		钻屑指标法	Δh_2(Pa)	160(湿煤)、200(干煤)
			K_1[mL/(g·min$^{1/2}$)]	0.4(湿煤)、0.5(干煤)
			最大钻屑量(kg/m)	6

d.若在钻孔过程中出现顶钻、夹钻、喷孔等动力现象,应视开挖工作面为突出危险工作面。

⑥综合分析,提交地质综合分析成果报告。

(4)煤层瓦斯超前钻孔应符合以下规定:

①每个钻孔均应穿透煤层并进入顶(底)板不小于0.5m。

②正式探测孔应取完整的岩(煤)芯,进入煤层后宜用干钻取样。

③各钻孔直径不宜小于76mm。

④在钻孔过程中应观察孔内排出的浆液、煤屑变化情况,并做好记录。

(5)当开挖工作面出现煤与瓦斯突出前兆时,应立即报警,停止工作,撤出人员,切断电源,并上报有关部门。

思考与练习

1.隧道超前地质预报的常用方法有哪些?

2.哪些方法可以进行长距离预报、中长距离预报、短距离预报?

3.试述地质调查法的内容和工作要求。

4.简单解释地震波反射法、地质雷达法的原理。

参 考 文 献

[1] 交通运输部公路科学研究院.公路工程质量检验评定标准 第一册 土建工程:JTG F80/1—2017[S].北京:人民交通出版股份有限公司,2018.
[2] 中交一公局集团有限公司.公路隧道施工技术规范:JTG/T 3660—2020[S].北京:人民交通出版社股份有限公司,2020.
[3] 中铁二院工程集团有限责任公司.铁路隧道设计规范:TB 10003—2016 J 449—2016[S].北京:中国铁道出版社,2017.
[4] 招商局重庆交通科研设计院有限公司.公路隧道设计规范 第一册 土建工程:JTG 3370.1—2018[S].北京:人民交通出版社股份有限公司,2018.
[5] 招商局重庆交通科研设计院有限公司.公路隧道照明设计细则:JTG/T D70/2-01—2014[S].北京:人民交通出版社股份有限公司,2014.
[6] 中国铁路总公司.铁路隧道衬砌质量无损检测规程:TB 10223—2018 J 341—2018[S].北京:中国铁道出版社,2018.
[7] 陈建勋,程崇国.隧道[M].北京:人民交通出版社,2014.
[8] 宋秀清,刘杰.隧道施工[M].北京:人民交通出版社,2009.
[9] 王万德.隧道工程施工技术[M].沈阳:东北大学出版社,2010.
[10] 王东杰.公路隧道施工[M].北京:中国电力出版社,2010.
[11] 王国庆.隧道[M].北京:人民交通出版社,2011.
[12] 赵国刚.隧道工程技术[M].上海:上海交通大学出版社,2015.